为 人 生 提 供 领 跑 世 界 的 力 量

中产阶级如何保护自己的财富

yevon_ou 著

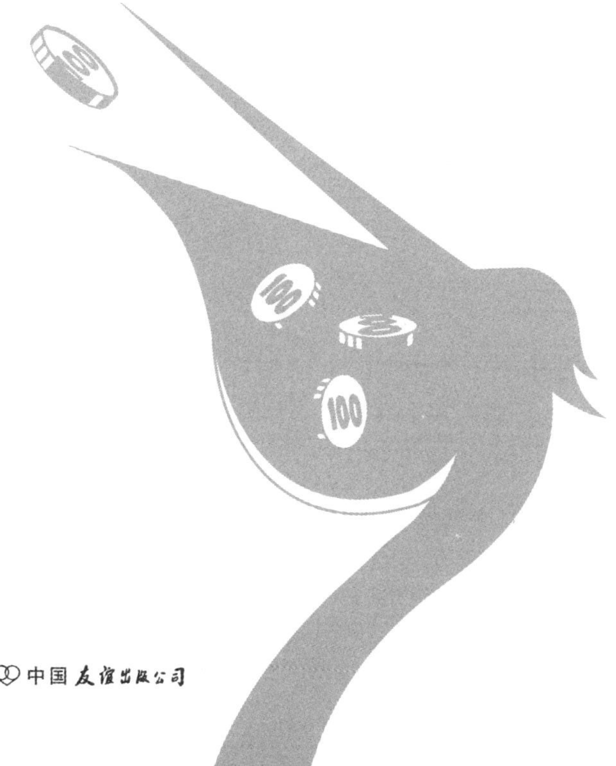

中国友谊出版公司

目 录

社会科学皇冠上的宝珠——经济学

2 大道随行，不忘本心

7 奇异的经济学

11 经济学第一定律——dT>0

16 经济学第二定律——修补bug的定律

20 经济学第三定律——R≠0

25 对方的反击

29 经济学入门——市场营销

33 政治学第一定律

36 价格之三维价格

43 价格之搭桥

48 价格之框架

53 财富追赶问题

57 中产阶级如何保护自己的财富

天大的事——我们的房子

64 劳动人民购房手册

68 处房情结

73 你的第一、第二套房子

77 屌丝如何买房

82 学区房的大风险

86 装修：“凤变冰”入门（一）

92 装修：“凤变冰”入门（二）

99 利率与房价的精算法

104 楼市的季节性现象

108 楼市的回报有多高

112 零首付精算法

117 装修基础知识概念

最稀缺的职业——房产投资

122 房产投资：我不是中介

126 房产投资与实业报国

130 房产投资人的正义感

134 房产投资行业的忌讳

138 房产投资中的保险

142 房产投资业的2N定理

147　2N之通关
152　房地产投资的流派（一）
157　房地产投资的流派（二）
163　房地产投资的流派（三）
167　逼空式上涨
172　房地产市场的两朵乌云

获得更多的现金——借贷的技巧

180　第一个1000万元
184　长线负债率
190　准备借钱
195　贷款的外围世界
200　资金的分层
207　2017，保汇率还是保资产
211　贷款应该是收入的多少倍
216　我们需要多少年还清贷款
220　一些基础财务函数
230　公积金的用法
236　针刺效应
242　抵押和再抵押
245　截断和再抵押

理解真实世界

254　如何运营一家企业

259　无中生有的高阶

264　上海楼市的三分天下

268　沉默的上海人

273　下一站，重庆（一）

282　下一站，重庆（二）

287　下一站，重庆（三）

291　重压之下，生存之道

297　买卖是买卖，租赁是租赁

302　外国人的购房观

306　香港楼市崩盘始末

312　格调

社会科学皇冠上的宝珠

——经济学

大道随行，不忘本心

道生一，一生二，二生三，三生万物。

——《道德经》

SAP

大约 17 年前，公司要上 SAP。当时坐在我身边的是生产部的一位女士，她工作极其认真严谨，拿出了一个小本本，笔记记得密密麻麻。200 多个表格，这里是输入地址，那里是输入日期，下拉框是查库存列表，让她整日眉头深锁，觉得这个系统实在是很复杂很复杂，有 200 多个表格要学呢。对于我的漫不经心，她表示十分不满：“××，SAP 系统对你意味着什么？难道就意味着每天工作餐可以吃免费水果吗？而且你每次都抢最大最甜的泰国杧果，知不知道你这样形象很差？”我翻了个白眼，那你认为该是什么呢？

SAP 系统其实很简单，说穿了就是一个数据库查询系统。无论你有多少个表格，多少个查询表单，无非就是数据库的输入 / 输出工作。今天你下一个采购订单，是把货物输入了系统。明天你填一个生产表格，是把货物 A 转换成了货物 B。后天你填一个销售表单，就是把货物 B 卖了。

SAP 就是一个大型的数据库。仅在生产规划环节有一些 CPU 计算，但也并不脱离传统的 MRP 系统。扣除生产线、流水线那些 MRP 算法，整个 SAP 就是一个超级简单的数据库软件。其库存、运输、账本，乃至后来画蛇添足加出来的 HR、行政、总务等系统，无不是简单至极的一个二维数据库。如果你懂得 SAP 的大框架，整件事就十分清晰，清晰得宛如手掌上的纹路，然后你只要关注一些细节就可以了。

万物理论

以前有一部电影十分火，讲霍金的《万物理论》。科学家们试图寻找出一种理论，可以作为其他理论的“母理论”，从它开始可以推断出世界一切的科学。必须承认，这是一个很诱人的想法。人类永远在寻求更低一层的规则。

规则是一切的力量。更低一层的规则，可以帮助我们发明新的机器，发挥无与伦比的力量。就好比说，中世纪的炼金士们不懂化学，无论他们做了多少实验，最终他们也无法炼出金子。可是等化学学科渐渐丰满，HCl 和 NaOH 的反应渐渐普及，人类才能组合出各种各样稀奇古怪的材料，才会有塑料、铝器、汽油、柴油。而化学渐渐地也出现“瓶颈”，等门捷列夫排出化学元素周期表，人类才看清楚“更深”一层的规律，于是才有了 nucleus，有了核能和原子弹。2007 年日本科学家第一次用激光照射纯汞，剥掉了一个中子，获得了金原子。

但是，原子物理仍不是最终极的科学。在原子之下，还有夸克。如果能了解夸克的奥秘，就能像《三体》小说一样，制造出无敌的战舰“水滴”。其外壳的强度，将是现在所有材料的 10 万倍，完全不可摧毁。这靠的是强相互作用力。而夸克也不是最终的粒子，夸克之下，至少还有弦论。

讲这么多的闲话，和房产投资有什么关系呢？其实我们要说的是基础理论的重要性。很多人止于表面，很肤浅，就像那个画了 200 个表格的女孩子，抑或深陷题海战术的高考学子。他们看似很努力，可成绩始终上不去，因为他们只是忙碌于很表层的东西，从没有想 T-1 层潜在的原理。其实老师出题来来回回就那几个套路。

体，用，术

基础理论很重要。从一些更基本的规则，可以推出上一层的规则。这样不仅更好记、更快捷，而且可以算出别人看不见的东西。但是，事情也有其反面。若真如此，今天最富有的人，应该是“粒子物理”科学家，或者数学系研究“数论”的老学究。因为他们研究的才是走在整个人类科学最前沿的学问。

可是事实并非如此。真正的科学家，往往是很穷的。问题出在哪里？

问题在于“体，用，术”。最基础的科学，好比人类文明的大树，根基都在这里。这个方向一定要把准，绝对不能出错。在基础科学之上，“用”指的是应用科学。你精通了化学，这并不能帮你赚钱。化学要转化成应用，研究出一种新型去屑洗发水、牙膏、洗衣液、奶粉配方之类的。在大科学家眼里，这些应用科学自然是小儿科，不值一哂。可正是那些在企业里混的人，其收入往往是科学家的两三倍，若能做到高管，更是幸福滋润。

为什么？因为应用科学离消费者更近，离钱更近。从理论到产品，当中有很长的一段路要走。这段路之困难、之复杂，绝对不在基础研究之下。就好比你知道了“万物理论”，你也造不出粒子战斗机。当中还需要工程师几十年的研究。

“体，用，术”，在“用”之外，还有一个术。术指的是完全末端的、不属于理论体系的、分散的、短期的似是而非的知识，好比门口王婆卖的烧饼比较甜、去坐电车要穿过弄堂小路、地铁交通卡可以互换以节省成本，等等。

房产投资的体、用、术

花了这么大的力气来做铺垫，我们要说的是，作为一个合格的房产投资者，你需要怎样的学识修养。

首先，你需要正确的基础知识。房地产投资这一行，虽然对于自然科学、物理、数学知识要求不高，但对社会科学、政治、人文、财经的分析要求很高。人生基于“三观”，“三观”一定要正。

“体”，正确的信仰。首先你的政治经济学要对，方向要对。正确的流派，目前看来是“奥地利经济学派”，可是“体”无须深究。

“用”，指的是水库论坛。我们知道了经济学上的一些大知识，譬如 M2 增长、货币失常，可是如何让它们变成商机，变成钱，甚至帮我们赚钱，这其中仍大有学问。点点滴滴，细说起来也是鸿篇巨制。一架飞机的说明书，只怕比“空气动力学”研作更厚。

“术”则是最外围的。譬如说，你买房，每次需要谈判下定金之前，不要空手，去银行取几万元现金出来，最好是旧钞，毛茸茸的看上去一大堆。旧钞的厚度比新钞厚，现钞永远比银行转账或者支票更有冲击力。俗话说，“冲动是魔鬼”，房东一冲动，你就成魔鬼了。用这个方式，房价至少可以多砍 0.5 万元下来。

但是这样的知识，对于系统性的理论研究有用吗？对未来有指引吗？没用的。它是碎片化的、短暂的，散诸各方的点滴。或许过几年现金都不用了。这样的知识，点点滴滴散落在各方面，无法用一根绳子将它们串起来。而它们对赚钱却很有用，甚至一个小技巧就能赚得比大学教授一年的工资还要多。再举个例子，但凡买房，上家总会问到一句："你们是买来自住还是投资啊？"正确的回答，绝不是说实话或者一半一半，而是要毫不犹豫地坚决说"自住"。

因为如果你回答说是"投资"，凡是投资，必然要有回报，房价就要有涨幅。房东难免心里会犯嘀咕，是不是我卖便宜了，以后交易容易产生纠纷。而你回答"自住"，甚至要说"房价是贵了一点，可是她（女朋友）不知道为什么蒙了心，非得盯着这套买不可"，于是房东沾沾自喜，顿时觉得是卖了一个好价钱，以后的交易更配合，不容易产生纠纷。

"体"，大道理是根本，但它很少帮助我们赚钱。"术"，每一条都精灵古怪，但它们只能碎片化使用。

奇异的经济学

经济学没有流派。世界上只有两种经济学，讲道理的和不讲道理的。

——yevon_ou

坑外有坑

我读高中时，好友 Magnus 和我说，经济学是一门奇异的科学，是唯一的“正反双方”都可以获诺贝尔奖的学科。当时我觉得“哇，好高大上啊”。

经济学是一门实证性科学，即它无法做实验。不知道一些举措，譬如加息减息、刺激性财政政策等行为的真实效应是多少。因为它只有一个输出量，就是 GDP。而各项政策的效果，是无法单一来衡量的。据说尼克松总统曾经想要找一个独臂的国家经济顾问，因为他的经济学家总是和他说“On one hand……on the other hand……”，搞得老尼不胜其烦，最终忍不住翻脸说有没有杨过、九难之类的。当时很年轻，很不懂事，觉得真有道理。大学生知识分子就是不一样。

一直到许多年以后，才发现这样的“讲法”是有很大问题的。1967 年出现了学说“理性人共识”。其具体的解释是，两个人，如果都是绅士，完全秉承着善意探讨的精神，没有任何偏见和不可逾越的宗教信仰，纯粹基于科学和逻辑的推论，则最终二人是能达成共识的。也就是说，科学是有的，真理的道路是唯一的。如果将一正一反两个经济学诺贝尔奖得主关在同一间小黑屋里面，关上三个月，最终他们是会得出“共识”而出来的。

两个人中必有一个是错的。那么，为什么现实生活中，克鲁格曼和哈耶克都是诺贝尔奖得主？

万物理论

世界上有没有“万物理论”，有没有一条偈语，直指本心，一语道出，云开雾散，大道破得干干净净？幸运的是，这并不是一个哲学问题，而是真实发生的事。据我所知，至少发生了两次。

一次发生在古希腊时期。欧几里得发现了“几何学公理”，将当时纷繁复杂的几何学知识，通过几条简单的公理，像房子建筑大厦一样，一层一层垒起来。给你几块地基，最终垒成摩天大楼，其简洁精妙，千百年后仍让人赞叹不已。

另一次则发生在 19 世纪。当时正经历地理大发现时代，越来越多的物种被发现，甚至超出了《圣经》的描述。生物学一度被认为是不可归类的，因为生物种类实在太多样化，太复杂。像红尾拉蝇与巴西蜗牛，苔藓与磷虾，它们完全没有共同点和相似之处，其脉络也完全无法被理解。这时候，出现了一个人，他只用了一句话，八个字，就将地球上大约 870 万个物种解释得清清楚楚，破得干干净净。这人是查尔斯·罗伯特·达尔文，他说的八个字是“物竞天择，适者生存”。有了这条主线轴，寒带为什么没有常绿树，三文鱼为什么要迁徙，大猩猩为什么不会绝经，这些问题就很清楚了。人类再回过头来看自然界，看得清清楚楚，宛如公式在手，再把环境变量套上去就可以了。

如果把人类文明粗略地分为“自然科学”和“社会科学”，那么自然科学皇冠上的宝珠，是物理学。它几乎是一切实用科学的基础。而社会科学的总轴，皇冠上的宝珠，是经济学。

政治经济学

学术界一直有一个词，叫作“经济学帝国主义”。意思就是经济学如此强横，以至于任何一个社会学科它都可以插上一手。

经济学几乎可以解释人类社会的方方面面，宗教、习俗、道德传统、饮食烹饪、家庭亲情、婚姻恋爱……经济学就好比“进化论”对生物学的解释，无所不在。在这个时候，经济学发生了一场质变，变成了“政治经济学”。因为经济学这件事，本身具有“大义”的名分。

马克思曾经说过，生产关系要适应生产力的发展。调整生产关系，关键要解放生产力。所以“最大生产力”这件事，本身就具有大义的名分。哪怕对于统治者，他也是需要“生产力”越大越好的。因为统治者并不是一个人，而是一个大哥下面跟着一群小弟。每一个小弟都大张着嘴，渴望捞取更大的利益。有糖分，才能团结人心。没糖吃，队伍就散了。

在一些情况下，这可以通过掠夺其他群体来维持。但从长远来看，还是要创造财富，创造更多的财富，才可以维持统治，才可以让下面的每一张嘴都开心。“生产力的发展”，是一股不可阻挡的历史洪流。“经济学”本身会对这个世界做出解释。但这个解释，真正有文化有思想的人，会知道哪些是对的，哪些是错的。然而我们这个世界，没有真正的“经济学”，有的都是“政治经济学”，与政治相关联的经济学。生产力最大化，最能治国治民。

所以，诺贝尔经济学奖，出现两个相反的“经济学家”得主根本不奇怪。纵观其得奖名单，凯恩斯主义占了一大半，真正的奥派只有哈耶克一个。诺奖基金会也是由人组成的，人有什么不可操纵的。有一年日本觉得三十几年没出诺奖了，于是次年就得了一个文学奖。

“体，用，术”，在基础理论之中，我们所学到的并不是“奥地利经济学派”，而是政治经济学。这里面就产生了扭曲与错配，就产生了套利空间。内功心法的不同，使人一开始就走上了不同的道路。

经济学第一定律——dT>0

经济学第一定律：dT>0，这里的 T 代表交易。该公式是整个经济学的核心，来源于亚当·斯密。

国民财富

如果以 1776 年《国富论》出版作为经济学科技树萌芽的标志，则亚当·斯密将它呈献给英王的时候，有一个问题是无论如何都绕不过去的：“尊敬的先生，你号称经济学能让我们的国家变得更富裕。可是纺织女工织布，农夫耕作，你一不织布、二不耕地，请问你创造的财富，从何而来？”

这是一个大是大非的问题，也是后世几百年英国国力强盛的分水岭。这是个核心问题。这个问题的正确回答是：“先生，财富来自交易。”

我们知道，财富，并不仅仅是简单的相加关系。

一个樵夫有一把小提琴，一个音乐家有一柄斧子，他们（二人）的财富，并不是简单的“小提琴 + 斧子”。非得到樵夫和音乐家见面了，二人互相“交易”，樵夫拿到斧子，音乐家拿到琴，财富才算最大化。当国王问亚当·斯密，“纺工织布，农夫耕田”时，其实“布 + 米”的财富，并不是国民财富的最大化，“布 + 米 + 交易”，才是国民财富的最大化。

（参考文献：《铅笔的故事》）

不动量

我们习惯用“不动量”来分析问题。

A 有一个苹果，B 有一个梨。无论你左看右看多少遍，其物理财富也是“一个苹果 + 一个梨”。只有当 A 和 B 见面了，A 喜欢吃梨不喜欢吃苹果，B 喜欢苹果不喜欢梨，二者交换，则“财富总量”才可以增加。可是这个时候，财富又达到最大化了，不可能再增加，因为再也想不出“新的交易”。除非这时候，再出现一个 C，C 喜欢吃苹果和梨，但有很多橘子，C 用橘子把梨和苹果都换了。

可见，在整个系统中：有了交易，财富就会增加。没有交易，财富就不会增加。

如果广义地把上班也理解成一种交易，是“用你的 8 小时”换“雇主的工资”，则人类的全部生产活动，全部财富，可以理解成一个公式：$dT>0$。

有多少交易，就有多少财富。交易越多，财富越多。

当你再也找不出任何交易机会时，财富达到最大化。这就是帕累托极限[1]。这是一条非常非常强大的定律，强大到像“能量守恒定律”一样坚不可摧。因为它并不是一条宏观定律，而是一条微观定律。不仅对大社团有效，拆散到每一个环节、每一个步骤、每一个场景，都是有效的。

拥有了经济学第一定律：dT>0，简直就像拥有了“能量守恒定律”大杀器。

现实的世界

经济学只要求追逐 T“交易”最大化。当你把一个社会所有能交易的事情都想遍了，再也找不出任何“新”的交易，则自然国家最富，达到了帕累托最优。可是，那么多经济学巨著，洋洋洒洒几千万部，书中说的都是啥？

说的是，当你达不到最优时，你该想什么补救办法。当你打了 1 个补丁，就要再打 100 个补丁。当你打了 100 个补丁，你就需要再打 1 万个补丁。

经济学可以很简单，简单到只要一个公式：dT>0。经济学也可以很复杂，“地心说”曾经在地球仪上套了 46 个光圈，来修正学说的误差。今天的情况也差不多。

交易的价值

一个苹果换一个梨，能有多大的增益性？再怎么算，也不会超过苹果价值的 110%。可是，如果我买的是阿拉斯加大螃蟹和厄瓜多尔白虾呢？你总不能游去阿拉斯加捕鱼吧。再退一步，你想把这些海鲜通过飞机和万吨轮船运回

---

① 插一句题外话。以前教科书上写帕累托最优是三重解，生产者最优 + 消费者最优 + 分配者最优，这纯粹是看书不求甚解。这三重解其实是一回事，是更低层的同一条规则，dT=0。

国，可就算你的个人能力再强，也不可能造一艘船来运输，还是要借助他人的劳动。

这就是贸易的力量。萨缪尔森的《宏观经济学》教科书承认，商品从制成到最终交到消费者手中，要差 4 倍的距离。也就是在人类生产中，25% 是制造,75% 是贸易。“倒买倒卖”才创造了财富的大头。但是，贸易仍然不是“交易”。交易是一个更广义的词。譬如你要不要购置机器开厂创业，这是一笔交易。更广义点，一个人要不要出售自己的 8 小时劳动力，换取雇主的一份工资，这也是交易。连“劳动”的本身都是交易。

如果放大到广义的“交易”层面，可发现人类几乎一切的财富全都是靠交易而来，交易占到了生产力的 99.99%。据说有人统计过，一个 5 万人的小镇的生产能力产出是 5 万个分散生活在原始森林里的野蛮人的 1 万倍，尽管每个野蛮人比你单兵素质更强。所以在现代社会里，“大生产，大分工，大交换”的力量十分巨大。

交易才是最重要的。

交易是微观量

一说到“大生产，大分工，大交换”，很多人立刻想到了指点江山、高屋建瓴的豪迈，抑或造一百几十层的环球贸易中心。

正好相反，dT>0，交易是微观量。

微观健康，宏观才能健康。交易是微观量。在每一个角落，每一个细微的领域，只要你有心，都能增加交易，从而降低成本，提高生产力。一般认为，因“交易”而产生的财富，至少是“劳力”的 1 万倍。

我们国家需要的，是更好的制度设计。我们尝试了多种社会制度，直到

1978年改革开放，我们找到了答案，找到了国富民强的解决方案，却是简单而清晰的。

其实这件事的解答，十分简单，只要一个公式就够了：dT>0。

如何使得国家富裕：交易。

如何使得国家更富裕：增加交易。

如何使得国家大富裕：最大程度增加交易。

交易创造财富，交易就是财富的本身。如何使得国家强大，人民富裕，横扫东南亚：增加交易即可。

任何一个角落交易增加了，国民财富都会增加，都会国富民强。

经济学第二定律——修补 bug 的定律

经济学第二定律

经济学第二定律：市场创造一切，除了市场本身。

经济学“第一定律”有一个 bug，它可以包容一切，除了一样东西：“暴力”。

那么，为什么我们要把“暴力”单独抽出来讲呢？它有什么特别的逻辑或者哲学上的意义，以至于和电信业、钢铁业、航运业、保险业等诸多行业不同，要单独把“安保业”抽出来，并提升到如此高的地位呢？

因为它涉及一个至关重要的逻辑地位：任何交易行为，都是 A、B 双方都满意。

而任何暴力行为，肯定是 A 满意，B 不满意，或者 B 满意，A 不满意。

任何商业契约的签订，前提都是双方签字，唯有“暴力”是特例。暴力行为的特征是，仅有一方满意。A 高兴，B 不高兴，反之亦然。

为什么这件事如此重要呢？我们看回《国富论》。《国富论》中说，如果一项交易完成，A、B 双方均满意，则 A、B 双方的“福祉”均有所增加，整个国家因此而变得更富裕。请注意，这里是一个“不变量”。如果你紧紧抓住“福祉”这一个概念的话，则每一次交易完成，它是永远增长的。

交易越多，国家越富。交易极多，国家极富。而另一方面，抢劫的结果，是 A 的福祉增加，B 的福祉减少，反之亦然。而且我们可以严格证明，B 减少的，肯定比 A 增加的更多。否则的话，A、B 双方就可以达成“交易”共赢，他们之间就不需要抢劫了。

所以“暴力”的每一次行为，都导致国家总财富的减少。抢劫越多，国家越穷。抢劫无数多，国家无尽穷。

我们真正惊讶的是世界上为什么会有穷国！因为人类几乎所有的初级科技，如化肥、农药、煤炭、水力、电力，都是完全公开的，机器都是随便买卖的。如果你要借钱，国际利率都快低过 0 了。

你真正需要惊讶的是这世界怎么还会饿死人！而饿死人的关键，在于那些国家无法控制“抢劫”。杜绝抢劫是市场成立的大前提。抢劫所到之处，市场荡然无存，生产无法存在。

真正可怕的是，“没有市场”。

政治权利

美国人把选举权称为“First Right”。所谓“第一权利”，不是拥有土地的权利，不是拥有股票的权利，而是政治权利。因为美国人看得很明白，防不住抢，你有再多的钱也没用。

如果我们仅仅有“经济学第一定律”，所有的人满脑子都是“自由，交易，解放”，则最终我们的国度，将会成长为类似老子描述的，“小国寡民，老死不相往来”。人们自由自在地生活着，田园牧歌，构成松散的联系。

而在现实生活中，这样的图景一天都没有发生过，甚至永远也不可能发生。

“市场创造一切，除了市场本身。”

一个市场不管多么繁荣昌盛，多么物产富饶，可如果蛮族的骑兵就在城外，野蛮人的马刀在头顶盘旋，他们诅咒着杀进城来抢光你的物资，杀光你的族人，异教徒统统上火刑柱，这个时候，你还能坚持“无政资优越性”吗？

“市场创造一切，除了市场本身。”“暴力”这个元素，你必须单独抽出来处理。暴力不可以交给市场，因为暴力和市场是不兼容的，暴力也无法被纳入方程式中。当城外拥有几千名蛮族骑兵时，你也必须建立一支自卫队，人数也需要是几千人，至少不能低过蛮族的战斗力；当城外有几万名蛮族骑兵时，你也必须建立一支自卫队，人数不能低于几万人，不能低于蛮族的战斗力；当门外是一个庞大的蛮族帝国时，你也必须建立一个帝国，你必须要拥有几百万的军队，才能保护国家，非此不能对抗“邪恶帝国”。

但是，世上岂有免费的自由！

市场从来不会天生存在，从来不会。

当我们享受着市场的一切优点时，是因为有人扛着枪，在捍卫着国防！

当你没有国防时，你也就没有市场。

市场从来都不是免费的。

当你享受着市场的一切好处时，你必须额外掏出钱，来维护它的“国防费”。

这笔钱千万不能省。

昂贵开支

出于国防的原因，我们必须组织强大的政府。因为大型的政府，必然有大型的浪费。

第二次布匿战争中，坎尼惨败之后，罗马元老院全部元老，捐出自住不动产之外的一切财产，罗马才得以组建了一批百折不挠的新军团。我想，这就是罗马文明之后走向极盛的原因吧。

我们将“最终暴力”视为一种无法纳入方程式的元素，必须另列计算。

因为“暴力”的存在，必然无法做到彻底的100%的市场化，必然无法做到绝对的“生产效率最大”，但这还是值得的。我还是支持爱国主义，还是支持强大国家。哪怕有时候会导致生产力损失。完美主义是种病，得治!

政府有时候会干预国际贸易。有些东西可以出口，有些东西不允许进口。如果按照“100%纯粹自由主义”的观点，任何贸易都不应该阻止，任何贸易都应该鼓励。但是考虑到“暴力不能包纳进市场经济”，长期以来我一直思索一个问题：“打仗的时候，能不能卖给敌军炮弹？”

答案是不能。所以交战的国家，应该停止部分贸易。相互有敌意的国家，应该限制贸易。

经济学第三定律——R ≠ 0

经济学第三定律：R ≠ 0。

暴力永不为零。

人民警察

“经济学第二定律”写完之后，无政资们立刻就跳出来了。他们纷纷指责，“暴力”也是可以被包容在“市场”之内的。典型的例子，譬如佐治亚州西部的小镇，“警察业”完全是民营的，收费少，效率高。在漫长的历史中，“警察”是晚于政府出现的，差不多到19世纪才开始有现代意义的警察局。而美国的大部分地区，英国部分地区，“警察局”迄今仍然是民营的，和皇粮没有任何关系。

这充分说明了“暴力”也可以由市场选择，达到配置最优化。无政资聚集了一群书生。当他们的“书生意气”达到最顶峰时，你只要给他们举一个例子就可以了：年迈的镇长踩着厚厚的积雪，推开警察局的大门，面对着整整一屋子武装到牙齿的精锐战士，霰弹枪、榴弹枪、机关枪，剃短发的毛头小伙子。镇长咳嗽着，对警察局局长说：“经镇议会讨论，我们对你过去 4 年的成绩不满意。费用高、效率差，还和黑帮有勾结。”

“我们决定换掉你。”

警察局局长玩着枪，挺了挺大肚子：“可是，老子拒绝呢？！”当你合同期满，镇议会对警察组织不满意，决定开除他们时，警察局局长拒绝，你怎么办？

花白胡子的镇长走进警察局，只要一句话，警察局局长当天晚上就乖乖地卷铺盖走人。为什么？问题的核心在于镇长手里有一部电话：“喂喂喂，省里吗……”

如果警察局局长不听县处干部的话，那还了得。这是违反纪律的事！省政府会立刻入手干预。别看你一个警察局有几把霰弹枪，省政府真的派一个连的精兵过来，马上会把你碾压粉碎。所以警察局局长很识相，乖乖卷铺盖绝不敢违抗。换言之，只要省政府武装力量存在，你就可以放心地在每一个地级市搞“警察局民营化”。

最终暴力

但是，这个问题是无解的、递归的。有市场化的地方，就意味着效率，意味着文明，意味着伦理。“镇村级”警察局你可以外包，警察系统可以兢兢业业全面市场化、高效率，那是因为有省级机关的武装力量压着。省级的武装力量你也可以外包，甚至连地方“警备司令部”你都可以外包。但是，省级力量不听指挥怎么办？那些拥有装甲车、自走炮、火箭弹的二线部队不听话怎么办？你还有中央力量，有航母和核弹。归根到底,“中央武装”扮演了一个“最终暴力”的角色。“暴力市场化”的前提，在于有“更大暴力”压制着。

接着有人问“自发式起义”可不可以。譬如上次和布尔费墨讲到经济学第二定律时，老布问：“不需要额外暴力干预，人民自发地起来推翻暴政”，这个可以吗？理论上是可以的。但在实际上，却是效率极低，甚至完全不能忍受的低效。

我们知道，“任何王朝最终总会被推翻”。蒙古人武功天下无敌，可不到91年就被重新赶回了漠北。女真人骑射悍勇无双，清朝延续了276年，最终仍然落幕，被推翻。

君王

最初，国土上往往会存在30～50个大大小小不同的“暴力集团”。如同189年“三国”大幕刚刚拉开时的情景。此后，暴力集团互相吞噬，数目越来越少，个体越来越大。最终，“暴力”游戏规则的特征，是只会留下一个幸存者，并灭掉所有的竞争对手。被称为“最终暴力”的，一般为该国度的统治者。

我们认为 $R \neq 0$（R代表抢劫），也就是“最大最终暴力”不会灭亡。历史演化的结果，一定是剩下一个最大暴力，而不是毫无暴力。如果一个君王，他统一了全国，那么还有谁能将他杀死呢？

“市场创造一切，除了市场本身。”

“暴力所在之处，市场无法存在。”

长期以来，无政府资本主义者都在苦苦寻觅一种“绝对的自由经济”，绝对的市场经济，完全没有抢劫暴力的完美世界。遗憾的是，无论前沿科技如何探索，无政资们始终都拿不出一个合理的政体结构。如果全国都是那种几千人的“小国寡民”，而没有任何大型的顶层组织存在，则每一个镇都将面临“警察局局长不肯下岗”的悲惨局面。我认为他们完全走了岔路。正确的道路应该是：经济学第三定律，暴力无法根除，只能被尽量削减。

你根本就不应该追求一个“完全市场化，完全无暴力”的社会。你倒不如老老实实地承认,“绝对零度”是根本达不到的。抛弃你那些乌托邦的想法,“暴力集团”互相吞噬，最终肯定会剩下一个“最大最终暴力”。这是由暴力的本质特性决定的，你又怎能指望暴力集团为零。还不如换个思路，承认“绝对零度”不可能达到。

民主

经济学第三定律，暴力无法根除，只能被尽量削减。

小布什有一句非常讨巧的名言，“民主和独裁的区别，就是民主把权力关进了笼子里”。

关进了笼子里，老虎不吃人了?

错，全错。这句话的本质是错误的，因为它违背了经济学第三定律。

既然“最终暴力”无法消除，很多人就构想了一种办法，将“最终暴力”交给人民。“取之于民，用之于民”，如果暴力的影响者是全体人民，把“权力”交给人民，岂不抵消了？人民进行“普选”，得票最多上台的就是总统。总统对人民负责，岂不就是“将权力关进笼子里”？很遗憾，这件事情实践的结果非常糟糕，甚至比全世界大多数的政体制度还要更糟糕。

民主来到这个世界，从头到尾，每一个毛孔都流淌着血和肮脏的东西。因为理论上“民主”是全体人民的代表，而实际上，“民主”并不是全体人民的代表。民主仅仅是 51% 的人口代表。51% 和 100%，这是本质上的概念性区别。

假设人口中有 30% 的人群，特别勤劳，产出特别高。你可以称呼他们为“白人”。而“民主”的结果，就是每一次都是 70% 的人口，抢劫这 30% 的人口。权力并没有被关在笼子里，权力在外面，在四处吃人。民主就是 51% 的人，吃 49% 的人。“最终暴力”并不能被消灭，更不能妄想权力可以被关在笼子里。

它永远存在，$R \neq 0$。

正视这一切！

政府的权力，应该被极大削减。如同我们在“经济学第二定律”中说的，如果是对 A、B 都有利的事情，则不需要政府立法，A、B 自己会找到协同协作的方法。只有对 A 有利，对 B 不利，而且 B>A，效率净损失的情况下，你才需要“立法”，才需要强制以法律的行为规定哪些可以做哪些不可以做。

所以“商法”的一切法律，全部应该废除。市场可以创造一切。

对方的反击

死了张屠夫，不吃带毛猪

早在2004年，“宏观调控”初露苗头，对开发商越发苛刻的时候，我就说过：“待开发商好一点，开发商会降低房价的。”可想而知，结果是灾难性的。网友们的回复，呈现一面倒的“帝吧出征”气势：

“开发商这么暴利，早死早超生。”

“一块土地楼板价500元，可是你可以盖30层。实际成本就17元/平方米，太黑了。”

“一块土地楼板价17元/平方米，可是你可以盖30层。实际成本就5角7分一平方米，卖2万元太黑了！”

在对开发商的嘲讽之中，我们听得最多的，是以下这句话：“死了张屠夫，不吃带毛猪。”这句话的逻辑是严重错误的。它好像是说“杀了开发商，再换一个人上来，房子一样卖”。但事实上不是的，事实是换人就要涨价。

譬如以“张屠夫”为例，张屠夫能干屠夫这行，是因为他手艺更巧，成本更低。他卖出来的猪肉，比别人更便宜。假设你把张屠夫杀了，换了“李师傅”上台。李是个面包匠，宰猪他是备用人选，则一定意味着他的“成本”比张高。换言之，换人就要涨价。

许多人都在骂任志强。但你们要深刻地知道，任志强作为一个民营企业家，“他能在市场上活下来，他卖的房子一定是全北京最便宜的！”华远地产能在北京市场活下来，有且仅有一个原因，他卖得比别人都便宜！你只有兜了一圈，最后发现任志强给的价最有良心，你才会去买任志强的房子。你换上一个张强、李强之类的，唯一的结果，就是他们的售价比“华远地产”卖得更贵。

所以开发商是迫害不得的。你对开发商的任何伤害，最终只能导致房价更高。

二阶经济学

二阶经济学，听上去有点拗口对不对？因为你从小到大，学的其实是“一阶经济学”。

“一阶经济学”有一点像“暴力斗争”的学问。好比我看某人不顺眼，我就重重地抽他的税。一阶经济学讲的是从“我”的视角：我要，我想，我希望，我考虑……

从总体上讲，“一阶经济学”是一种“中二病”的体现，是幼稚、粗糙、愚昧的表现，是大脑不健全，发育不完整。

那么“二阶经济学”是怎样的呢？“二阶经济学”是考虑“我这样做了以后，你会怎么做”。充分考虑到了对手的反应，然后再看这件事的总效果。

所谓二阶经济学，就是不仅要控制你自己的愤怒，还要想想，“别人是怎么反击的”。以20%的交易成本举例吧，你当年150万元买进的房子，一转手卖给我就是500万元，这其中350万元就是你的盈利差价。我们供楼已经够辛苦了，500万元全都喂饱了你，所以对于小白领的“一阶”经济学，他们会立刻想到让你的“利润”交税，你赚了350万元，那你交20%的税出来。

这样的钱虽然到不了小白领自己手里，但至少气也平了。可是另一方面，你如果想想“二阶经济学”，情况就完全不同了。

“二阶经济学”，关键要想到“对方的反击”。中国人有句老话，“哪里有压迫，哪里就有反抗”。你千万别以为这句话只对小白领有用，对房东也是有用的。当征收20%差价所得税时，房东就会犯嘀咕，“卖还是不卖呢”，他要修正出售策略了。

如果卖房能净得500万元，他是愿意卖的。

如果卖房净得430万元，房东不愿意卖。

可见，这个政策会立刻导致“房源减少，价格上升”。搞不好就变成了“到手价”，价格也上去了一大截。如果你学习的是真经，学习的是“二阶经济学”，你就会知道，房东和买家之间最好是什么税都没有，最好连契税都没有，1%以下。因为任何税收，都是双方博弈后均付的，往往还是买家付大头。

“二阶经济学”对开发商

对开发商来说，原理也是一样。很多人花20000元/平方米，200万总价从开发商手里买了一套房子，心中充满了仇恨。这下简直是三辈子人的积蓄都投进去了。于是，这个社会对开发商充满仇视、仇恨。这些都是“一阶经济学”。

可是你深入地想一想，“对方的反击”是什么。假如开发商向银行申请贷款很麻烦，假如开发商要跪着求科长盖一百多个章，假如天天有人在开发商的工地上讲《劳动法》，那愿意去造房子的人，肯定更少。造房子的人少，供应更少，成本更高，房价更贵。

死了张屠夫，房价涨涨涨。

有一句非常著名的话，我建议你抄下来，挂在床头。虽然你现在肯定无法领悟，但你日看夜看每天看，多看多思索，总有一天会领悟。这句话是：“消费者和消费者竞争，生产者和生产者竞争；生产者和消费者从不竞争。”

开发商和你不是敌人，房地产投资者和你不是敌人。开发商和开发商是敌人，房地产投资者和房地产投资者是敌人。另一个同行的小白领买家，哪怕是要好的同事，也是敌人。

萨缪尔森的《宏观经济学》是每一个现代人必看的书目。如果你实在没有时间，只看前 30 页也可以。物理学是自然科学的核心，经济学是社会科学的核心。我一直呼吁：经济学的基本素养是一个现代人必不可少的生存技能。

让每一个人学到“二阶经济学”，是中国大国崛起的必要条件。

经济学入门——市场营销

首先，让我们看一张图表（表 1–1）。假设市场上有中年男人、中年女人、老人、孩子四类人群，有 A、B、C、D 四种商品，请问哪种商品最佳？

表 1–1

商品	中年男人	中年女人	老人	小孩
A	10	2	2	2
B	2	10	2	2
C	9	9	9	4
D	4	4	9	4

这个问题的答案是，B>A>D>C。这道题我问过很多人，一般最常见的回答，多数人都是选 C 最佳。因为你简单加一加，A 的总分是 10+2+2+2=16 分；B 是 16 分；C 是 31 分；D 是 21 分。

很多人会立即以为，C 具有全方位最佳的“性价比”。它在客店内更受欢迎，能卖出更高的销量，产品可以更加成功。这个就是市场营销学的优势，也是欧美公司可以在中国市场逞凶肆虐的原因。

科学家会武功，神仙也挡不住。你看，假设有一个中年男人，在商店里待了 5 分钟，他出来的时候，手里拿的是货物 A；来了一个中年女人，逛商店 5 分钟，她买的是货物 B；来了一个老人，他买的是 C 或 D；来了一个小孩，他买的是 C 或 D。再来一个中年男人，他买 A；再来一个中年女人，买 B；再来一个老人，买 C 或 D；再来个小孩，买 C 或 D。

一天下来，假设来了“男女老少”各 100 人，则 400 人最终的购物商品如下：

A：100 件

B：100 件

C：100 件

D：100 件

你发现问题之所在了吗？当一个中年男人跑进商店，他根本不会考虑别人的想法，根本不会考虑女人的价值观。他选的是自己喜欢的商品（表 1–2）。

表 1–2

商品	男人
A	10
B	2
C	9
D	4

也就是这棵决策树中，他是竖着长的。在男人眼里，他选择 ABCD，他就是选最好的。所以他会买 A 回家。同样道理，女人购物，她就会选 B 回家。而商品 C，虽然它在男人、女人的眼里，得分都是 9 分，可是 9 分没有用。一般而言，成年人的市场，是老人和小孩的 10 倍。而其中，女人市场又比男人市场重要。所以 B 是最大的赢家，B>A。

然后我们来看 C 和 D 两样商品。在成年人，男人、女人的市场中，C 和 D 都完败。但在老人、小孩的细分市场中，它们还有一线转机（表 1–3）。

表 1–3

商品	老人	小孩
A	2	2
B	2	2
C	9	4
D	9	4

这其中，D 又比 C 好。为什么？当一个老人或者一个儿童，走进商店的时候，他们面临的 C 和 D 打分几乎是完全一样的。可是你别忘了，C 的综合评分比 D 高。C 是 9+9+9+4，综合评分高达 31 分，而 D 的累积评分，只有 21 分。

“更高的品质往往意味着更高的成本”，即使 C 和 D 的销量一样，但 C 的成本往往要高一大截，所以 D>C。

总评分是 B>A>D>C，C 是最差的选择。

市场营销学的选择

每一个人，都是独立的个体，都有他们的喜怒哀乐，都有他们的习惯和偏好。中国的企业家，传统上总是梦想做一件“最好的商品”，想用一件商品来满足十几亿中国人。这是一个巨大的工程。呕心沥血，最终造出来的，可能是一件“9，9，9，9”的商品，各方面指数都接近完美。要让所有人都满意，不容易啊。

而西方的 500 强企业，早早地就把中国消费者分成了“中国男人”“中国女人”“中国老人”和“中国小孩”。他们设计 4 种产品，成本更低，研发更快，反应链更敏捷，潮流更时尚；三个月就可以上市，成本只有你的一半。

“无论哪个消费者走到店里，购买的都是我的（某一样）商品。”西方 500 强奉行的是“10，1，1，1”商品指数，并无情地把你的“9，9，9，9”销量贬低到零。这个细分，还可以更进一步分下去。譬如中国男人，还可以进一步分为北京男人、上海男人、广东男人、四川男人、东北男人……

如果你在男装市场陷入了泥沼，你可以试图进一步思考广东男人和东北男人有什么不同，从而获得细分优势。

价值观的颠覆

在营销学上，一直有一句著名的谚语：“一个高级副总裁，可能会为他的定制男装感到骄傲，并在办公室里炫耀。而在他 18 岁读大学的女儿眼里，却会被贬老土、一文不值。”这就是营销中的一条铁律：“甲之蜜糖，乙之砒霜。”

你永远不可能让所有的人满意。同一件商品不可能覆盖所有消费者。许多人的审美观，是相互矛盾，甚至相互冲突的。一个 45 岁的高级副总裁，和他 18 岁的女儿，其审美观必然是不同的。让他们同去选购西装，肯定是无法达成共识的。所以营销思想的背后，其实是西方社会光辉灿烂的“多元文化”主体论。尊重每一个人的想法，用不同的商品迎合不同的消费者；在每一个市场都做到第一。

只要你付钱。

一般的消费品，很难做到市场第一，甚至占有 20%～30% 的份额都属不易。因为市场是多元化的，消费者的口味是互相冲突、互相矛盾的，所以单一产品无法满足所有消费者，无法占领 100% 的市场份额。同一商标能占领的市场份额也是有限的，你不可能通过并购来扩大市场份额，除非你并购了之后从来不整合。

政治学第一定律

公平与效率

在开始这个话题之前，我们先要花点笔墨，聊一个俗得不能再俗的话题，“公平与效率”。公平，什么公平，谁的公平？

很久以前，水库论坛有个 ID 叫作“Like 万 ater”的先生，这位老兄的最大特点就是，爱喊“不公平”。公交车、地铁要涨价，他大喊“不公平”；开刀医疗费用要涨价，他大喊“不公平”；房价要涨，他大喊“不公平”；最后，IT 程序员的工资要涨，他大喝一声“公平，这很公平，就该这样”。

再之后，我们观察了一下“Like 万 ater”先生，关于公平不公平的选项，大致是以他自己的利益来划分的。譬如本地户口可以申请廉租房，他大喊不公平。但大学生申请廉租房可以加分，低学历不加分，他就觉得很公平。

公平，什么公平，谁的公平？每一次我在舆论媒体上，听见无良小编高举着“公平，正义”的大旗，就觉得好笑。当那些人声嘶力竭地喊着，想要追求所谓的“公平”时，其实他们并不是真公平，而仅仅是发表他们个人的“政治主张”。

这是公平吗？我不这样认为。我觉得一点也不公平。所谓公平，既不是偏袒你，也不是偏袒我。虽然我们并不想讨论哲学问题，但有一点是显而易见的，一定要“大家”都认可的，才是真正的公平。如果一方满意，另一方愤怒，那不是公平，那是抢劫。

那么，什么是“真正的公平”呢？幸好这个问题是有解的，而不是一个假大空问题。人类在长期生产社会实践中，逐渐掌握了一套相处之间的规范。譬如，不能偷盗，不能抢劫，不能欺诈。无论是怎样的民族，怎样的宗教，怎样的社会历史，有一些共同点是不会变的，都是“劝人为善”的。这样的一套准则，就是社会规范。哪怕有一些逆历史潮流的规定，最终也是熬不下去的。因为“生产力发展”是一股大趋势。它迟早会打破一切不适合生产的模式。

所以，最终留下来的“社会规范”，必然是最大释放生产力的，“最有效率”的，最终必然就是全社会奉行的，所有人都认可的，生产力极大释放的。“公平和效率”，本来就是同义词。最有效率的，就是最公平的；最公平的，就是最有效率的。否则我们何必追求公平。

装睡的人

对此，所有的人都点头认可。可是出了这个门，不妨碍他们又滔滔不绝地谈论“公平与效率”的矛盾。为什么？其实有一句俗话，精确地解释了这个现象，即“你永远无法叫醒一个装睡的人”。

你以为那个每天唠叨一百遍“公平与效率矛盾”的人，他们不懂得公平的道理吗？你以为他们内心深处，真的“不懂得”自己是在无理取闹？他们所要主张的，根本不是公平。道理、公平、正义，这些我们都懂，不懂的是人心。

当一群人在那里义愤填膺地喊着“公平，公平”，其实他们喊的不是公平，他们真正喊的口号是“抢劫，抢劫”。当一群人在那里喊着“民主，民主”，其实他们并不是真正追求全民平等，而是喊的“特权，特权”。当一群人喊着“环保，环保”，其实他们关心的并不是蓝天白云，而是喊的“盖章，盖章”，增加环节，增加交易费用，与当下国务院提出的“简政放权”完全相悖。

菊与刀

现代社会，老百姓之间的仇杀抢劫，已基本上绝迹。但是，人类抢劫的心，并没有消亡。抢劫的兽心基因，如同魔鬼，可以无限打压，却永远不可能根除。当“定于一”的时候，人类的抢劫，转变了一种方式：转为控制政府，并希望政府分给他们更大的蛋糕。当外地小白领高喊着“公平与效率的矛盾”，你以为他们不知道自己无理取闹，追逐的其实是平均主义吗？不，他们知道，他们是在装睡。他们喊得越响，叫得越凶的原因，是向政府示威，要求政府给他们更多的倾斜式特权。

抢劫之心就如同魔鬼，永远不能被消灭。现代人的“抢劫之心”经过重重包装，已经高度“文明化”。

欧美的问题，在于他们是民主政体。政客们争相取悦民众，将人民拉扯进“食利者”“抢劫者”的行列之中。一旦一个社会 80% 的人开始抢劫，不事生产，那么，离崩溃也就不远了。

价格之三维价格

对价格的理解，是区分菜鸟和专业的重要标准之一。99% 的人，对“价格”的理解是错误的。对于绝大多数的人，他们所谓的“价格”，是“最后一次成交的价钱”。这是第一个问题。

第二个问题，“价格”完全无法预测。绝大多数人有过这样的体验，甚至有 IT 理工男费尽心机，想找一幅“楼市 K 线图”出来。从现有的价格，现有的数据，理工男完全无法推测“未来”。

三维价格

我们首先需要知道一个至关重要的词：“价格深度”。价格不是二维的，是三维的。

举个例子，假设一个小区，有 100 套房子，100 个业主。

Step1：100 个业主，全部都挂 30000 元 / 平方米出售价。

Step2：70 个业主，要价 30000 元 / 平方米；30 个业主，要价 50000 元 / 平方米。

Step3：30 个业主，要价 30000 元 / 平方米；70 个业主，要价 50000 元 / 平方米。

Step4：1 个业主，要价 30000 元 / 平方米；99 个业主，要价 50000 元 / 平方米。

Step5：1 个业主，要价 30000 元 / 平方米；99 个业主，要价 80000 元 / 平方米。

请问：房价涨了吗？在这个例子里，你可以清晰地看到，Step1～Step5，每一个步骤房价都是上涨的，而且涨幅还不小。可是在一些人的嘴里，这个小区，最近五年，是完全没有任何涨幅的！

他们眼中，是怎样看待这个世界观的呢？

Step1：只需要 30000 元 / 平方米就可以买到该小区住房。

Step2：只需要 30000 元 / 平方米就可以买到该小区住房。

Step3：只需要 30000 元 / 平方米就可以买到该小区住房。

Step4：只需要 30000 元 / 平方米就可以买到该小区住房。

Step5：只需要 30000 元 / 平方米就可以买到该小区住房。

Step6：天哪，房价一夜之间从 30000 元 / 平方米涨到了 80000 元 / 平方米，涨幅巨大！

价格是三维的。你所看到的二维，仅仅是三维价格在边际上的一个投影！你必须清楚地知道，“K 线图”是二维的。其中 X 是时间，Y 是价格。

Y 仅仅代表的是“最低一套抛盘”，而不是全部的价格信息。它仅仅是一条边。

如图 1-1 所示，价格是三维的，它其实像一座山一样。

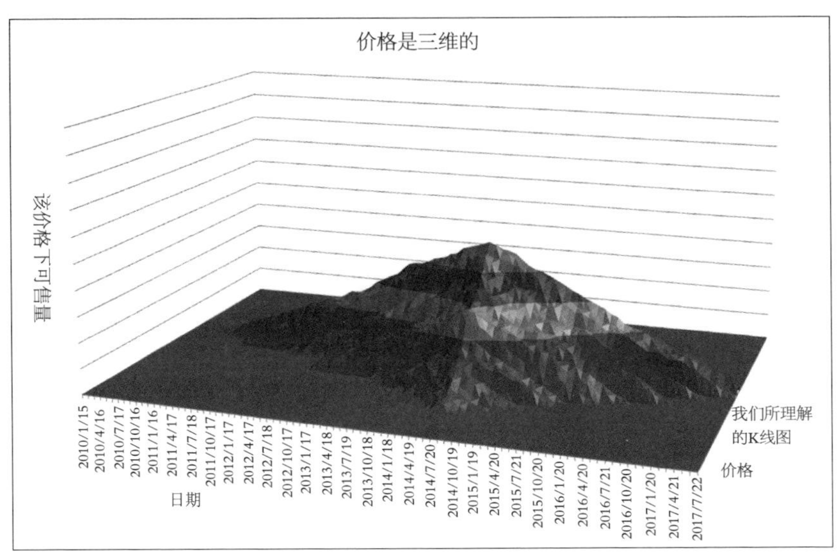

图 1-1

我们理解的“K 线图”，仅仅是图 1-2 中的一条线，它仅仅是山脚边际。

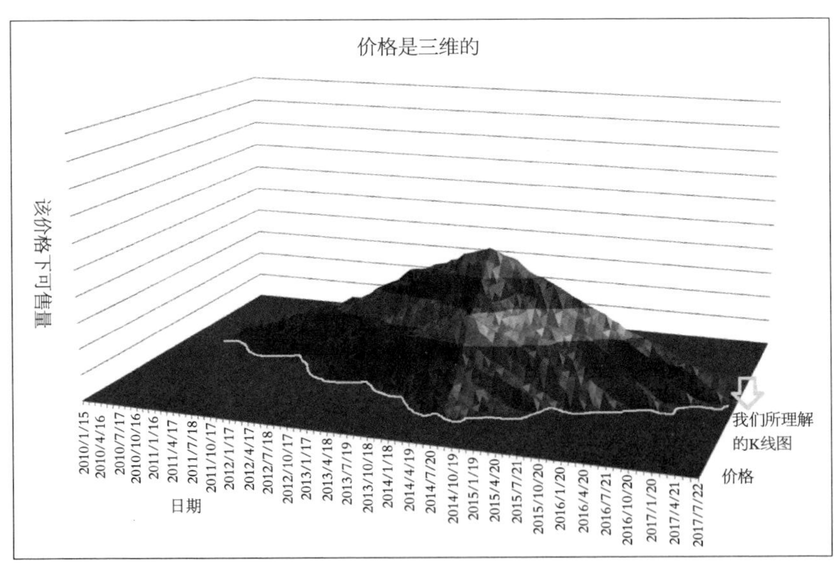
价格是三维的
该价格下可售量
我们所理解的K线图
价格
日期
2010/1/15
2010/4/16
2010/7/17
2010/10/16
2011/1/16
2011/4/17
2011/7/18
2011/10/17
2012/1/17
2012/4/17
2012/7/18
2012/10/17
2013/1/17
2013/4/18
2013/7/19
2013/10/18
2014/1/18
2014/4/19
2014/7/20
2014/10/19
2015/1/19
2015/4/20
2015/7/21
2015/10/20
2016/1/20
2016/4/20
2016/7/21
2016/10/20
2017/1/20
2017/4/21
2017/7/22

图 1-2

当你认为价格始终“稳定维持”在30000元的时候，其实上面的99位已经提价，一骑绝尘，你完全不知道。你没有花一丝一毫心思，来关心那99位业主的想法，关心那些甚至从来都不挂牌的业主的想法。而这股力量，99人要比1个业主更庞大，更不可撼动，不可逆转。我们一直很喜欢一句话，“当你发现差距时，差距已不可逆转”。当我们最后发现“房价在涨”时，往往已经到了Step5。任何一个模型，必然是缓慢渐变的价格走势。

预测未来

未来是什么样的，未来是可以预测的，而非门外汉看楼市，雾里看花“无法理解。”价格分“总体价格”和“边际价格”。99个业主的想法，就是总体价格。最低的那1个业主的抛盘，是“边际价格”。“边际价格”当然很重要，因为它代表目前在市场上切实可以成交的价格。可是“边际价格”不能预测未来。预测未来，主要看“总体价格”。

在过去五年，无论你如何嘴硬，有一句话是无论如何否定不了的：“大势在涨。”如果2010年上海楼市是5/3/2，则2015年上海楼市逐渐实现了8/5/3的布局。不仅仅大势在涨，而且我们可以很明确地和你说，“未来在涨”。大势在涨，逼空在即。

而另一方面，房地产又是一个高度“同质化”的市场，尤其是同一座城市之内。板块之间存在比价效应，存在尊卑阶梯，内环永远比中环贵，中环比外环贵。逆袭可能，但是很难。如果以指数描述的话，则房价 = 大盘指数 + 板块指数 + 小区指数。而它们的比重，几乎可以看作房价 = 大盘70%+板块20%+小区10%。

另外，房东的实力在增长。这是很多人忽略的一方面，不仅仅买家的实力在增长，每年增加几十万元存款，而且房东的实力也在增长，每年也增加几十万元存款。房东越来越不差钱，也就越来越不把几百万元的房款放在眼里。市场的重心在不断上移。

所谓笋盘

笋盘指低于周边价格的楼盘。

说一下笋盘的问题。在一些人眼中，他们是无法理解“笋盘”的概念的。他们观察这个世界，价格是二维的，是K线图。你和他们说：“这套房子很笋，500万元的房子只卖300万元。”他们会反过来问你：“据我的理解，价格就是最后一次交易的价钱。”“如果这房子卖给我300万元，为什么我不可以理解成这房子只值300万元呢？”所以有些人永远无法做房地产投资。他们根本无法判断价值和未来中枢在哪里。而在真正房地产投资家眼里，是有两个价格的：总体价格，99个业主的心理价位；边际价格，最便宜的1个奇葩价位。当这两个价格发生冲突的时候，我们就认为是笋盘。是笋盘就买入。

“笋盘”是一种很不正常的现象。Step5：1个业主，要价30000元/平方米，99个业主，要价80000元/平方米。很多人会问：如果市场价80000元，别人都卖这么多的话，为什么会有一个业主卖30000元呢？这个问题问错了，错在因果倒置。正确的说法应该是，市场上永远有80000元卖30000元的现象，问题的关键是，为什么会给你遇到。

如果你学过真正的经济学，你就会知道，经济学所谓的“完美均衡状态”其实是不存在的，市场上永远有人卖贱货，买贵货；永远有人不领市场行情。不领行情是正常的，是常态化的，人人都领行情才是不正常的。问题的真正反面，是市场上还存在很多“套利者”。

三维价格的实际分析

最后，我们说一个实际例子。

2015 年深圳房价涨了近 60%。而到了年底，被打压一整年的小编终于又忍不住了，跳出来喊“深圳楼市开始下跌”“业主削价 10% 抛盘”“花园小区大降五千”。深圳楼市有跌吗？我可以告诉你，“当所有的业主都在提价时，整体房价却是下跌的”。

Step1：A、B、C、D、E 挂盘 20000 元 / 平方米，F、G、H、I、J 自住不卖。

Step2：A、B、C、D、E 挂盘 30000 元 / 平方米。

Step3：A、B、C、D、E 挂盘 40000 元 / 平方米。

Step4：A、B、C、D、E 挂盘 50000 元 / 平方米，F 卖 45000 元 / 平方米。

Step5：A、B、C、D、E 挂盘 60000 元 / 平方米，F 卖 60000 元 / 平方米。

Step6：A、B、C、D、E 挂盘 60000 元 / 平方米，F 卖 60000 元 / 平方米，G 卖 55000 元 / 平方米。

你仔细看这个模型中，对于单个的 A，单个的 B，A、B、C、D、E、F、G、H、I、J 每一位，其价格都是“越提越高”。

然而：Step5 的小区售价是：60000 元 / 平方米；Step6 的小区售价是：55000 元 / 平方米。

这一步中，小区价格却是下跌的。为什么会这样呢？你采访一下业主 G，问问他是怎么想的。

“这套房子是我几年前花两万买的。

“买了之后醉心工作，也没怎么关心房价。

“前几天我去中介问了一下，哇塞，中介说现在市价快到 60000 元 / 平方米了。

“我想想，我也不那么贪心，就挂个 55000 元 / 平方米，咱也不要挂到尽，赚两三百万元很知足了。”

这就是楼市中常出现的现象。每当一轮大涨后，常有一些原先“不卖”的业主改为出售。而这些业主的挂牌，通常比长期拼搏在第一线的房地产投资者要低，一般是九折。

当整体大势涨了 40% 之后，你能确定每一个楼盘、每一个小区、每一个业主都提价了 40%？你能确信市场如此有效率，信息如此准确无误直达每一个人？答案肯定不是的。每一次大涨之后，肯定有业主跟不上形势。这等于在已经确定涨幅之后，再给你一个去年的价格。所以“捡漏”始终是一种低风险的交易策略，只要你花心思去做，在任何已涨的区域内都可以发掘出懵懂的业主笋盘，低风险高收益，捡漏流。

价格之搭桥

价格深度

Price Depth 即价格深度，是什么意思呢？

价格深度，指的是“价格下跌的速度”。

譬如说，我们看一个虚构的表格（表 1–4）。

表 1–4

	价格（元）	数量（手）
卖3	8.58	500000
卖2	8.57	500000
卖1	8.56	5000000
买1	8.54	350
买2	8.53	230
买3	8.51	105
买4	8.47	1200
买5	8.43	425

续表

	价格（元）	数量（手）
买6	8.31	150
买7	—	—

当前的价格是 8.55 元。很明显，作为卖 1，它是出不来的。500 万手股票根本不可能变成现金。

这个例子说明什么呢？说明你按照“股价 × 股数”来计算市值是不对的。这仅仅是对那种小得不能再小的散户，一共只有 100 股、200 股，你才可以按照当前的“8.55 最后一次交易价”来计算你的财富。对于更多一点的资金，哪怕是几十万元、几百万元的金额，也足以影响到价格移动。而如果资金再大，到了几千万元、几亿元的规模，可能会引起价格的“剧烈波动”。更为极端的是“老庄股”，它几乎是出不来的。

我们现实生活中有没有老庄股？当然有。譬如说，我们打开熟悉的 renren.com（图 1–3）。

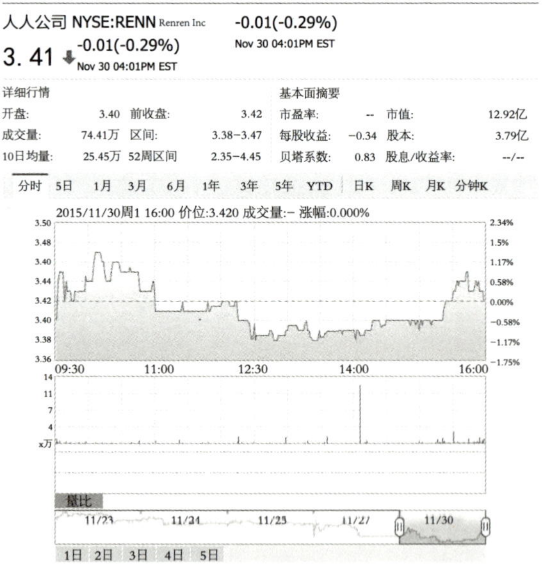

图 1–3

人人网目前市值为13亿美元，相当于人民币约80亿元的样子。如果按照几个大股东财阀名单分一分，则每一个人也要10亿元身家，算大富翁了。可是你接着看它的成交量，10日平均成交量只有80万美元的样子，也就是每天换手率0.006%。在这么低的成交量下，大股东想要脱身套现，把13亿美元卖出来，一天天卖，恐怕要卖上十几年才行，还没有算价格的下跌。而公司本身呢？公司本身是亏损的，每年亏7000万美元。

当钱变成筹码

当钱变成筹码的时候，我们有办法让股价上升。譬如说，一家市值3亿～5亿元的公司，如果你真的拿3亿～5亿元现金来买这家公司的股票，一般情况下，你可以把价格炒到天上去。当你购进锁定了90%左右的股票之后，你几乎可以为所欲为。你完全可以把这家公司的股价，扯到2倍、3倍、5倍、10倍的价格，甚至更高，对应5亿元、10亿元、20亿元、50亿元……甚至更高的市值。

但是，这个市值是毫无意义的。300元每股的股票是毫无意义的，甚至只有孤芳自赏的用途。因为这个价格，下面完全没有“Price Depth”，当你以299元、298元、297元……抛售股票的时候，下面是完全没有接盘的人的。等到真的有人接盘了，可能价格也跌到了10元，3亿元市值，综合来算你也没赚钱。

搭桥

我们花了这么长的篇幅，就是来介绍“价格的三维属性”。我们讲述了价格深度，告诉你老庄股的市值毫无意义。

中国人传统上以为，“价格 = 价值”，这只股票最后一次以 200 元交易，它就是值 200 元。当我打开电脑，打开股市行情，能看见 200 元的买 1，那么它就等值于 200 元。

这个说法是完全错误的。我们竭尽全力让你明白，价格是很复杂的一件事。它其实对应背后一座山，有山的厚度，而不是简单的一个价格 200 元。

然后我们就要说“搭桥”。

什么叫搭桥？搭桥就是“把现金变成几倍的价值但是流动性不好的资产，再把资产变成几倍的现金”。很多人对于“钱生钱”不明白。钱本来就是钱，怎么能变成 5 倍的钱呢？资本市场的游戏，就是如何无中生有。的确，这个市场上，是不会有人拿 5 元钱换你的 1 元钱的。

但是你换个玩法，你把它拆开，分两步走：把现金变成几倍价值但是流动性不好的资产；把流动性不好的资产变成流动性好的资产。

对于第一步，其实我们已经知道它的一些玩法。价格是三维的，是一座山，而不是单细胞智商认为的“成交价 200 元”。在这样的情况下，只要你不断地把资金堆上去，最终你是可以把价格堆得很高很高的。如果你用 3 亿～5 亿元现金炒一家 3 亿～5 亿元市值小盘股股票，你完全可以把它的市值炒到 10 亿～20 亿元，账面盈利五六倍。在房地产投资这个领域，当你买进“大面积低单价七折笋盘”，其实你干的是同样的事，即把现金变成翻好几倍但是流动性很差的资产。

然后，人们真正忽略的是第二步：把流动性很差的资产变成流动性好的资产（现金），即把筹码变成钱。资本市场真正的秘诀在于那些“炒高”的资产，如何相对无损地变成钱，或者无损地变成高流动性资产。

譬如说，人人网，大家都知道它是一只老庄股，而且网站接近破落，几乎毫无价值。可是它要做的，就是不停地进行资本运作。人人网可以用自己的股权＋现金，去换购另一家公司，进行兼并。如果你承认人人网的股价，按照“股价 × 数量”估值和它换股，那就等于“老庄股抛售”了。更进一步，某一些中概股，可以和国企谈换股。我 10% 的股份，换你 10% 的股份。这在纸面上是无懈可击的。一方是上市公司，股价有充分的轨迹可循。会计们理直气壮地说着估值基础，账面上它就是值 13 亿美元。然后它换你大型国企 10% 的股权。其内里的含义，就非常非常微妙了。

再举个例子。假设你爆炒一只股票，炒高了十几倍，甚至炒到了 14 倍 PB，完全没有人接盘，完全没有 Price Depth。但是这时候，你可以做一只“基金”。你选 20 只爆炒的老庄股，把它们捆在一起，起一个名字叫作“二线蓝筹基金”。然后你就可以去忽悠投资人了。

“你看，我们投资分散在 20 只股票之上，所以我们是一只高度分散的基金。”

“您看我们选中的这些筹码过去几年的走势，那是涨涨涨。我们是明星选股员。”

那您还犹豫什么，乖乖地掏钱买吧。你把老庄股捆在一起，组成了基金，就可以顺利地抛售给“基金投资人”。从翻了好几倍的流动性很差的资产到翻了好几倍流动性很好的资产，这一步就是这么走过来的。

然后，你配股，按照现有的股价，打个九折。你出现金，我出股权。这样搞个几次，净资产不就做实了吗？戏法人人会变，流派各有不同。

金融业是很赚钱的，在本篇中，我们说到了一个比较主流的“钱生钱”方式：

把现金变成翻了好几倍但是流动性不好的资产，再把资产变成翻了好几倍的现金。

一般而言，你拿 1 元钱去换别人的 5 元钱，别人是肯定不会换给你的。但是如果你拐个弯“搭桥”，分两步走，绝大多数人的抵抗力就没有了。

价格之框架

上士闻道

在上一篇“搭桥”一节中，我们介绍了一种赚钱模式，即“把现金变成翻几倍但流动性差的资产，再把资产变成几倍现金”，这就是一种钱生钱的模式。上士闻道，一个真正有智商的人，一旦看了上一篇就会意识到自己之前花了太多的心思在“赚收益”上面，而不是“赚流动性”上面。

一旦你转变思想，聚焦于把低流动性资产转为高流动性资产，这其中的玩法就多了，可以盈利的空间太多了。

有了技巧，你才能变成聪明人。而光有单纯的技巧还没用，你还得有“土壤”。

譬如你是煤矿工人、码头工人、纺织女工这些不用脑力纯粹卖体力的工种，那你懂得再多的知识、再多的技巧也是没用的。你只有在复杂的供应链中，譬如买进、卖出热水瓶，这时候你知道哪里有城管，哪些款式畅销，这些技巧才会开始变成金钱。而到了非常大的“大生意”，譬如兼并收购公司，买卖基金股权，定向增发配股，这些技巧就会变得非常有价值。

“把现金变成5倍的流动性差的资产，再把资产变成5倍现金”，对于这个链条，许多人一看就是反对的。他们认为永动机是不存在的。他们从内心深处，就没有仔细正视过这个公式。而事实上，这个公式是可行的，里面有各种奥妙。聪明人要赢赚蠢人，戏法人人会变，巧妙各有不同。

财技

这个世界上，充满了财技。只不过一般情况下，普通人只能看到皮毛。普通人的目光，容易停留在“升值”上面，也就是搭桥的第一步。真正难的是第二步，把“1.5亿股票变成1.5亿元现金”。

许多人赚钱，靠的并不是第一步，而是搭桥的第二步。如果你真的想要发财，真的想要暴富，你应该好好去了解西方证券史。绝大多数的公司，如果不是全部，至少也是70%，它们的增长，并不是靠自己的滚动累计。你完全可以拿计算器算一下，一家市值1000万元的公司，按照每年30%的极优异速率，涨到100亿元需要多少年。绝大多数的公司，是像“吹气球”一样，一下子就爆出来的。譬如一些公司成立三年就上市，成立5年就100亿元，然后就不停地进行并购。

典型的有WorldCom、安然、Yale、PCCW，甚至Philips Morris也算在内。电讯盈科的全部故事几乎就是并购和换股。当一家公司一下子成了“明星股”，股价暴涨10倍、100倍，在资本市场，它就有了10亿元、100亿元的估值。但是看它的内里，无论PE、PB都不值这个价钱。然后它就可以开始并购，用自己的股权，来换取别人比较“扎实”公司的股份。

我给你 20% 的溢价，你卖不卖？

给你 50% 的溢价，你卖不卖？

1995 年澳大利亚的财团来到香港并购公司时，他们给的都是 300% 的溢价，前提是用澳大利亚股票支付。在中国，情况也是类似的。那些所谓的“二线蓝筹股”，种种丑态，不堪入目。

中国人往往更好骗，更缺乏金融知识。典型的例子，我给你“配股”，现行股价打九折、打八折和你配。配股的话，你就按照 PB=3，拿现金和我换股票；不配的话，你的股权就被摊薄。多配几次，我的空壳“泡沫”就变成“岩石”。这些才是财技，才是真正赚钱的地方。

但是我们的娱乐媒体，根本不注意这些事件，不注意这儿才是血淋淋的屠杀战场。

农耕民族

中国进入现代化的时间太短，短到我们还保留着农耕时代的习气，不适应现代化、工业化、金融化的生活。中国人所谓的“欺诈”，就是你去买番茄，要三斤给了你二斤八两，“短斤缺两”。这让一些大妈十分气愤，天天和这些无良小贩做着艰苦斗争。而一转眼，她们把毕生积蓄，50 万元甚至 100 万元去买了股票、买了基金、买了理财产品、买了 P2P。

任何基金，“买入”的最佳时刻点，是在基金“募集成立”的时候。当一个基金封闭期结束，建仓完毕正常运营的时候，它的净值永远是大于 1 的。一般能做到 1.06，也就是你立即白赚了 6%。这句话反过来还有一个推论，也就是用现金去买基金，是不划算的。任何时候都不划算，你只买到了 94% 的价值。而在基金内部的运作里面，可以变的花样就更多了。譬如说，你完全不知道自己投资的公募基金不知不觉被老庄股替换进来了。“基金管理人”偷偷地用你公募基金的钱，替换掉了他们自己的“老庄股”的股票。尽管二者在账面面值上是一样的，可是流动性就被偷走了，你就被留了下来举杠铃。

“基金是什么，基金就是一只永不需要出货的低资金成本老庄股。”将“低流动性资产替换成高流动性资产”，这一步中可以走的技巧实在太多了，花样实在太多了，但每一种都是短斤缺两，而很多人还懵懂无知。

大面积低总价

我们这一个流派，房地产投资的科技树主要是“七折笋大面积低总价”，即以七折的单价购买大面积的笋盘，从而降低总价。这是非常典型的，即“把现金变成翻几倍的低流动性资产，再把资产变成翻几倍的高流动性资产”。对于我们这一个流派来说，赚钱是非常容易的。

譬如，某人今年买了一套杨高路的房子。2000 万元的房子，单价只有 4 万多元。而隔壁的仁恒公园世纪一开，8 万～9 万元 / 平方米，这个板块价马上就上去了，就算你按照 6 万～7 万元 / 平方米估值，账面利润也有 1000 多万元。几个月时间，买入即赚，赚 1000 万元像吃白菜似的。可是你接着套现呢，那就是遥遥无期的事情了。你想，2000 万元的房子尚且没有人接盘，挂了好多年，现在你转身说值 3000 万元，你 3000 万元卖给谁去呢?

但是另外一方面，你这房子又是确实值 3000 万元的。无论如何，6 万元 / 平方米的单价是有的。那问题最终结果怎么样？慢慢卖呗！你就挂 3000 万元的价格，一年不够卖二年，二年不够卖三年。人生无比漫长，真的十年八年堆上去，你还怕出不了货？用这个例子，就可以形象地理解到“七折笋大面积低单价”流派的主要操作手法：“用现金买入即赚1000万元，得到翻了好几倍但是流动性差的资产，然后慢慢卖套现。”

对于房地产投资这一行，“低流动性变高流动性”有一种最简单的方法，就是放在岁月里浸泡。只要你有足够长的时间，任何房产都能卖掉。

财富追赶问题

假设有 A 和 B 两个人。A 是土豪，B 是金领。A 的净资产比金领多 X 元。B 的工资每年比土豪多 Y 元。请问：

（1）B 能否追上 A？

（2）如果岁月有限，B 能否追上 A？

（3）A 有消费，会坐吃山空吗？

（4）利率的影响？

答案比你们想象中的简单。

这是一个很古老的问题。其实贫富分化完全没有学术上的支持。无论理论还是现实，贫富分化都是“内生性缩小”的。一个很富有的富二代 A，完全不工作。一个穷二代 B，辛劳勤奋节俭。请问，B 能否追赶上 A，有朝一日也成为富一代，形成阶层的替换？

如果要严谨地分析这个问题，我们发现我们需要很多变量。

首先，我们要 A 的“资产回报率”R_1，A 的财富就如滚雪球一样，复利指数增长。在最初的几年，A 仅仅是利息就要远远超过 B 的所有收入。如果 R_1 太高，这真是令人绝望。其次，我们需要穷二代 B 的理财“资产回报率”R_2，很多人都忽视了这一点，以为 B 纯靠工资性收入。但实际情况是，随着 B 跨过最初的一两年，也会渐渐有积蓄。B 的投资回报率 R_2 也非常非常重要，甚至是关系 B 能否最终赶上 A 的核心指标。第三个参数，也是很多人忽视的，是 B 的工资增长率 R_3。R_3 的重要性后面再讲。好了，现在我们要说结论了，$R_1=R_2=R_3=0\%$。

很多事情，一旦点穿了就很容易看得清楚。在纯零定律下，$R_1=R_2=R_3=0\%$，我们篇首的四大问题，该如何解答呢？

问：B 能否追上 A？答：可以追上。譬如土豪的净资产是 2000 万元，B 的工资是 60 万元，那他大约需要 33 年就可以追上 A。

问：如果岁月有限，B 能否追上 A？答：追不上。譬如某人今年 35 岁，年薪 120 万元，那么 $25\times120=3000$ 万元。如果土豪的净资产超过 3000 万元，土豪就赚够了金领一辈子的钱，35 岁的金领无论如何也追不上。

问：土豪有消费，会坐吃山空吗？答：必然会。譬如土豪有 3000 万元，每年消耗 70 万元，那么他的财富可以维持 43 年。不要妄想什么“吃利息”，$R_1=0$。

问：如果金领也有消费，追赶需要多少年？答：照例计算。譬如土豪有 3000 万元，每年消耗 70 万元。金领赚 120 万元，实际可以存下 80 万元。那么二人的距离，每年缩小 150 万元，20 年后就可以追平。

问：投资有回报，利率有加息，$R_1=R_2=R_3=0\%$，你这不是胡扯吗？答：这才是正确的算法。

为什么 $R_1=R_2=R_3=0\%$？首先让我们看一个近似简化的案例，R_1–$R_2=R_3=5\%$。假设第一年，A 有 3000 万元，B 有 200 万元，那他们的财富比是 15∶1。第二年，A 靠投资回报，财富增长到了 3150 万元。B 则有两笔收入，首先是 200 万元财富增长到了 210 万元，其次是 B 的工资 105 万元，这样 B 的总资产是 315 万元，A 和 B 的财富比例是 10∶1。第三年，A 的财富增长 5%，到了 3307.5 万元。B 有两笔收入：首先是 315 万元的理财收入，变成 330.75 万元，其次是 110.25 万元工资，总计 441 万元，二者的比例约 15∶2。第四年，A 是 3472.86 万元，B 是 463.05 万元，二者比例约 6∶1。第五年，二者比例约 5∶1……可见，当 $R_1=R_2=R_3=5\%$ 时，结论和纯零定律是一样的。事实上，你把这个 5% 换成任何一个数字，答案都是一样的，都和 0% 一样。

为什么会如此神奇，哪怕取 R=6.7890%，算出来的结果也是精确的 30∶7 呢？因为，所谓“钱存在银行生利息”，其实并不是利息，而是印钞机幻觉。央行规定 5% 的法定存款利率，每年又向市场多投放 5% 的纸币。“你所赚到的一切利息，其实都是印出来的。”

当然，实际情况没那么简单。真实的 M2 增长率达到 15%，而给储民的，却只有 3.25% 定期存款利率。而且利息所得它算你收入，有时候还要交税。既然增长是充水泛起来的，那么 $R_1=R_2=R_3$ 就是很自然的事。这其中唯一有一点点需要修正的，是 $R_3 \neq R_1$，也就是工资的增长，不等于 M2 增长率。因为对于 22 岁的年轻人来说，工资的增长有一个明显的梯形走势。

最初的几年你还是菜鸟，所以给的起薪很低。但渐渐你可以胜任高资历的岗位，并拿到 2 万～3 万元的月薪。同样，这也不意味着你的工资可以按 +30% 每年无限增长上去，因为随着梯形的上升，你就到了“平台”期。在之后漫长的“平台”期，从 30～55 岁，你可能都拿着同样的工资，干着同样的活。

如果我们取人们“35 周岁”的工资，作为他们一生收入的平均。则这个平台大致是平和的，是稳定的，是逐年以 5% 上涨的，所以 $R_1=R_2=R_3$。只要 $R_1=R_2=R_3$，这四个问题的答案就是纯零定律。

如果有土豪说：“我有 1000 万啦，哈哈哈，年薪百万的金领一辈子也赶不上我。”严格地说，你的这个算法是错误的。因为按照纯零定律，对方年薪 100 万元的话，只要 10 年就可以追上你了，你娃还没有上小学。假如你要赚够对方一辈子的钱的话，你得有 2750 万元，假设 63 岁退休。

但是，我想说的不是钱多钱少的问题。不论是谁，都不能秉着“我 1 年赚了你 10 年的工资，我奋斗 3 年，赚了你 30 年，一直到退休（还有 27.5 年）的工资，所以我一辈子不用工作了，所以我开始只花钱不赚钱了”。我觉得，这不是一个积极向上的人的心态。这个世界赚钱这么困难，你看看街头小贩，你看看企业卖产品的，你看看大超市卖吆喝的，他们赚一分钱都那么辛苦，一年熬死熬活几十万元。如果你投资一套房子，轻轻松松几十万元，你还不知足吗？当别人赚钱都这么辛苦时，你有了 1000 万元，你难道不想为你的子孙多积蓄一点儿？为了你的子孙不用站在百货商场里卖吆喝，一个积极的土豪，每年至少应该赚进一套房。土豪不仅仅吃利息，土豪也可以主动工作的。所谓 OC，即 Operation Contributions，运作带来收益。房地产投资就是运作之一。我们公司以前每年 P&L 都要算 OC，我希望在你这里是一个大大的正数。

中产阶级如何保护自己的财富

中产阶级

我们讲一下“保护”的概念。它不是让你吃不上饭，饿得去当乞丐。保护的意思是，想维持你的“社会地位”不下降。如果中产阶级想要“保护”你的财富，想要社会排名不下降，你的增长必须达到每年 +22%。这个不是理论，是结果。

有些人说，不可能的。世界上不可能有任何人达到这个回报速度，连巴菲特都没有。那么我问你：1980 年时，你有多少钱？1 万元不到吧。而 2016 年，如果你在北京有两套房子，你就有 1000 万元了。36 年，年均复合增长 +22%。

全要素增长

我们来看这个表格（表 1–5）。首先解释一下个人工资增长，以每年 21%

的速度，如果你算一下复利，16 年，大概是 24 倍，比房价快一点。2000 年时年薪 2 万元，到了 2016 年，年薪 50 万元。这个 21%，由两部分组成，即 9%+12%。

表 1–5

类别	个人工资	储蓄	奇遇
年轻人	+21%		
中产阶级	+21%	+3%	
中产阶级+京沪	+21%	+3%	+21%
×××			+100%

其中的 12%，是社会平均 M2 增长率。哪怕你做的是一成不变的工作，如餐厅营业员、快递员、外卖员、带小孩的月嫂，你的工资也是每年都在增长的。营业员每年加薪 12%，而另一方面，则是 9% “高薪职位的出现”。

我们仔细观察这个表格。人的收入，分为三大部分：工资、利息和外快（主要指房地产）。这里面，问题主要出在“储蓄”一环。储蓄的回报非常低。通常中国的“无风险利率”只有 3%。如果你要“全要素”增长 21%，你必须“工资 + 储蓄 + 奇遇”都增长 21%。但是金融市场的回报非常低，除非你是彻底的无产阶级，否则你必然被社会抛弃。

中产的陷阱

观察表 1–6。中产阶级有一个“天花板”现象。当你很穷的时候，你只有“工资和结余”。这个时候，你的净资产是不断增长的。但是你成了中产阶级之后，你就拥有了两样东西：工资 + 储蓄。其中，工资每年都在增长。储蓄名义回报 3%，实际 M2 增长 13%，每年缩水 10%，100 万元过年就剩 90 万元。

表 1–6

类别	个人工资	储蓄	奇遇
年轻人	+22%		
中产阶级	+22%	+3%	
中产阶级+京沪	+22%	+3%	+22%
×××			+100%

你的人力资本，可以保值甚至增值。你的金融资本，无法保值。当你的“积蓄”到了一定程度之后，“储蓄缩水”的效应会超过你的工资结余。简单地计算一下，如果每年缩水 10%，则你财富的上限，就是“工资”的 10 倍。好比你每年省吃俭用，能省下 40 万元，则你资产的上限，就是 400 万元。从名义上，好像你每年余额宝又拿了多少利息，公司发年终奖，钱包又丰厚了，总储蓄从 400 万元增长到了 500 万元。可是，2019 年的 500 万元和 2017 年的 400 万元相比，购买力是完全一样的。你的真实财产并没有增加分毫。

从底层爬到中产容易，中产爬到富人极难。我们纵观历史，各位的父母，可能是非常勤劳、非常节俭的人。他们一辈子省吃俭用，连给自己添一件新衣服都不肯。可是几十年辛劳下来呢？仔细看看，他们也没多少钱嘛。论积蓄，或许也就几十万元，老破房子一套。一生积蓄，一生辛劳，还没有子女两三年赚得多。值得吗？如果你不想像你的父母一样，辛劳一辈子，两手空空，你就不能走他们的老路，得跳出这个大坑。

自救之道（1）

好了，现在要提解决方案了。如果你说这个不对，那个不对，把所有的陷阱都骂了一遍，但是到最后，你却又提不出解决方案，你就是个大骗子。

我们首先来看这张图（图 1-4），最左侧的部分是储蓄端；中间是资产端；右侧是负债端。在长达几十年的时间里，我们很多人所享有的唯一选择，就是“储蓄”。好比 20 世纪六七十年代，你的父母拿到了钱以后，只能够存银行。除此之外，任何投资渠道都没有。一直到今天，社会上最主流的“理财思路”，就是让你做资金的“借出方”，你是债主，吃利息的。这些产品的特点，就是容易，极其容易，简直可以说是“跪式服务”。但是，你的“财富”增值率极低。一般 mass market 无风险投资的收益率，就只有 3% ~ 4%，根本跟不上 M2 增长率。

图 1–4

比储蓄更高一级的是“资产”，即所谓的中级玩法。一直有人问我：“USD/CNY 在升值，去换点外币好不好？欧元、日元，哪一种货币最好？”我的回答是：“不要持有任何货币。”也不要持有任何类似于准货币的东西。譬如债券、理财、债券基金。因为全世界的货币，都跑输“实物资产”。不仅仅是中国这样，你去美国、欧洲，哪怕日本，都是这样。

中级的玩法是，持有“实物”。最有名的实物，当然是房产。除了房产之外，你还有红木、字画、汽车车牌、摊位、特许经营权，等等。被很多人忽视的，其实是“特许经营权”。好比我在路口有个煎饼果子摊，这个摊位是合法的，城管不会管。这项权益，就非常值钱。

到了“中级阶段”买资产这个级别，它的主要问题是，资产的选择面是很窄的。资产是有门槛的，并不是每一个人都能把现金转化成资产。众所周知，房产是要巨款的。一套房子至少200万。小额资金，就无法买入首付。而且还有限购、限贷的问题。

那么，这个世界上真正赚钱的是什么？是债务。在一个M2增长的环境中，什么资产升值最快？是债务。如果年化M2增长12%，而利率只有4%，则什么资产升值最快？是债务。我们讲个故事，中国的富豪，分为两种：一种是马云、马化腾这类，另一种是王健林、贾跃亭这类。这二者的区别是什么呢？马云、马化腾，他们主要是有了一个非常成功的产品。

而中国的富豪榜上，还有另外一群人，譬如王健林。他靠什么起家？靠万达广场，房价升值，大概是一倍。投100亿元开发，建完以后大概值200亿元。但是这样的发财速度，依然和“二马”是不能比的。那么，是什么支撑着王健林的财富超过5000亿元大关，压过马云、马化腾，成为中国首富？因为他可以不停地向银行贷款，然后杠杆式开发。

综上所述，我们列出了低级、中级、高三级模式：低级模式，存钱，银行经理跪式服务；中级模式，资产；高级模式，借钱，你去跪银行经理。

自救之道（2）

怎样跨入更高的社会阶层？怎样从屌丝阶级跨入中产阶级？怎样在中产阶级维系社会地位，并进一步跨入上层阶级？很多人回答“勤奋”。这是不对的。中产阶级要成为富人，最关键的是“模式”；赚钱最主要的一件事是“模式”。

千万有千万的模式，上亿有上亿的模式，百亿有百亿的模式。你如果保持着穷人的模式，靠省吃俭用，想要达到中上流社会，终身无望。如果你作为一个 1000 万元左右的中产阶级，想要保护自己的财富，并冀望进一步向上爬，则你最关键的是“模式”。

如图 1–5 所示，你要尽可能地向右爬，离开“存钱”模式，银行送你大米和食用油，别贪小便宜。你至少要爬到“资产”模式，实物资产有 11%～12% 的回报，随 M2 增长水涨船高。而如果你想出人头地，“持有资产”还是不够的。如果你想跑得比全社会更快，快过 +22%，你得追求“负债”，杠杆式、负债式发展。

图 1–5

这里面的难度，就非常大了，并且衍生出一系列的科技树，全部都是围绕着负债展开。具体的做法，我们用一句话留给大家：构建以房贷为中心的资产组合包。

天大的事

——我们的房子

劳动人民购房手册

老公房

老公房大概是流动性最好的品种。老公房大概是唯一可以等同于现金的房产品种。老公房谁在买？是那些你“看不见”的人。

如果我们把市场上的房产分为 A、B、C、D、E、F、G、H、I 各级，A 最差，I 最好。

如表 2–1 所示，5 年之后，各个客户都升级更换了房子。譬如“客户一”，由 A 换成了 B；“客户四”，由 D 换成了 E。那么问题来了：A 哪儿去了？整个食物链中，最差、最破、最小的房子 A，卖给谁了呢？

表 2–1

年份	客户一	客户二	客户三	客户四	客户五	客户六	客户七	客户八
2015年	A	B	C	D	E	F	G	H
2020年	B	C	D	E	F	G	H	I

答案十分简单，如表 2-2 所示。

表 2-2

年份	新移民	客户一	客户二	客户三	客户四	客户五	客户六	客户七	客户八
2015年		A	B	C	D	E	F	G	H
2020年	A	B	C	D	E	F	G	H	I

这个时候，必须要有一个“新移民”加入。这个新移民必须是最穷的，没有任何房产，从零开始，在大城市落脚打拼。他会居住 A，无论是买卖或租赁。这就是“老公房谁会买”的答案。只有源源不断地新增低层外来人口，才能撑起老公房市场的繁荣。而从目前情况看，这个市场很繁荣，非常繁荣。上海的“老公房市场”从来都很旺，无论买卖或者租赁。

低端市场

我们必须清楚地知道，“并不是每一套房子都是保值的”。只有在特大城市，才有本地人、外地人和外国人三类人。只有在省会城市，才会有本地人、外地人两类人。如果你在二线城市，首先，不能在任何人口流出的区域买最差的 A。因为这样换房的结果，就是最差的 A 完全没有人要，其价格有可能跌向零。其次，哪怕是同一座城市，金山、崇明的老公房，其表现也要比“内环内”的老公房差，因为“换房客”的房子总是越换越好。我们必须密切关注新增低层外来人口走向，否则最差的那批房产，其价格将是“断崖式”下跌。

白领们还有梦，而那些风里来雨里去的劳动人民，他们没有痴梦，他们很现实，所以产生了差别。对于白领，比较容易推销“溢价”。他们愿意支付高价，愿意付两倍的价钱。我们一直说，一手房的价格是虚高的。一手房的价格并不代表市场真实的价格。“落地打七折”，二手房实际可以交易的远远低于一手房价格。

在房地产市场，一直有人大惊小怪地问：“六楼没电梯的大复式是不是一定不能买？”

“非学区沿街无电梯六楼的房子，大概这辈子也卖不出去了吧，哭……”

“六楼的老公房真的那么难卖吗？”

一些人认为六楼是卖不掉的，是绝对没有人要的。六楼的大复式更是不会有人考虑，谁会住呢？小老板呀，多跑一层楼梯，没有什么了不起的。如果有人要问：在一个很普通的工薪族小区，特大的大户型卖给谁呢？谁家有这么多人口呢？但 250 平方米六房户型，照样很好销。是什么人在购买？小老板呀。人家搬迁来沪，一家子全都来了，小舅子大姨子，全都在店里帮忙。一户人家，八九口人并不稀奇，平民级大户型自有其市场，只不过你不了解这群人罢了。

还有一个被贬得一文不值的物业类型——“老大楼”。在不少人眼里，20 世纪 90 年代蝶式老大楼，最多只能卖 40% 的价钱。也就是旁边板式新房 8 万元，老大楼 3 万元都不值。事实是这样的吗？你难以理解上海本地人对老大楼的喜爱。上海人最初的时候，都是居住在极小户型中的。15 平方米住四五口人，比比皆是。而到 90 年代“老大楼”出现时，绝对是高端、大气、上档次。有了完整的电梯、卫生间、剪力墙结构。单位里面，用老公房顶“升级”成“老大楼”，那是要排级别打破头的。所以，“老大楼”在上海人的心目中绝对不是什么贬义词。外籍人士也不在乎“老大楼”，外销房几乎全部是蝶式结构。而直到 2015 年，香港籍的开发商造的一手房，仍有不少是蝶式结构，他们照样卖得很贵。

谁会买“老大楼”？小老板、本地人。还有外销房，港澳台同胞会买，这些人购买力并不弱，他们只不过不喜欢支付溢价。

如表 2–3 所示。其实在市区二手市场，塔楼与板楼的价格并不会差得太多。

白领们另一个难以忍受的物业类型是（纯住宅产权）“商住楼”。只要一幢大楼内出现了“商业办公”，顿时恨不得打五折。一幢楼，一个小区，一个电梯内，只要发现办公的，他们就像患了重感冒，就是不通畅，浑身不舒服。因为房子在他们心目中，是承载着梦想的，是“纯洁”的，是完美无瑕的。

表 2–3

单位：万元

类别	一手板楼	二手板楼	一手老大楼	二手老大楼
本地人+小老板		5		4
小白领	8			4

有谁不在乎呢？小老板其实不在乎。小老板讲究的是实惠，如果开公司的不影响到生活，那就是一点儿影响都没有。如果他们抢用电梯了，那只要房价便宜一点点就行。说句更彻底的话，开公司的，不就是小老板自己吗……对于这一种物业类型，本地人 + 小老板是真不怎么反感的。如果你们都不买，那正好我们买，买得又便宜又高兴。市区的“老大楼”（往往有办公），自有其客户。因为实惠，大家买得兴高采烈。

最赚钱的，最好投资的，以及最“安全”、最具有防守性的，是二线盘。我们一再强调，不要买一手盘，不要追求品质，不要追求品牌，不要追求光鲜的附加值。而导致的结果，就是我们跑进一个破破烂烂的小区，买了一套破破烂烂的房子——对，就是“老大楼”的一楼。可是这样的房子赚钱啊！重要的是差价和涨幅啊！你所接触的，是小老板，是开餐馆的，是开摩托的，是菜场杀鱼的。你从这些人手中买进房子，又转手卖给这些人房子。我们接触的主要是“民工 + 小老板”群体，因为只有他们会买二手盘。这个细分市场，才是房地产投资者的主场。

处房情结

房地产市场和房地产投资市场，根本就是两回事。

处房情结

“处房情结”是一件大事，天大的事。“处房”对整个楼市以及中国经济，都产生了致命的、深远的影响。如果给“处房情结”严格地下一个定义，可以称之为：“处房情结”指某些人只买一手房，或者在价差极大的情况下仍坚持买一手房。

“处房情结”造成了一系列的混乱。譬如我们常常听说“房地产支柱产业”，“房地产带动上下游家电装修”。

房地产市场，是严格地分为两个市场的：一手房市场和二手房市场。所谓一手房市场，也就是新房市场，是指开发商拿地、拍卖、建房、消耗钢筋水泥，新增人口入住，带动下游家电、家具、装修消费，最终导致城市外扩，建成区越来越大。按照一贯的“计划经济”思路，房地产业要拉动 GDP 增长，就是要盖更多的房子，增加更多的新建一手房。

而第二个市场，是二手房市场。二手房市场的特点是“存量房”买来卖去，价格有升有跌。对于房地产投资者，他们主要聚集在二级市场，靠价格起伏，买卖赢利维生。在传统的经济学上，大学里的书呆子认为“一手房市场”与“二手房市场”是打通的，买什么不是买？一手房、二手房的价格是连在一起的。可是在中国，由于特殊的“处房情结”，这两个市场是割裂的，是高度的分离状态。再重申一下，处房情结指的是某些人只买一手房，而且这里的“某些人”所占比例很大，不是 1% ~ 2%，而是 80%。

以上海为例，上海是全国最市场化的地方，也是全国一、二手房交易比例最高的地方。2014 年，两类房产各卖了 2000 万平方米，比例是 50% : 50%。而且，你还要考虑几个额外因素，二手房的挂牌数远远高于一手房；买不到一手房，内环无供应，才去买二手房；一手房太贵，才去买二手房。考虑到以上三点，上海人的喜好中，一手房与二手房的比例就不是 50% : 50% 了，可能有 75% 的人首选一手房，只有在显著折价情况下才会买二手房。就我个人感觉，真正完全不在乎一手、二手区别，只看房子本身品质的人，比例比 25% 还低，或许只有 10%。在内地城市，持“处房情结”观点的人是 90% ~ 95%。

割裂的市场

“处房情结”观点持有人比例如此之高，这就是一个重大的现象，绝对不可以忽略。其最直接的影响，是“房地产指数”之类的参数，和房地产投资者完全没有关系了。无论你说今年新开工多少，销售多少，哪个片区多卖，哪个片区库存，哪个片区价格上涨，哪个片区“鬼城”……这些统统和房地产投资没有关系。这些全都是“一级市场”，讲的都是一级市场开发商拿地造房子卖给“处房”狂爱者。

房地产投资者只能奋斗在二手房市场。而二手房市场是一个比一手房市场小得多的市场。房地产投资者的任务，就是只买进二手房，或者那些几乎没有溢价的一手房，然后，卖出二手房。这样，就规避了“处房情结”的损失。然而，市场是多维的、复杂的、有机的。我们知道，二手房市场规模是一手房市场的约30%，以上海为例，会买二手房的人最多占总人口的30%。

市场缩小至三成，我们把客户分类（表2–4）。其客户群并不是等比例缩小的。

表 2–4

楼市客户	欧美	港澳台	本地人	土豪	屌丝	民工

首先我们会有表2–5。

表 2–5

客户群 一手房	欧美	港澳台	本地人	土豪	屌丝	民工
亿元别墅		√		√		
高档别墅		√		√		
联排别墅	√	√	√		√	
浦西高档公寓	√	√	√	√		
浦西中档公寓		√	√			
浦西低档公寓			√		√	√
酒店式公寓		√	√		√	
老大楼			√			
浦西老公房			√			√
浦东高档公寓	√	√	√	√		
浦东中档公寓		√	√		√	
浦东低档公寓					√	√
外环以外民工区			√		√	√

其中打钩的代表购买。譬如亿元别墅的主要客户群是港澳台籍人士和各地土豪。要说明的是，这是一张大致示意的表格。我们对 13 种房产的分类也不是太精确，本地人也没有细分为富、中、贫，请勿过度解读。

然后，我们会有表 2–6。

表 2–6

二手房	欧美	港澳台	本地人	土豪	屌丝	民工
亿元别墅		√		√		
高档别墅		√		√		
联排别墅	√	√	√		√	
浦西高档公寓	√	√	√	√		
浦西中档公寓		√	√			
浦西低档公寓			√		√	√
酒店式公寓		√	√		√	
老大楼			√			
浦西老公房			√			√
浦东高档公寓	√	√	√	√		
浦东中档公寓		√	√		√	
浦东低档公寓					√	√
外环以外民工区			√		√	√

表格的意思是，这些打钩的部分会不会买二手房？其中，浅色，完全不在意，或者愿意买二手房的客户，仍然有 50% 以上。白色，部分在意，占 20% ~ 50%。深色，非常在意，在 20% 以下。如果我们观察这张图表，大致可以得出以下结论：有三个类别是完全不在意一手、二手区别的，他们是欧美人、港澳台同胞和民工。低档房产、老公房和民工区，不在意一手、二手区

别。[①] 重灾区主要是外地人，其中土豪区全灭，屌丝非常在意。

身为房地产投资者，你只能在浅色的格子上生存。也就是说，你只能做某几类的房产，针对某几类的客户。对于某些深色部分，其起价太高，接盘者寥寥，甚至有可能像“土豪买房子”一样——任何土豪都是不买二手房的，所以土豪买的房子都不保值。而只有在省会级大城市，才会有外来人口实力。所以，房地产投资这一个职业，只有在少数几个特大城市中才能存在。房地产投资者只占 10% 城市的 10% 楼盘的 5% 购买人群，人数是非常非常少的。

“处房情结”也是一个很好的指标。一个人可以挑挑拣拣，说明你购买力没到底。一手房和二手房仅仅是销售渠道的不同，而价格居然可以相差 30%。只要“处房情结”还存在，我们就认为房价是偏低的，而且是极度偏低的。小白领愿意为“处房情结”支付的幅度，代表着房价被低估的程度，以及我们要提价的幅度。

---

① 相对应地，产生了“多军”两大流派：“老公房”流派和“低单价大面积”流派。“多军”没有豪宅流。

你的第一、第二套房子

第一套房

在你的一生之中，第一套和第二套房子，是最容易买的单子。并不是说房价不贵，而是相对于第三、第四甚至第五、第六套来说，第一、第二套实在是最容易的单子。当你买第一套时，你的“主力部队”还在，手里可能有三五年的积蓄、公积金余额，或许还有定期存款，房票、贷票绝对不是问题，各项国家优惠政策等着你。同时，你的“潜力”没有被挖尽，你几乎没有动用到“信用卡”虚空资源，父母亲朋的脂肪也没有燃尽，朋友圈从未开口借钱。

当你购买“第一套房”时，几乎不需要任何技巧。你唯一需要的，仅仅是下定决心。修真路上有三道槛，第一套、第六套、第十六套。其中，第一套的“筑基”阶段最重要，是一个分水岭。对于买第一套房，关键有三点：**守拙，勤奋，大智慧。**

“知其雄，守其雌，为天下溪。”老子《道德经》中这句话的意思是，知道自己的长处，知道自己的短处。当你去买第一套房子，则你大概率的99.99% 是菜鸟。菜鸟的意思是，你要“听劝”。“菜鸟”最缺乏的能力，恰恰也是自知之明。

就买房这件事来说吧。房地产投资老手再三告诫的是：“远郊、一手、品牌、精装、CEO 盘、小户型、高单价、酒店式公寓。”也就是说，这八个元素统统都是不可以碰的。而资深房地产投资者建议：“市区边缘、二手、国有开发商、毛坯、亲民盘、大户型、低单价、纯住宅。”房地产投资者建议你买房龄略老的二手房，这样的房子，虽然没什么“新鲜刺激”，但是随着大势上涨，涨价却是十拿九稳的事。新手最怕上手第一单就亏钱，只要第一单能赚，以后都好说。

最怕的是，有些“聪明人”偏偏不信邪，偏偏不守拙。房地产投资老手教导他们“不要购买品牌附加值”，可是呢，他们第一套，去买了单价 8.5 万元的青浦万科天空之城；再教导他们“避免处房情结”，可是丈母娘一个电话打过来：“去买一手新房子”……

在过去 16 年，哪怕史无前例的房产大牛市，还是有不少人亏钱。如果你买了一手 CEO，狠狠地套了几年，毫无涨幅，恐怕你也会得出“童话里都是骗人的”，“房地产其实不赚钱”的结论。

新手买房的第二个重点是“勤奋”。一直不停地有人问我，该如何买房？也有人不停地问我，“房地产投资学”这一科该如何入手？我的回答向来很简单，五个字：看房二百套。这里绝对不是指你在网络上刷着搜房网、链家网，做一个“键盘专家”，而是指线下看房，约了中介经纪人，以实地开门为准。许多人以为“看房二百套”是一个很简单的任务。可是你知道一个人一天可以看几套房吗？这个数字在香港高一点，可以看到 10 ~ 11 套。而在上海，一般草率地估计，每天 7 套。总而言之，加上中介打电话沟通的时间，平均每一个小区，2～3 小时看 2～3 套房源，基本就是这个效率。

看房绝对不是一种随便跑跑的活儿。尤其随着巡游半径的增大，体力消耗急剧上升。前一天晚上，你就要做好工作，预先和中介约定好明天会面。然后，你还要忍受中介的种种套路、种种陷阱。三个月之后，你的战斗力会“脱胎换骨”。看到后来，“眼睛一瞥，心中有数”。任何一套房子，在楼下逛两圈，心中就能估个八九不离十。此外，“看房二百套”还有一个好处，就是有可能打出“笋盘”暴击。

笋盘在哪里，我也不知道，但看房二百套，自然有笋盘。这一个片区，你几乎每套房子都看过了，然后一下子眼前一亮。从逻辑上来讲，笋盘有非常大的救命意义。尤其是对于一些“聪明人”来说，他永远觉得房价贵了 5000 元 / 平方米，总是想着赚尽最后一分钱。在过去 16 年，死得最惨的就是这帮“聪明人”，他们的名字简直成了“观望”的代名词。此后房价涨了 16 年，他们就“观望”了 16 年。一直从内环三房，观望成了郊区厕所。对于重度“聪明人”那是无药可救。对于轻度“聪明人”，笋盘则可以医病救人。笋盘七折，相当于回到了一年前的价钱。“勤奋”本身就是一种智慧，一种最大的智慧。只要你老老实实地做到了“看房二百套”，你就已经战胜了 95% 的业余选手。

新手要注意的第三个重点：大智慧。

兵者，国之大事，死生之地，存亡之道，不可不察也。

最后，提一个问题：假设你计划好周末约房产中介去看 7 套房子，可是你现在发现自己无法出行了。甲方要求改图纸，厚厚的 200 个圆弧，这个周末要赶出来。请问，你怎么做？答案很简单，99% 的理工男会选择“工作为重”。

我们曾经提出过一个问题，难度依次从高到低：①老板下午宣布你提干；②老板下午提干面试；③老板下午召开提干动员大会。另一方面，御用中介打电话给你：“最新出来一套笋盘。信息绝对可靠。下午 2：00 可以到店里签约，如果不赶过来，笋盘就没有了。”

好了，现在请告诉我你的答案，在哪一级情况下，你会溜出公司，去抢笋盘？我相信，绝大多数人的回答，是③老板下午召开提干动员大会。在这样的情况下，你把“提干”抛在脑后，偷偷溜出来啃笋盘，已经需要很大的勇气了。我相信只有不到0.1%的人，才会选择①老板下午宣布你提干，这么极品，这时候你还能请假溜出来去啃笋盘。而真正的答案，应该是0。真正勤奋的人不上班。这就叫作“兵者，国之大事，生死之地”。什么才是“国之大事”？是600万元的房子买卖重要，还是加薪3000元重要？提干升一级，最多也就是加两三千元的工资。而且提干主要看资历，你年龄到了，今年不升，明年也会升。就总体而言，并不是稍纵即逝的机会。而你“啃”中一套笋盘，可以赚多少？200万元、300万元，甚至500万元。换算成工资，是20年、30年，还是50年？

不经意间，你为了公司一个会议，甚至为了在老板面前留下一个好印象，就错失了几百万的商机。客户的一个毫不重要的修改理由，你会勤勤恳恳地周末改上48小时。而相应地，买房子，看房子，却是漫不经心的“旁门左道，君子远庖厨”。这样的人，在社会上是失败的。

我们的第三个技巧：大智慧。你一定要分清轻重缓急，哪一个才是正业，哪一个才是旁门左道。你要用非常谨慎的态度去看待“买房”，买房这种事，应该比董事长专程把你叫到办公室，连升三级更重要！

屌丝如何买房

屌丝兼具几方面的特性，如贫穷、野心、平庸、粗疏。利益是一切的根本。当屌丝呼吁奔跑时，他们并非为了理想，而是为了利益。当一个屌丝，刚来到陌生的大城市，22 岁，大学文凭，一贫如洗，他们最容易发出的呼声就是“不承认任何地段的价值”。因为任何地段的价值，对他们都是一种压迫。对他们来说，房子就是一张床，只是拿来住的地方，甚至连社交活动都十分有限。在这样的情况下，他们为何要为“地段”付费?

所以，屌丝的第一个呼声，就是对任何“地段体系”不承认。其背后真实的哲学思想，是贫穷。屌丝是那种一只脚踏入城市，心却还在农村的人群。他们心中还有梦，按“家乡县城加强版”规划着自己的人生，而不是都市版。

屌丝买房子，第一点是贫穷。所以他们要往郊区买，地段是首先被牺牲掉的。第二是梦想。屌丝要买板楼，打死也不买老公房。因为买了老公房，你就一辈子住老公房了。这对屌丝的“出人头地梦”是一种否定。屌丝还特别喜欢买期房，幻想中的房子才是完美无缺的。然后是颠覆，屌丝们创造了无数的新理论，来论证自己买的不是垃圾地段，屌丝男打死要买板楼，要买带小区的，他们要有面子的，而不是最实惠的。这些因素累积，答案就只有一个："超远郊、新城、品牌开发商、一手期房、精装修、小户型、现代生活派。"

屌丝无敌

我们都知道屌丝犯了很多错误，他们买贵货，糟蹋钱。可是，你要看清楚屌丝的力量来源。屌丝的力量，来自他们的劳动与工资。这是绝对的"增量性"力量。工资就是力量，哪怕他使用不当，打了个折扣，可力量还是力量。如果一个人乱花钱，可只要他每个月还有工资进来，他最终就是无敌的。只要屌丝有工资，他们就掌握了"钱的入口"，最终世界将强迫着围绕他们转。

说了很多宏观的话，今天我们来说说微观选房。在屌丝的世界观内，房型、楼层、朝向、品质、社区、交通，各有哪些喜好？

我发现屌丝对于房价的反应就是"打七折"：六楼的房子，打七折；沿街的房子，打七折；有高架高压线，打七折；附近有菜场，打七折；朝北向，打七折；卫生间无窗，打七折；墙壁有霉斑，打七折。他们要求的是70%——七折！70%，这是一个非常重要的数字。其具体的形成原因，牵涉心理学、宗教文化、道德传统，是一件很复杂的事。但在这里，我们第一次给出精确答案：屌丝的心理价位是市场价的70%。

无论市场怎么变化，这个比例几乎是恒定不变的。2005年时，我们嘲笑一个人，无论他去看任何楼盘，心理价位永远落后实际3000～5000元／平方米。其实这就是70%。如果换算成涨幅的话，大约是一年半的涨幅，也就是屌丝的心理价位落后市场 18 个月。[①]

真心话

当我们见过太多的屌丝言论之后，我们应该剥开的，其实是心里真实的想法。真实的想法是什么呢？三个字："我没钱。"为什么屌丝对户型、楼层、朝向、环境、绿化、通风这么挑剔？任何一套房子，永远都可以挑出毛病来。世上没有完美的房子，喜静和喜动完全就是嘴皮子一翻。因为屌丝的下一句话，一定是"打七折"。说话要听真实的想法，屌丝真实的想法，其实是希望你便宜一点。户型、楼层、朝向、环境、绿化、通风……统统都不重要。屌丝内心真正的想法是，"在保证最基本的生活体面的情况下，所有因素能省则省"。所以屌丝选房子的真正喜好是楼层，除了一、二、三特殊楼层不考虑，其他楼层越低越好，省钱。所以整栋楼里，往往上海人住中高层，屌丝住低层。朝向，屌丝其实完全不在乎朝向，即使朝北，只要便宜他们也乐意接受。景观，谢绝任何景观溢价。靠马路或楼王，完全不在乎，便宜就好。厅大卧小还是卧大厅小，或是两个都小，不在乎。层高，不重视。卫生间，一个。菜场、摆摊、大排档，完全不在乎，但谈论时要鄙视。品牌，重视。得房率，重视。会所，重视，但不办会员卡。学区，重视。交通，两公里内有公交即可，具体站数不重视。

屌丝喜欢的口味，就是在保证"功能"齐全的基础上，尽可能地降低成本。所以一切彰显品位的东西都不要增加，你就绞尽脑汁少 5 平方米好了。房屋的指标，分为硬指标和软指标。屌丝选房，不愿意在硬指标（地段、楼层、朝向、景观、层高、水泥用料……）上花钱，能省则省，却在软指标（品牌、

① 前两天在微信上看到一个段子，说若有人在"任何事"上都喜欢讨价还价，那这个人多半一辈子贫穷，因为他根本就对价值没有信念。

精装修、广告、处房情结……）上浪费了很多钱。这是屌丝特有的情怀，并最终报应在他们的投资回报率上。

现在我们要说说屌丝们买的房子，屌丝们中意的房子，能不能涨？答案是比较麻烦。一套房子，假设你 2015 年买入，2025 年抛出，2015 年，你遵循的是 2015 年的喜好价格体系，2025 年，你遵循的是 2025 年的喜好价格体系，利润来自二者之差。

如图 2-1 和图 2-2 所示，假设我们以“离圆心的距离”代表热度的话，则二者并不重合。2015 年的大热门，或许 2025 年已经是冷门。譬如板块 2，在 2015—2025 年中就是受害者。譬如板块 5，在 2015—2025 年中，则是从无人问津变成大热门。当屌丝们买房子时，他们考虑的是今天，“在功能齐全的条件下，尽可能便宜”。而老手们买房子，考虑的是明天，“2025 年抛售时，尽可能受欢迎”。二者的出发点完全不同。屌丝很容易在总价恒定的情况下，买入超远郊区的超小户型。这些房子其实并不适合居住，无论是对于未来消费升级换代，还是屌丝本身的家庭人口增加，都显得非常不适用，而要抛出的话，更是找不到人接盘。

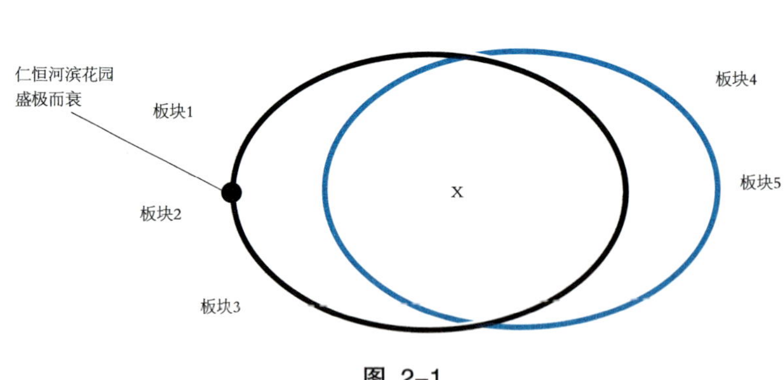

图 2-1

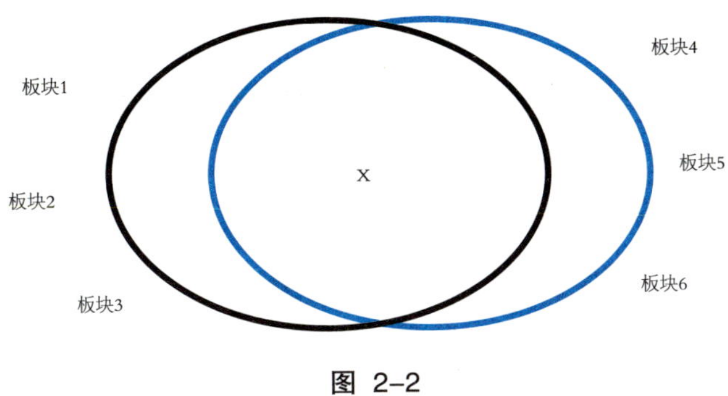

图 2–2

购买房子，要尽量避开“中游的上限”，因为中产阶级这个区间，潜力已经挖尽。将来你的位置，只能在“中上、中中、中下”择一。而无论哪个结果，都比昨天低。

而如果你要说“地段变迁”呢？今天屌丝们买入的远郊新城、新开发区，未来会不会变成黄金宝地？如果我们回顾 2000—2015 年的历史，那么，浦东楼市表现出来的是，“完全没有地段忠诚度”。浦东实在太大了，也太新，而且都是汽车文明。每一次新板块开发，都直接把价格拉到喉咙顶，让后来者没有利润，而新板块业主，也不会买旧板块房子。反正大家都长得差不多。

同时，屌丝买房时，支付了很大一笔溢价，给予“品牌开发商”和“品质”。品质最大的问题是，它无法对抗岁月。一个卖“品牌”“品质”的楼盘，过了 5 年、10 年，你还好意思说自己是好楼盘吗？所以新晋屌丝们“蔑视”地段，“推崇”品质，这都是没有好下场的。

学区房的大风险

学票有多贵

学区房是什么？在很多人的理解中，学区房意味着：买房子，顺便还能读好学校。上次和几个北京人聊天，他们觉得北京人的态度就是一茬子钱赚二茬子活，凡事都要“多功能”，而事实上这个观点是错误的。世界上的事情，无非是“一分价钱一分货”，从来没有白吃的午餐。如果具有两份功能，你就付了两份的钱。市场是有效的，不会白送白给。

学区房真正的意义是：学区房 = “房子 + 学票”。好比一个地区，普遍的二房是 300 万元 / 套，而带学区的房子要贵一点，要 500 万元 / 套。那么，你买一套学区房，其实就是“300 万元房子 +200 万元学票”。

学票有多贵？这个问题一下子没法回答。很多人说价值混杂在一起，无法拆分。但是我们可以举几个特例，如著名的“过道学区房”。在这个例子中，我们可以假设房屋的价值为“零”，因为它本身没有任何居住、出租、使用价值。它就是一个学区入场券，就是一张学票。因为对口的小学不同，学票的定价有 150 万元、300 万元、450 万元等各档。这也同时解答了一个问题：学区房要买小。因为学区房的价值，无非是一张学票。学票的价值是固定的，不会随室内面积大小而变化。

投资

我们可以按照“拆骨法”，把学区房的价值拆成“房子 + 学票”。其中，学票的价值是固定的，不会随室内面积大小而变化。那么房地产投资者为什么不买学区房呢？因为买学区房并不是在投资“房子”。当你花 500 万元买了一套学区房，其实你是花了 300 万元买了房子 +200 万元学票。然后，你要祈祷投资升值。例如，500 万元的房子涨到 1000 万元了，也就是 600 万元房产 +400 万元学票。不但房价要翻倍，而且学票价格也需要翻倍。

好了，现在问题来了：到底是房产涨得快，还是学票涨得快？学票长线保值、增值吗？你对学票有研究吗？我们的回答是“No，No，No”。首先，我们是房地产投资者，不是教育局干部。隔行如隔山，跨界的成本代价是非常高昂的。我们喜欢非学区房产，不要任何溢价，就如同我们喜欢非品牌开发商一样。

如果一定让我对学区房投资说两句的话，我会谨慎跨界地嘀咕：我对“学票”的价值走势完全不看好。学区房面临断崖式的下跌，它的价值，是很有可能归零的。学区房的第一个问题是，它的“激励机制”是不对的。好比我是一个导演，连续几部戏票房大卖。随着我水平越来越高，声望越来越高，明收入、潜收入，各项好处肥腴得天上人间，这些都是“正激励”。意思是，“做得好，加工资”。一个人可以拿到他的勤劳报酬。

而在“学区房”制度下呢？学区房的受益者是房东！你周边的房子都成了“学区房”。房子纷纷升值，房东发了大财，而辛勤付出的老师一分钱回报也没有。所以这个“激励机制”是不对的。你以为你买定“学区房”，从此松了一口气，小孩子就能受到良好教育了？不是的。你买的那一年，是该学校“教学质量”最好的一年，此后一路走下坡路，哪一年都比今年差，因为老师没有激励。

“进个好学校，就有好教育。”这句话是要打个很大的折扣的。进一步讲，“有了好教育，就有好工作”，这话也不对。2016 年今时今日，上海的一本率早就超过了 20%。更可怕的是连研究生、博士生都不值钱。现代社会的竞争，已经越来越不是“文凭”之间的竞争。

上海地区还有一种独有的现象：“浦东成功地以 10% 的学校创造了全市 90% 的学区房。”你去找浦东的中介，会发现浦东遍地都是学区房，区重点第二、第三排，到了中介嘴里，也能成为“一流学区”。拜托，浦东连学校都没有，哪来的学区房？有些妈妈打着“为了孩子，不惜一切”的旗号，这个旗号是彻底的唯心主义。话说到这份儿上，任何劝说都无意义。但是，好歹你买一所“真学区房”，不要买“伪劣产品”好吗？对于“占 90% 学区房”的浦东伪学区，上海人是完全不认可，也不会去买的。学区房的买卖，能够存在，能够升值，有且仅因为有人在“买”，而你深入看使用价值、永恒价值，是千疮百孔的。

很多人在争论，“学区”“非学区”哪一个涨得更快，计较两三个百分点的涨幅。其实，你真正需要担忧的是“断崖式下跌”。诺基亚的股价是瞬间跌到零的，而不是慢吞吞地和你分析市盈率，同样的道理，也适合于“学区房”。我们真正担心的，并不是学区房、非学区房哪个涨得更快，而是学区房“瞬间归零”的风险。

结语

如果一套房子，既能给你舒适的生活享受，又能让你进一所不错的小学，这无疑是一件好事。我们真正关心的是“溢价”。学区房相对于非学区的溢价到底是 200 万元还是 30 万元？**我们并不反对学区房，我们只反对“溢价过高”。**但是从功能、趋势、风险等各方面分析来看，我们认为目前的估值“学票 = 房价 80%”，是站不住的。

学区房连 20 年寿命都不到，悲观一点的，认为 10 年就顶天了。世人总是说房价有泡沫，其实房价 N 年都没泡沫。世人总是说学区房无泡沫，学区房涨得快，要跌也不会跌学区的，可学区房才是一个断崖式大泡泡。我们更担心的是学区房背后深不可测的瞬间归零的风险。我们不买学区房。是非之地，君子裹足。

装修：“凤变冰”入门（一）

“凤姐变冰冰”这件事，关键是“凤姐”，不是“冰冰”，“凤姐”占70%的因素，“冰冰”占30%，因为买东西是甲方，卖东西是乙方。再好的东西，想要卖出去，终究是求人，买家稀少，赚钱都是跪着的，所以我们利润的来源，70%来自“凤姐”。最好的要求是，上家的房子“彻底地破，彻底地便宜”，最好是走道里堆满了杂物，地上全部是煤灰，简直没有落脚之处。走进去一看，灯具晦暗无光，房间狭小，木质腐朽，铁窗漏风。门窗、铰链、玻璃都坏了，房东也是看得灰心丧气。这些都不重要，重要的是，你把价格降下来，降到标准市场价的八折、七折、六折。

我们的利润，70%出自“凤姐”，你必须“买入”时就远远低于市场价，所有的利润，在买入的那一刻就已经产生，此后，只不过是价值的恢复。毕竟，体验“冰冰”，愿意为“冰冰”埋单的人，只有30%，而且不是我们可以控制的。

“凤变冰”，拿到了房产证，移交入户之后，第一件事你要做的是什么？敲，敲成原始社会。对一套“凤姐”的“老破小”，原则上是把一切都扔光，任何东西都不要留。新手们容易犯的一个错误是，愿意保留一下“有用”的东西，以节省再装修成本，如埋墙电线、水管，可以复用。厨房卫生，有两个脱排油烟机，刚买的，连包装纸都没有拆呢。错，全部扔掉，哪怕是没开封的也扔掉，“断舍离”，否则它会干扰你的设计思路。我们的要求是，彻底敲成原始社会，恢复到“石器时代”，整个房屋，最后就只剩下一个光秃秃的水泥骨架，四边框梁。

那么，为什么要做得如此彻底，如此绝情呢？其中一个很重要的原因是，“材质”。你要知道，凡是卖给你的“凤姐”，大多数都已经装修了有十几年岁月，最早的甚至可能是20世纪80年代装修的，而“装修建材”在这些年有了很大的进步。为什么“老破小”总给人一种单薄破旧的感觉？其很重要的一点是，20世纪80年代用的建材不行，哪怕较好的材料，经过十几年的时间，也早就被蛀空了。所以你干脆全部敲光，彻底恢复到最基本的水泥架子。我们并不要求什么“七成新”“五成新”的房子，反正我们也是要全部敲光的。

然后呢，在“石器时代”的基础上，我们做第一次加固，类似于20世纪80年代的建筑质量，整个阳台都可以塌陷，水泥外墙上一条条裂缝。而现在我们用高质量水泥全部帮它补上，固本培元。

江湖规矩

讲几条潜规则：

（1）如果你的小区，不是20世纪90年代“彻底不管”的那种新村，则你需要到物业办一个登记装修手续，同时需要交300~400元的“装修管理费”。

（2）一旦你开始敲墙，就会产生惊人的建筑垃圾，俗语说“2000个麻袋”。一般物业会给你推荐一个附近的垃圾场，或者专业收建材垃圾的。总之，会产生一笔费用，你要有心理准备支付。

（3）在某些小区，敲墙只能由物业指定施工队。他们的收费会比外面高150%～200%，具体的对策，建议认㞞。或者坚持自己弄，但塞点金帛。

（4）一旦装修开始，装修师傅会塞给你一张单子，要求买20吨黄沙，20吨水泥，此后还有。这里面的潜规则是，黄沙、水泥的用量，是完全无法统计的，业主也不可能站在旁边看师傅花几小时搅拌水泥。所以“黄沙、水泥单”一般就意味着师傅的小费和外快。这笔钱，业主一般是认了，只有最愚蠢的书呆子才会斤斤计较。

水和电

敲完之后，接下来的工作是排线。我的建议是：“任何一段墙壁，都必须有电源插座。”任何一段，而不是任何一面，如图2-3所示。

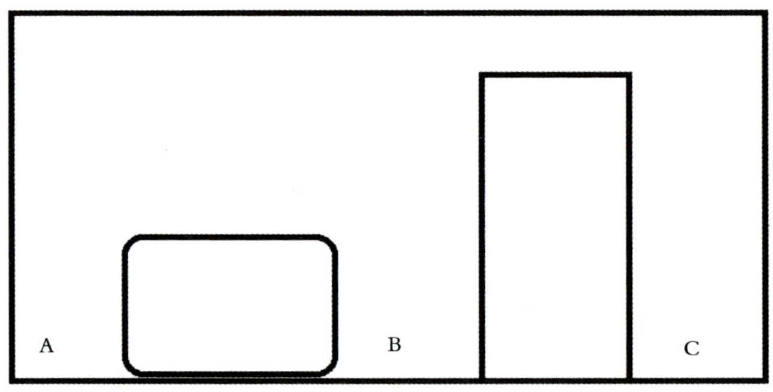

图 2-3

这是一个典型的房间，有一个柜子和一扇门，则你在A、B、C三个点，都必须留出电源插座，这就是“一段”的意思。最近比较幸运的是有了Wi-Fi

技术的进步。以往是“四类插头”：

电源；

网线；

电话线；

有线电视。

以前的布线原则，要比现在麻烦得多，而现在只有电源是必需的，每一段都要。

如图 2–4 所示，像这样的户型。则 A、B、C、D、E、F、G、H 都至少要有一个电源插头。

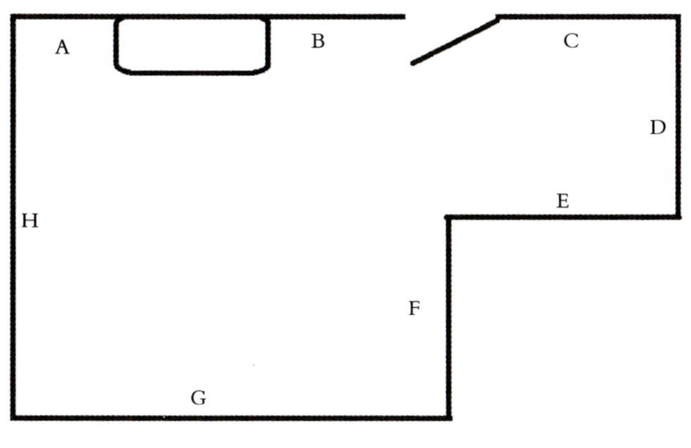

图 2–4

对于水源，我们的建议是：“凡是有下水的地方，都要装上水。”

如图 2–5 所示，这是一种很典型的“一室户”户型结构。在阳台上有一个下水管道，原本是给你放洗衣机用的。但是你设计的时候，很可能洗衣机改在厨房或者卫生间里了，这样的情况下，你仍然应该“预留”冷热水管道，一直通到阳台上。哪怕暂时不用，以后改建成一个洗手台，也是非常具有小资情调的。对于别墅类装修，则应该记住：“任何一个露台，都要预留冷热水龙头。”

任何一个二楼、三楼露台，都要预留上水，还要有热水。水电隐蔽工程是最难改的，应该预留尽量大的余量，每一“段”墙壁都至少有一个电源插头，每一个阳台都连接冷热水。

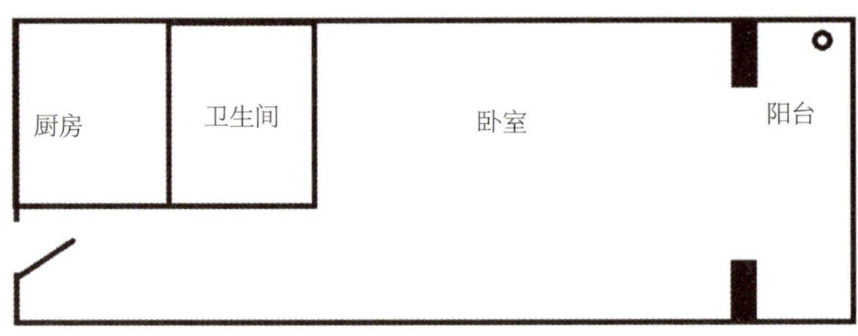

图 2–5

卫生间

如果给我一次机会改户型的话，我会把厨房、卫生间改大。因为卧室再怎么说，也有 16 平方米，16 平方米其实和 14 平方米居住体验相差不是很大。但是“老公房”的厨房、卫生间普遍较小，6 平方米改成 8 平方米，感觉就好很多了。我宁愿把墙往卧室方向推 1 米，对于卫生间，“凤变冰”几乎所有的套路都取消了浴缸。

因为浴缸占地方，而且 1.5 米的浴缸非常丑，大浴缸你又用不起。在传统意义上，浴缸主要是家里的老人使用。但是你想，租房子的都是些什么人？是以年轻人和大学生为主，从来没有七旬老人。因此“凤变冰”流派，全面取消浴缸。淋浴房具体的设计，要看室内户型，一般 90 厘米的尺寸是下限，120 厘米就已经很舒适了。另外说一句，250 元 / 平方米的淋浴房，和 800 元 / 平方米的进口货，在使用上没有任何差异。对于面斗和马桶，如果你要省地方的话，你可以做成墙排水。不过墙排水要预先埋管，一旦定下了，就不可以改为直排。

如果你的卫生间非常非常小，还有一个办法：可以把马桶放在淋浴房的里面。极限情况，只要 2 平方米。淋浴房 + 马桶 + 面斗，放置三件套。卫生间中另一个元素，则是镜子。镜子要尽可能大，最好是半身镜。

厨房

任何一个有过装修经验的人都知道，那些所谓的“大面积视觉”，如地板和油漆，其实都是不耗钱的，烧钱的地方，主要是厨房和卫生间。多一个卫生间，就是上万元。厨房主要是台面贵，算法是（上柜 + 下柜 + 台面）× 米数，一般每米在 2000～8000 元。然后厨房也是三件套，煤气灶 + 脱排油烟机 + 消毒柜。我的建议是，把消毒柜取消，换成洗碗机，虽然贵了 1000 多元，但这笔投资是非常值得的。厨房装修中一个诀窍是，某些时候你需要移动煤气管，按照法律，煤气管是不可以动的。中式炒菜封闭房间还是需要的，哪怕不为租客着想，也要考虑哪一天你再出售。

装修：“凤变冰”入门（二）

吊柜

旧房往往会有很多吊柜，你应该把悬挂在天花板上的密密麻麻的掉漆木柜全部砸掉。因为吊柜主要是储放衣服，或者被子和冬衣。在以前，你的上一手业主手里，他们都是“自住”，尤其是老人自住，老人的生活物品就会越来越多。但是，“凤姐变冰冰”的主要对象是什么？是租客。租客不会带两大集装箱的东西入住，最多就是一个手提箱。所以租客不需要你密密麻麻的“悬空柜子”，这绝对是视觉污染。我们的建议是，全部敲掉，不再恢复。同样的道理，还有六门大橱。

大橱存在的理由，同样也是放衣服。租客不大会有这么多的衣服，他只有一个皮箱；退一步讲，即使租客有很多衣服，房东也没有义务帮你买大橱。进一步考虑目前的租赁市场，大学生情侣合租现象越来越普遍，而他们甚至连长衫都没有，连一件像样的西装都没有。因此，最多配一个二门衣柜就够了，也不用占用整整一面墙，塞在角落里就够了。

卧室

鉴于目前的家庭关系结构，我不是很喜欢“一室半”的户型设计。

如图 2–6 所示，这和图 2–7 有点像。只不过是把房间中间隔断了，加了一堵墙，就变成两间了，一个主卧，一个次卧。在“自住”需求中，次卧一般是家里有 80 岁的老人，抑或 18 岁以下还没有考大学住校的小孩，这样的分割，多了一个房间，但是次卧的采光非常差，主卧的面积也小了很多，感觉很不舒服。在“风变冰”的做法中，你要想到：

首先，一对夫妻带着 80 岁老母来租房子，这样的租客是不存在的。

其次，一对夫妻带着 17 岁的孩子来租房子，这样的租客也很少，所以，我宁可恢复成图 2–7 这样的户型。

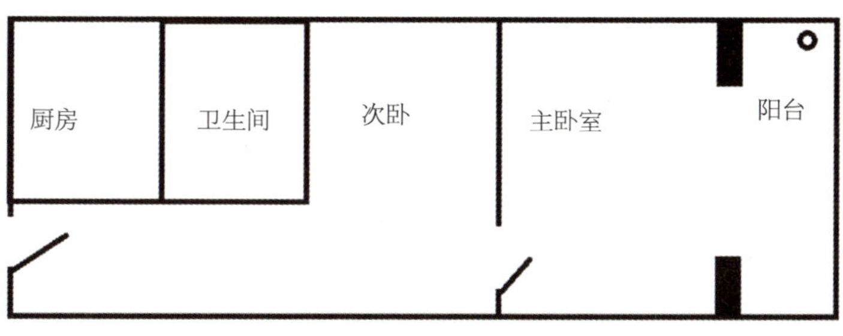

图 2–6

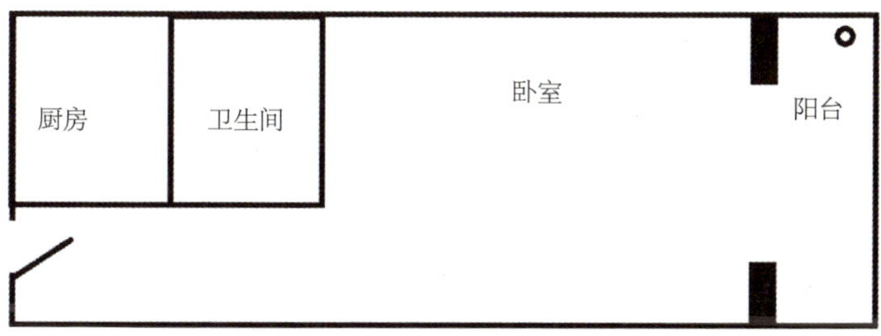

图 2–7

这样的户型，你一推开门，直接可以看到日光和外景。另外，卧室的面积显得大了很多，房子的性价比提高了。还有一个好处，有很多是二男二女，同学关系，合租一套房屋，分摊租金。这样的情况下，他们喜欢“标房”，放两张床，如图 2–8 所示。

这个市场也很大，至少比一室半大。

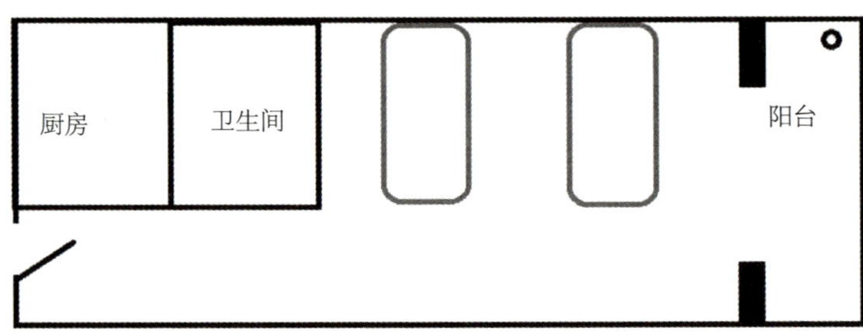

图 2–8

整体视觉空间

走出了精致小巧的厨房和卫生间，讲讲我们的卧室大空间。虽然厨房和卫生间是最耗钱的，但是能不能顺利出租，能不能租出一个好价钱，关键还是看“视觉大空间”。前面已经说过了，为了视觉上的好看，我们不惜放弃一室半，追求光照大统间。除此之外，你还有许多事情可做。

（1）追求视觉大空间。原则上，我们应该是“毛坯交房”。即在房屋装修完，保洁做完，最后招租的时候，房间里应该是没有任何家具的。放了任何家具，感觉上都比没有家具的屋子要小，你最多用手比画比画，这里放个床，那里帮你买个茶几。甚至茶几也可以让租客自己上淘宝买二手的，临退房时带走。房间里干干净净，不要有拖鞋、茶杯、毛巾、纸箱，这是最基本的要求。

（2）乳胶漆。现代化的建材，远远比 20 世纪 80 年代的要好，尤其是一些油漆，号称“宽景”，特点是墙面特别光滑，使得视线无法聚焦，眼神游离，而觉得空间更大一点。采取纯色的墙壁背景，能显得你的房子又干净又宽敞，基色一般是乳白、象牙白，选择蓝色天花板或者绿色一面墙需要很大的勇气。

（3）大色块。尽量采取大色块的底色背景，反面典型是 20 世纪 80 年代的拼花地板。如小碎木拼花地板，它表面几乎永远都是凹凸不平的，对于光线反射，明暗不一，哪怕是刚装修的房子，看起来也像旧的一样，而且还积灰。

（4）光源。亮点，亮点，再亮点！对于光源，没什么好说的，只有一个字，“亮”。我们要知道，来租你房子的，租 40 平方米“老公房”的，对于他们来说，烛光如织的欧式酒吧情调，是没有意义的。对于整体光源设计，像我们这种简单粗暴，没有艺术细胞的流派，就只有一个字，“亮”。必须很亮，足够明亮，亮到照射每一个角落。而且亮和白光会显得你的房间更大，这和镜子是同样的原理。

我们观察户型，有时候对于这种长条形的户型（图 2–9），甚至会做两组顶灯。这种完全违背设计美学的做法，其实是为了给房间各个方位充足的照明。吸顶灯不贵，而其他花哨的吊顶、射灯、牛眼灯、雾灯，全部没有应有的效果。客户来看房时，你甚至都没有机会打开。

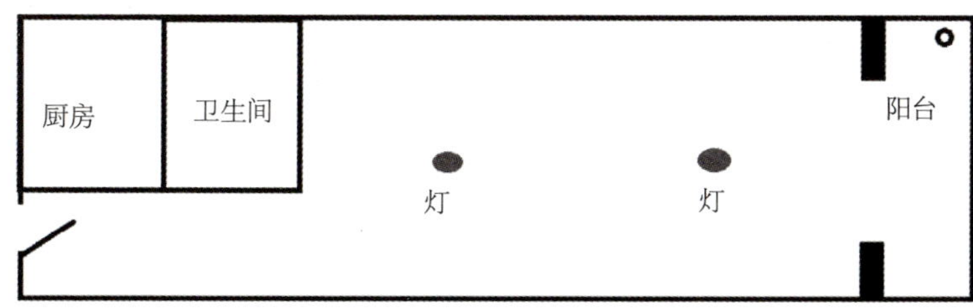

图 2–9

地板的选择

我非常喜欢用玻化砖做地板。只用砖，完全不用实木地板。哪怕在卧室里，脚底下也是砖，一寸木头都没有。

为什么这么选择？卧室用地板，不是 30 年前的主流吗？几乎每一户每一个人都觉得，卧室用地板，天经地义。

我们来比较一下，如表 2–7 所示。

表 2–7

季节	地板	玻化砖
春	无所谓	无所谓
夏		优胜
秋	无所谓	无所谓
冬	优胜	

上海的夏天，十分炎热，一旦到了 36 ℃，更是热得你走投无路，而在这个时候，玻化砖有着非常大的优势。你可以想象一下，赤脚走在石头上的感觉。事情的反面，是冬天地板要比玻化砖更暖和一点。但是反过来想，你是怎样的居住情况：人均面积狭小，人口密度很大。在 40 平方米的范围内，很有可能要住 3～5 口人。人本身就是一个巨大的发热体，三五号人挤在一起，本身就已经热得让你难受。而且真的等你住进来，这么小的房子，连家具带行李，地面上铺得满满的，空地应该不多，可能也就留几条走路的缝。在这样的情况下，你几步一跨，跳到床上，还怕什么冷？而且在“老破小”的大前提下，玻化砖有以下几个好处：

（1）千年不腐不朽。“老破小”为什么可怕？你刚买入手的时候，为什么人类无法踏足？主要是木头烂了。木头是无法经受岁月的侵蚀的，除非全部用黄花梨。如果用石材，过了10年，你这地面还是如新的一样，而且不长白蚁。

（2）美观。80cm×80cm的大面积玻化砖，其美观远远超过长条木地板，更远远超过拼花地板，大块大面积的均色，能给人极强的视觉冲击。

（3）易于清洗，还不怕渗水。“老破小”房屋，哪天屋顶漏雨了，或者隔壁邻居的漏水渗过来，是常有的事。根据我自己的实战，玻化砖替代地板的效果还不错，无论租金和转售价都创了新高。

“凤变冰”的主要思想是，把房间撤空。本来乱糟糟的东西，全搬走，统一色调（统一榻榻米），自然就显得好看了。在我们所有的设计方案中，绝对不要使用折叠件！因为折叠件非常容易损坏。任何一个稍有装修常识的人，都知道移门比拉门省地方，尤其是40平方米房型，更可以省2平方米开门位置。可是几乎所有人都使用拉门，甚少用移门，为什么？因为移门很容易坏。

风格与亮点

“凤姐变冰冰”是有固定套路的。基本上拿到的都是40平方米的一居、一室半，翻来覆去就这几种户型。但是，光有这些是不够的，你还需要做个效果图。好比一大片白色延绵的墙中，突然升起了一朵嫣红的玫瑰。

千篇一律的作品令人厌倦，同时对租客也缺乏吸引力。所以我们在90%的工业化基调完成的同时，还要花10%的精力，来做个效果图。好比马桶的背后挂一幅画，这就是一个“效果”；花砖腰带，也是“效果”。你可以再买几十个欧式镜框，做一组“镜框墙”；抑或拉两条木板横档，散乱地堆几本书在上面；找瓶花，让叶子垂下来。我们装修房子，追求“极简主义”。极简的一个曾用名，叫“最省钱”。一般情况下，我们不做吊顶，甚至连屋角四框的边也不勾，可以选择一些其他省钱又省事的方式，比如喷塑，做背景墙，角落里放个酒柜，放个壁炉。戏法人人会变，各有巧妙不同。一般来说，我们的任何一套“凤变冰”房屋，都会绞尽脑汁做1～2个“效果”，让租客觉得每一套房屋都是独一无二的，都是独具匠心的，都有特殊的风格在里面。这样，租客住得舒心。

利率与房价的精算法

利率每加息 0.25%，房价下跌 1%——不是 30%，也不是 50%，而是精确的 1%。

学院派

就学术文章而言，有一定的套路共性。其有一个潜规则是，绝对不可批评政府的经济政策。而另一方面，下里巴人的“房型、交通、采光”，他们又不懂，所以，学院派的文章，基本集中在“利率、汇率、宏观财政政策”上。这样，既显得高大上，又觉得是指点江山、高屋建瓴。

对于学院派的分析文章，“利率”是一个至关重要的变量。一般来说，利率上升，房价下跌。利率下降，房价上升。这个道理，简直就和“加息抑制 M2 增长”“加息祸害股市”一样金科玉律，一样蔚为主流。甚至存在一个“共识”，1997 年香港房地产市场泡沫“破裂”，是因为利率变化，联系汇率导致的香港宏观经济失衡。

我们为什么不太喜欢学院派“经济学家”？因为他们不愿意思考，不愿意计算。为什么呢？因为有实战经验的房地产投资者都知道，利率是根本不敏感的。让我们来看一个例子。假设某人贷款了70万元，时限20年，享受九折利率。则在2015年3月1日降息之前，利率是5.4%，月还款额4775.76元，降息之后，月还款额是4687.63元。在学院派经济学家中，他们会先给你列一个20页的报告，让手下的研究生花数十个manhour搜集数据。最后得出结论：“在收入比重中，房贷占比下降，有利于内需类股票以及房地产价格上扬。”

我们来看一个算法。Case A，某人买了一套100万元的房子，首付30万元，贷款70万元，时限20年，利率5.4%，月供4775.76元。Case B，某人买了一套101.316万元的房子，首付30万元，贷款713160元，时限20年，利率5.175%，月供4775.76元。这二者是完全等价的！都是月供4775.76元，期限20年。如果一个家庭是丈夫负责月供的话，妻子甚至都不会知道他们的利率！这意味着“更高的利率”和“更高的房价”是可以互换的。你发现加息后，每个月的月供增加了。但其实也可以理解成你买了一套更贵的房子，比例大概是101.3%。

在2005年，市场上“房价压力”的情绪达到了顶峰。一群傻空天天在诅咒、做梦，房价立即崩盘。当时的指望，就是“只要……就会……”，其心态和今天期盼不动产登记差不多。当2005年10年周期第一次“加息”时，网络上一片欢腾。然而学过真正的“经济学”，学过奥派经济学的我们，不由得大跌眼镜。用Excel表格算一算，数据其实很简单，就在这里，影响不到1%，基本被市场忽略。

“利率”是几乎每一篇学院派房地产分析文章必然涉及的，但他们关于“利率”的分析全部是错的。利率是可以定量计算的，只要你知道几个简单的算法，便可以将利率换算成房价。如图 2-10 所示，贴了 6% 附近的利率换算变化。我们可以得出：这基本是条直线。每加息 1%，10 年期月供增加约 4%，20 年期 7%，30 年期 10%。拉到极限，也就一次年轻人加薪。你即使把利率拉到 9%——这是不可思议的，几十年未遇一次，而且要花好几年时间慢慢地加上去——但月供幅度也就 +15%，小年轻一年的加薪幅度就补回来了。房贷总是越还越轻的。

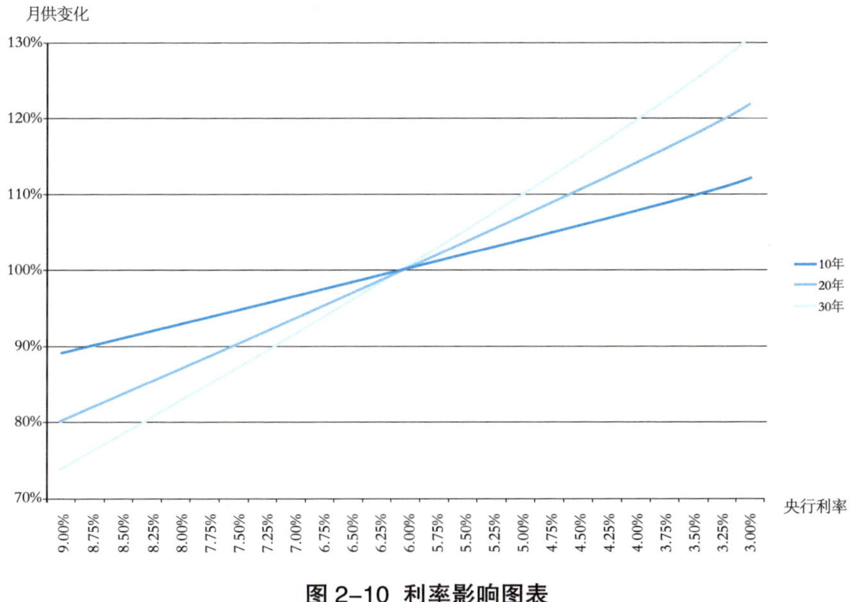

图 2-10 利率影响图表

另外还有一张大图（图 2-11），利率范围是 0～20% 的。更大尺度中，依然是近直线关系。

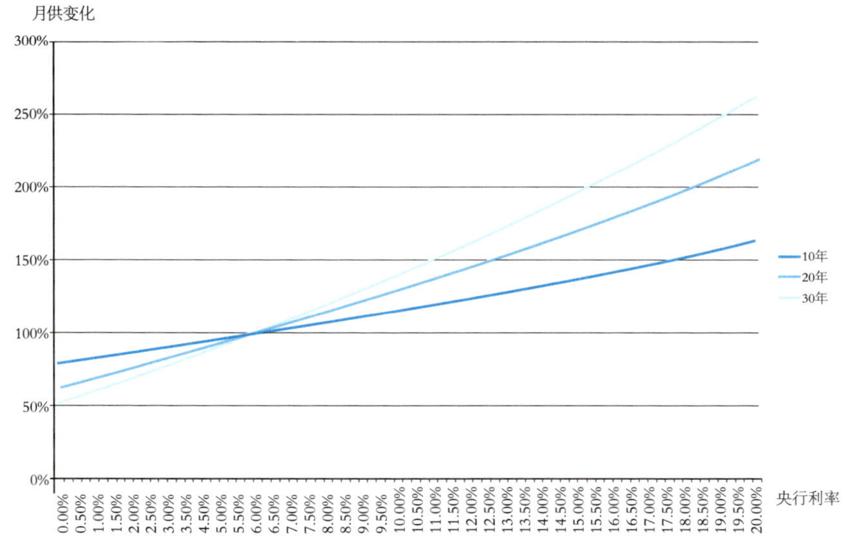

图 2–11 利率影响表

利率的分析

目前市场上的利率分析，至少有几点是错的：夸大了利率的影响，混淆了“平均利率”和“一年期利率”的概念，忽略了首付。在我们的分析中，利率对房价的影响，大约局限在 ±5% 之内，但到了媒体的嘴里，却成了 ±50%。很多订阅财经类杂志但事实上什么也不懂的“白骨精”，就阵亡在媒体的“引领”之中。

首先，即使不考虑定量计算，讲纯理论学术，“学院派”也是错的。学院派混淆的第一个错误，是长期利率与短期利率。人的一生，房贷漫长，达十几年，甚至几十年，往往会经历二至三个“加息”“减息”周期。如果简单地讲央行今天加息、减息，并没有太大的意义。因为今天减了，明天就会加。真正有意义的是，“20 年期平均利率”，抑或市面上十年期国债曲线。

在美国，则是固定利率贷款。通常这个利率波动幅度，要比“一年期”利率变化缓慢得多。

其次，即使考虑“十年期国债利率”，它也有价格波动。其振动幅度，会有上下两个百分点。但这 ±2% 的幅度，并不足以引起房地产市场 ±50% 的波动。如图 2–10 和图 2–11 所示，如果取 20 年期贷款为主流，则口诀是“1 : 7”。±2% 的利率波动，最多会引起 14% 的房价波幅。但是这个 14%，仍然不是最终的输出。

房贷有首付，假设我首付三成，贷款部分只剩 70%，则贷款的受影响幅度，就要打七折了。而中国的首付是多少呢？在上海、北京这样的大城市，大约是 58%，全国平均则是 65%。也就是说，售楼处打开大门，六成人是付全款的。想不到吧！所谓“房地产影响金融安全”，纯属捏造与谎言。当买 100 万元的房子，65 万元是首付，35 万元是贷款的时候，则贷款的波动，对全局的影响，要进一步缩小。最终结果是 14%×35%=4.9%。利率对房价的影响最大上限不超过 5%，这就是我们的结论。

社会资金成本和心理影响

或许会有人说，利率的调整，还会影响到社会资金成本供需关系。至少，开发商的成本上升了。其实，央行对于利率的调整，应该是“零效应”，不改变任何生产关系。还有人说，虽然你在家里拿铅笔在纸上计算出加息对于房价的影响微乎其微，但是我们还有舆论媒体啊，通过在市场上造势，煽动恐吓民众的心理，也可以让它大跌个三五成。我们只想回答说，“心理影响”从根本上说，是为零的。从哪里赚来，到哪里回去。有恐慌下跌，就有恐慌上涨。决定事物价格的，归根到底还是供求关系。我们对利率的评价，科学的态度是“影响轻微”，而不是鼓吹房价永远上涨。当加息周期时，利率不会使房价下跌。同样的道理，目前的几次降息，也不会使房价上涨。

楼市的季节性现象

楼市的走势（尤其是上海），呈现明显的季节性波动。真正让我们惊异的，是为什么没有任何学者、官方媒体分析到这一点。我们很多人一说到楼价，动辄就是要跌 30%、50%。可是楼市如何细分，细分成哪六个子市场，哪个会跌哪个抗跌，楼市在季节间如何波动，则完全缺乏细致谨慎的研究。一年之中，哪一个月最重要？绝大多数媒体小编会告诉你“金九银十”。甚至每到 9 月，就会有人发起号召：“团结不买房，狙击金九银十。”其实，一年之中最重要的月份是什么？是 3 月、4 月。

纵观历史，21 世纪之后，上海楼市涨得比较好的是 2001 年、2003 年、2005 年、2007 年、2009 年、2013 年、2015 年、2016 年，平均每一个“大年”的涨幅约 40%。然后我们再仔细观察每一个“奇数”年份，其中的涨幅，绝大多数集中在“春季”。一般的情况，以 2005 年或者 2007 年为例，是从春节过后开始涨。2～6 月，每一个月 5% 的涨幅！基本在 6 月 30 日之前，整个楼市可以累计约 30% 的涨幅。此后节奏逐渐放缓，在 7～9 月仍然有零星的涨幅。最终一年下来，总涨幅在 40% 左右。

要注意，涨幅从来不在 9～10 月产生。第一，我们要尊重事实，事实不可辩驳。第二，我们要研究原理，原理推测未来。涨幅背后的原理，主要是“春节红包”。如果你熟悉 2000 年前后上海国企的运作规律，你就会知道，年尾花红在全年收入中的比重非常大。按照上海的传统，年终奖非常高，即使是普通人，发了半年等值工资也是常事。在这样的情况下，相当于“工薪性收入”，有一半左右在春节前后发下来。在收入曲线上，体现为一个洪峰。每年过完春节，房价就开始暴涨。

再看月度。按照中国人的传统，“春节之前不买房”。以通常惯例和我们的习俗来看，春节之前一个月（元旦至农历除夕），是不会做任何大宗资产买卖决策的。春节之后，初八上班，忙碌到元宵，年终奖也发下来了。差不多到农历正月二十左右，市场就开始蠢蠢欲动。因为过年的气氛已经消散，手里又有了一笔钱，买家看楼就开始了。中国人总喜欢量入为出，手里有钱，才会走进售楼处。对于个体来说，他们是完全懵懂，依靠潜意识行动的。可是在房地产投资者眼里，他们的行为如大数据般清晰，以至于可以狙击。

从元月二十日开始的 90 天内，楼市开始暴涨。基本上可以保持 3 月 10%、4 月 5%、5 月 5%，甚至 6 月 5% 的速度。然后动力逐渐消散，力量逐渐衰竭。也就是说，一旦暴击，楼市会呈现四个月 30% 的涨幅。此后，6～8 月天气极热，没有人看房，缓慢零星增长。到了 9 月，因为是秋季，6～8 月压抑的购买力会促使人们重新去看房。但你切记，9 月是“小阳春”，或许有 5% 的涨幅，或许不死不活。全年的决战从来不在“金九银十”，对于房地产投资者来说，9 月、10 月基本是被忽略掉的。最后，迟滞到了 11 月、12 月。进入 12 月，租房市场基本上完蛋了，因为外国人都要回去过圣诞节。

而我们有一个“反向思维”，一年中最重要的月份，其实是 12～1 月。为什么？因为这个时候，是一年中最淡的淡季，基本上是没有人买房的。根据上面月份的分析，这时形成了一个绝对的“市场真空”。因为抛盘永远存在，永远会有急需卖掉房子筹钱的人群。而 12 ~ 1 月，市场上根本没有普通买房者了，价格就会降低。如果你“反向操作”的话，是最容易买到笋盘的。本身这个时候价格就会比平时低 10% 左右。“年末不卖房，年末只买房”是我们的原则。更重要的是，年末会猛然冲出笋盘，而笋盘可以活一段时间，不被人扫走，直到被你扫到。当别人都在红红火火过年的时候，你要做那个唯一的“在大年夜买房的人”。买房一定要在除夕前，市场极淡的时候下手。无论如何，都不能因为偷懒或者与家人团聚，“年终奖没发下来”，“等钱筹齐了再看房子”之类的理由拖到春节后。春节后，大家都拿到年终奖了，价格就上来了。

双年制

进入 21 世纪后，上海楼市的“大年”主要暴涨年份是 2001 年、2003 年、2005 年、2007 年、2009 年、2013 年、2015 年。相比而言，“双数年”是比较平稳和缓的年份。也就是整个楼市波动，呈现清晰的“单年涨，双年平”现象，其背后当然有货币政策、整体宏观经济等宏大的字眼解释。我们单纯从楼市角度，谈谈“双年制”波动。

通常而言，政府会炒热一个板块。

如图 2–12 所示，“季节性”波动奖金红包制度和政府的“板块轮动”是高度耦合在一起的。小白领拿了年终奖想要买房，绝大多数又都有“处房情结”，而同一个时段政府集中供应的处房只有那几个楼盘。当购买力和“板块轮动”凑合在一起的时候，表现为某一个板块急剧拉升。短短的上半年，就可以有 40% ~ 50% 涨幅。之前我们说 2001 年、2003 年、2005 年、2007 年、2009 年、2013 年、2015 年，每一年都有近 40% 的涨幅。可是细心的读者计算一下，上海楼市 2000—2015 年，15 年累计也就十四五倍的涨幅，或者是 8 个 40%。如果照这样的涨法，岂不是这几年就超过总涨幅了？其实他们的理解不对。在他们的概念里，没有理解到“细分”的意义。

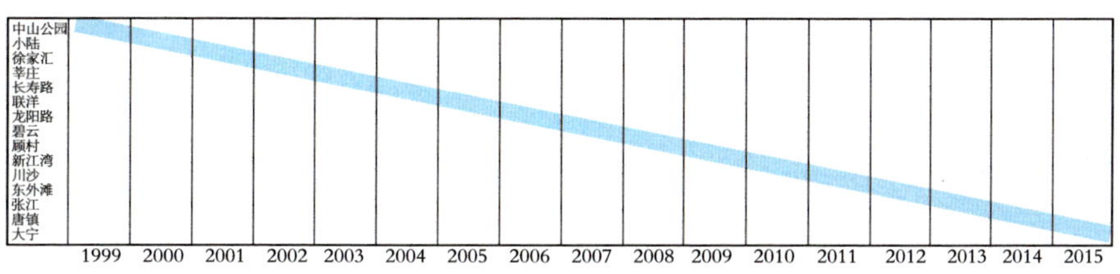

图 2–12

上海楼市不是一个楼盘，是 3000 个楼盘，涨 40% 也是 3000 个楼盘。如果你感觉“单数年”中市场非常热，房产中介告诉你，房价天天都在创新高，可是你以为的 40% 涨幅，或许并不是 40% 涨幅。因为涨的都是“明星股”，都是龙头板块，都是那些被关注、被熟知的楼盘。上海那么大，除了“板块轮炒”明星，还有很多默默无闻的区域，以及很多默默无闻的物业类型，它们最终涨幅也不低，甚至和“明星板块”都是拉平的，都是 14～15 倍。还有老公房、老大楼、极低价物业、极高价物业，这些你不关注的物业类型，真实涨幅也不低，老公房是绝对能跑赢 CEO 盘的。这意味着什么呢？意味着“单数年”其实是领涨，“双数年”其实是补涨。

单数年告诉你一个标杆，双数年夯实基础。也就是“单数年”负责洗刷“三观”：一夜之间，万荣街道 8 万元 / 平方米了。“双数年”就在怀疑和泡沫中进行，有了补涨，再有了全市再平衡，价格体系重新构筑，全面夯实基础的行为。

“季节性”的背后是春节红包。传统国企 50% 的全年收入是在 2 月这一个月内发下来的，于是造成了购买力洪潮。随着外资进入，国企反腐，以及最重要的“红包制度改革”，该效应近年来有所减弱。北京市场、深圳市场，如果收入结构不同，不能简单地套用“季节效应”，要具体问题具体分析。但是，总而言之，有一句话你要记住：“在双数年的年末和单数年的年头，即 12 月、1 月一定要入场，涨涨涨涨涨，到单数年的 10～11 月，一轮行情结束。”

楼市的回报有多高

你买一个理财产品，承诺给你 3% ~ 4.5% 的近乎无风险回报。你发现一个非常有潜力的商机，去投资了，获取 20% ~ 30% 的回报。房产投资的回报有多高？100%。

为什么？你不信吗？我们来看一个表格（表 2–8）。

表 2–8

单位：万元

项目＼年份	2000	2001	2002	2003	2004	2005	2006	2007	2008	2009	2010	2011
房价	100	130	160	190	220	250	280	310	340	370	400	430
贷款	−70	−70	−70	−70	−70	−70	−70	−70	−70	−70	−70	−70
净资产	30	60	90	120	150	180	210	240	270	300	330	360

这是一个非常保守的例子，10 年仅仅翻了 400%。假设你第一年买入 100 万元的房子，首付三成，贷款 70 万元。房价按照 100 万、130 万、160 万、

190 万、220 万元的速度递增。最初两年或许显得高，但是“非笋勿入”。买入时就七八折，所以也说得通。房地产投资这一行，是非常容易做到“单利 100%”的。当别人还在费尽心机寻找 20% ~ 30% 的回报项目时，房地产投资这一行，基本是闭着眼睛“单利 100%”。

可是，我们接着再来看表 2–9。

表 2–9

单位：万元

年份 项目	2000	2001	2002	2003	2004	2005	2006	2007	2008	2009	2010	2011
房价	**100**	**130**	**160**	**190**	**220**	**250**	**280**	**310**	**340**	**370**	**400**	**430**
贷款	−70	−70	−70	−70	−70	−70	−70	−70	−70	−70	−70	−70
净资产	30	60	90	120	150	180	210	240	270	300	330	360
增长率	0	100%	50%	33%	25%	20%	17%	14%	13%	11%	10%	9%

表 2–9 的数据，就没这么好看。“单利 100%”，听起来很吓人，可是你真的拿一个计算器算算复利，回报就没那么高了。从 30 万元到 60 万元，你是 100% 的增长。从 60 万元到 90 万元，增长率就只有 50% 了。从 330 万元到 360 万元，年化增长率只有 9%。那么，问题出在哪儿呢？问题在于，你正在迅速地“失去杠杆”。当你的财富以 5 倍、10 倍的迅猛速度增加时，你的负债并不能以同样速度增加。

许多房地产投资者，包括楼市新人，普遍有过这样的经历：小夫妻结婚，父母给钱，凑伙按揭买一套楼。几年之后，楼市大涨，小夫妻就有了五六百万元的身家。楼市大涨，财富暴增，这个说法是对的。可是他们忽略了一件事，几年之后你去问他：“你们的负债还剩多少？”答曰：“和刚结婚的时候一样。”别以为你能从 A6.5 升到 A7.5，以后的日子也能同样幸福、容易晋阶，从 A7.5 升至 A8.5。一个最关键的指标是“负债 / 资产”，这个值是无可挽回的。

对于房地产市场，如表 2–10 所示。

表 2–10

单位：万元

年份 项目	2000	2001	2002	2003	2004	2005	2006	2007	2008	2009	2010	2011
房价	100	130	160	190	220	250	280	310	340	370	400	430
贷款	−70	−70	−70	−70	−70	−70	−70	−70	−70	−70	−70	−70
净资产	30	60	90	120	150	180	210	240	270	300	330	360
增长率	0	100%	50%	33%	25%	20%	17%	14%	13%	11%	10%	9%

假设 25% 的年回报，是一个比较可以接受的下限，则一套房产持有到第五年，因为“负债 / 资产”之值，杠杆率越来越低，回报越来越慢。正确的做法就应该是，“抛掉”。再重新拿 300 万元，按揭买 1000 万元的房子。你要尽量把“单利 100%”，变成“复利 100%”，这样才是赚得最多，利润最大化的做法。

那么，为什么你没去做呢？答案还是“宏观调控”。宏观调控至少造成了以下几个麻烦：①交易成本，假如 100 万元的房子，卖了扣税只剩下 80 万元。②限贷，最理想的做法，始终是“抛掉一套，买进三套”。可在实际操作中，由于“限购”“限贷”“第二套首付”等种种麻烦，使得“链式反应”放大，很难操作。③收入证明，随着资产额的逐渐做大，“工薪收入”逐渐难以支撑月供。如果 300 万元的房子卖掉，当首付买入 1000 万元的房产，则月供也是一般人难以承受的“瓶颈”。综上原因，在“单利”“复利”和持有周期之间，有一个权衡。这并不仅仅是两年、五年税费等问题，就资产“角质化”本身，就存在重新配置的需求。

什么叫“角质化”？你的指甲就是角质化，老茧也是。在楼市一科，我们喜欢用“角质化”形容整个“钝化”的过程。当一套房子你刚买入时，“30%

首付，70% 按揭”，那真的是锐不可当。因为楼市随 M2 增长而上涨，只要轻微上扬，100 万元的房子涨 10%，相对于 30 万首付，分分钟巨额回报。可是随着你的房价越涨越贵，100 万元的房子涨到了 200 万元、300 万元、400 万元，而你的贷款，还是只有 70 万元，则你的刀会“钝”掉，手心长了老茧，而不再柔嫩，不再敏锐。“角质化”的资产，增值回报率会越来越慢。所以，房地产投资这一行，新人“大跃进”回报高，而老派多军就相对值而言，是被不断拉近的，直到某一天可以“去角质”。

所谓赚钱，其实是一种“模式”的竞争。你在菜场划鳝丝，终身是 A6，几十万元的收入。你读大学做白领，是 A7，数万年薪，数百万终身积蓄。你做企业 IPO，是 A10 套路的玩法。对于房地产投资这一行，其实是一种“A8”的心法。房地产投资这一行，赚“第一个 1000 万元”很容易，首房首贷，所有的资源都是现成的。赚到 A9 是可以的，你顺着这条路往前走，加上一点耐心和毅力，“1 亿身家”终究是可以实现的。当然，能赚到 1 亿元本身已经是成功学奇迹。赚 A10 难，很难，非常难。因为 10 亿元相当于“1000 万”乘以 100 次。如果模式不变的话，你要把“赚 1000 万元”的事重复 100 遍。纯以数量堆积，这个在有生之年是可见的，但也基本到头了。

房地产投资是一种“起于 A8，兴于 A9，止于 A10”的游戏。之所以不能把“单利”变成“复利”，这里面和角质化、限制链式反应等有很大的关系。但是，你回过头来想想，人生有几条能让你达到 A9 的大道！这个世界，充满了艰苦和奋斗。在没有接触房地产投资之前，哪怕是 1000 万元，都是遥不可及的理想，都是繁花盛开的幸福彼岸。顺着这条路走下去，不需要冒险，不需要概率、运气，只需要坚毅和耐心，几乎每一个诚实的人最终都能攒满 1 亿元。仅此一点，已经堪称奇迹。

零首付精算法

对于房价最基本的一个技巧，就是“高评”。通过写高价格，获得更多的贷款，达到“零首付”或者低首付。举例来说，一套 1000 万元的房产，如果写高到 1400 万元交易额，则可贷款 980 万元，实际首付 20 万元。高评最主要的问题，是税费。

我们列了一个表格（表 2–11），比较高评的差异。

表 2–11

单位：万元

	原先	高评	差异
合同价	1000	1400	
贷款70%	700	980	−280
实际首付	300	20	
假设成本	500	500	
营业税	28.25	50.85	

续表

	原先	高评	差异
所得税	20	28	
契税	30	42	
中介费	7.5	7.5	
现金支出	385.75	148.35	237.4

用一句话概括，你“多了280万元贷款，少付237.4万元现金”，比例85%。你每多100万元贷款，换回85万元现金。这个比例，相当于7∶6。实际操作中，也是多七成贷款，付一成税，我们概括起来常说“借六还七”。

“高评”从来就不是什么高科技。高评的历史，如山岳般古老。在一些“楼市玄幻小说”中，作者神秘兮兮地向你透露“发财秘诀”。当年零首付在广东深圳买多少套房子，升了30%，猛赚一笔，狠狠抛掉。其实这些都是外围小伙儿编的。“零首付”毫不出奇，只要你下得了这个胆，遍地都是零首付。为此，甚至还出现了一个专门的房地产投资流派——“零首付”流派。

“零首付”流派与众不同。他们买房子，唯一关注的是，“能否做低首付”。因为各个楼盘之间差异很大，而银行有时会对一些很好的楼盘估价不足，而垃圾CEO，银行往往会估得很高。“零首付”流派关键是深刻地了解银行内部运作。他们知道哪些盘可以“溢高”，银行会给出远高于市场价的估价。“零首付”流派以银行为导向，专门去购买银行“喜闻乐见”的房产，追求的极致是“首付尽可能少”。“零首付”流派也是一个特殊的流派，他们在房价上赚得并不多。他们有时候还会被套牢，买的全是CEO盘，涨得慢，而且高位接盘，手续费昂贵，智者不为。

但你仔细算算“自有资金收益”。“零首付”流派绝对是可以排进前几位的。做得好的时候，甚至是第一位。“零首付”并不是什么高科技，普通的马路中介，也懂得帮你操办写高一成。而专门的“零首付”流派，追求的是写高 40% ~ 50%，这个就没那么容易，得有专门的技巧和信息渠道。一般房子银行评估不接受。

真实利率

借六还七，你的真实利率是多少？这句话，首先要从“银行贷款”说起。假设银行有两种贷款：十年期按揭贷款，五年期中小企业贷款，每次还息不还本。请问你选择哪一类？对于很多资金饥渴症的人来说，看见“按揭”二字就眼睛发光，好比饿狼见到培根，恨不得狠狠扑上去，但其实这是不对的。因为“按揭”的本意和“信用卡分期”是一样的，前高后低，借款本金不断减少。虽然房贷是一条非平均曲线，但是也大致匀直。所以房贷其实你只借了一半，说是 30 年 100 万元的贷款，其实你只借了 15 年。因此，10 年期按揭贷款和 5 年企业贷款是等价的，都是只借了 5 年。

说回借六还七的话题。借六还七，相当于你增加了 16.6% 的贷款成本。而这一笔贷款成本，是需要你在未来的岁月摊销的。因为你只借了 15 年，所以平均下来，每年的实际利率上升 1.1% 左右。4.9%+1.1%，相当于加了几次息，房贷利率 6%（更精确的计算得用 IRR）。因此，虽然“借六还七”看似和古代农民高利贷“九出十三归”一样声名狼藉，但因为摊销时间长，真实利率成本并不高。但是，我们还需要考虑到，30 年期往往是一种理想情况。在绝大多数状态下，你是长持不到 30 年的。因为一些人最多持有 3 年，就会将房产卖掉。最极端的情况下，不到 2 年就会将房产卖掉。这个时候，由于你写高了 400 万元房价而产生的 40 万元税费，就不能摊销到复利岁月中，而成了实实在在的成本。

如果 16.6% 仅仅能用 1～2 年摊销的话，则每年融资成本高达 8%。算上原有的 4.9%，4.9%+8% ≈ 13%，13% 仍然是一个可以接受的范围。

低评和全款流

和“高评”相对应的另一个手法，则是“低评”，反过来也是成立的。写高 100 万元，增加贷款 70 万元，付税费 10 万元，净到手 60 万元，借六还七。写低 100 万元，减少贷款 70 万元，省税费 10 万元，净到手 60 万元，还六得七。我只要拿 85 万元现金出来，就可以净获得 100 万元。这相当于一笔 20% 回报的投资项目，尽管是一次性的。

很多普通老百姓“不贷款，少贷款”的做法是错误的。你正确的做法，应该是尽可能地压低合同价，把税省到最低，然后在力所能及的范围内贷款，贷满七成。事实上，“写高”的人非常少，“写低”是绝对主流。“低评”到了极限，就是“全款”，因为你本身贷款就不多。政府明文规定，上限 70%。如果我低评一半，1000 万元的房子写到 500 万元，贷款 350 万元，则我实际贷款率仅有 35%。贷得这么低，我干吗还要贷款呢？如果贷款额仅仅才占房价的一成、二成，我干吗还要贷款呢？平白多一重手续，浪费宝贵时间，而且浪费贷票。这样的情况下，催生了一个新的流派——“全款流”。

“全款流”的意思，是拿了 1500 万元以上的现金，到处砸人。它和“老破小”流派不同。他砸的是 1500 万元现金，而不是 150 万元现金。因为对于真正大型的物业，到了一定总价之后，接盘的人并不多，流动性也不好。急卖的售主，有很多是中小企业主，急等着资金救企业。而这些往往又是非普通住房，税费非常高。在这样的情况下，就是“全款流”的饕餮大餐。拿大额的现金砸晕业主，并要求降价。一般而言，可以额外砍下 100 万元左右。而你全款价格可以写低，可以省税费，这样可以再省 50 万元左右。某些情况下，还可以获得额外收益。而你全款买下以后，再慢慢地处理抵押贷款。房产证在手，有的是时间腾挪盘旋。

装修基础知识概念

基础知识

装修分两种：小于 40 平方米的装修和大于 250 平方米的装修。这两种装修天差地远，截然不同，可以说是完全不同的工作。其流程、经验、材料、工期、概念完全不同。在本文中，我们主要介绍的都是小于 40 平方米的装修。集中于一室、一室半、二居之类的，上限不超过 60 平方米。相对于底层消费市场，任何一点舒适性都是浪费。多 5 个平方米，买来都要用钱，但是并不能显著推高租金。

装修的第一件事，是找装修团队。找装修团队有两种方法：一种是找著名的装修公司，它的主要缺点是贵。任何账务，只要通过装修公司走账，7% 的营业税是逃不掉的。装修公司一般还会额外收你 5% 的监理费用，表示他们为你进行了质量监控。再加上指定购买材料、行政费用和利润，一般找装修公司，总体费用要贵 20% 以上。而另一方面，则是装修公司品质并无保证。装修这一行，严格地说，一个团队只有四个人：一个木工，一个泥水匠，一个总装，一个工头。所以市场上的装修队以小型的家庭式作坊为主。即使是装修公司，其实也是一个个无数小团队“挂靠”的。其核心还是四人团队小作坊，无非额外收一层管理手续费。因此，对于房产投资者，他们更多的是选择“御用装修队”。

御用装修队就是说，你先装一两次，觉得效果、服务、态度都不错的话，就把工头的名片留下来。下次再要装修的话，直接找工头。这样不用通过装修公司中转，节省至少 20% 的费用，而且更灵活，小修小补也能弄。甚至每次租客退房，或准备售房之前，都是需要“保养”维护一下的。

装修步骤

装修主要分四个步骤：水电隐蔽工程、木工、泥水匠和总装。其中，最令人烦恼的，技术含量最高的，是第一步：隐蔽工程。和许多人预想的不一样，普通人总以为装修中最难的是什么，是繁复的吊顶、灯光、配饰、电视柜等高大上的东西。其实都不是，这些东西，甚至可以说是毫无难度的。因为它们都是表层的东西，随时可以拆下，搬走。不客气地说，像侦探片里拍的，给我 168 小时，我可以把你家改造得你进门不认识。

真正困难的，是隐蔽工程。因为现代文明社会，人人爱美，再排明线走管，是绝对不能忍受的事情，所以一切都是暗线。暗线意味着，当你这个房子还是毛坯的时候，哪里是电视，哪里是冰箱，哪里是床头柜，哪里手机可以充电，哪里 Wi-Fi 可以连线，空调挂壁在墙上开哪个位置……这些都是要想好的事。

好比杜比数字 5.1 音效吧，它是两个喇叭在前方，电视机旁；五个喇叭在后方，沙发环绕。则你布线的时候，要预先从地板下面穿过，两路线在地面，两路线在天花板，而且音响线还特别讲究。当你还没有开始装修时，你就想好了，这里是放 Hi-Fi 的，沙发是什么形状的，甚至换另一款沙发都不行。但是我们的社会，是一个剧烈变动的社会，每一天，每一刻，不停地有新科技出现，不停地有新材料。好比 Wi-Fi 的出现，就使得原先每个房间预留的网线不再重要。AirPlay 的出现，使得原本预留的视听媒体中心不再重要，AV 转接枢纽形如废物。技术不仅有好处，也有坏处，你以为你全部预留到了，但是你楼上楼下的 Wi-Fi 需要桥接，而楼梯口没有电源插座怎么办？这就是大房子装修和小房子的区别。随着你的房子面积的增大，你的“深谋远虑”难度是呈指数复杂增加的。

而且大房子的装修周期很长。随着装修的深入，你老婆、你老妈无可避免地会来视察。“领导”的每一次视察，都会带来新的“最高指示”：转角可以做个吧台，厨房门可以换个方向开，洗衣机的位置不喜欢，床的背后增加两大排衣柜。妈咪呀，你知不知道洗衣机换个位置，是要重做排水的？隐蔽工程做好了以后，这一切都是无法更改的。而每一个“合理化”意见，其背后都要艰苦卓绝地返工，是非常巨大的工作量。

前些年，某人买了一套世茂滨江的豪装房，原本是拎包入住的，可是世茂是老牌豪宅，造的年份太早，室内没有地暖。老太太一句话，要地暖。那怎么办？把所有的豪装，腾空 60 毫米。60 毫米以下的区域，全部铲掉。把整个地板彻底撬开，不可避免地，水管、电管都要重铺，然后安装地暖，再将它们重新覆盖上去。然后你再想想那墙纸……60 毫米腾空铲掉，复原后，再把墙纸续接上。整个工程，耗时八个月，花掉了六十几万元。而地暖本身的成本，不过十几万元。

“老破小”的装修，要简单得多。40 平方米的房子和 240 平方米的房子，装修难度绝对不是相差 6 倍，而有可能是 16 倍。对于“老破小”来说，它一共就只有这么点面积，变化不大，已经形成了固定套路，无脑照搬即可。整体工期，可以压缩在 45 天以内。而且老婆、老娘、丈母娘通常都对“老破小”兴趣不大，也很少到工地“视察”给出“最高指示”，简直是幸福完美。

材料和费用

关于装修，很多人都喜欢问的问题是：去哪里买才省钱？去哪里买质量有保障，价格便宜？有没有推荐的御用商家？我的回答只有两个字：淘宝。很多人忽略了一件事，材料的费用，在今天已经越来越不重要了。2007 年，我装修一套 51 平方米的房子，一共花了 3 万元。其中，装修费 22000 元，人工费 8000 元。折算下来，大约是 75% : 25%，而人力费用在 160 元 / 平方米。而前不久拿到的装修师傅关于闵行一套房子的报价如下：材料费 550 元 / 平方米，人力费 370 元 / 平方米。可见，物料成本在近 10 年并没有明显的升幅，家电费用还在下降，而人力成本几乎翻了一倍，占 40%，未来甚至可能占 50% 以上。而在总体的物料成本中，你又可以用 ABC 分析法。

ABC 分析法指工厂企业、仓库管理常用的一种方法。其中，A 类商品，20% 的商品占了 80% 的价值；B 类商品，打酱油的；C 类商品，80% 的商品占了 20% 的价值。对于装修成本来说，厨房、卫浴、地板、油漆，这些 A 类占据了 80% 以上的货值。剩下的五金件、泥子，一共才 20% 价值不到，合计不会超过 1 万元。你把四五个大件控制好，剩下 1 万元何必斤斤计较。

最稀缺的职业
——房产投资

房产投资：我不是中介

房地产投资者有多少人？1 万人还是 10 万人？答案是，全中国不超过 1000 人。很久以前，我结识了一个朋友，我让他猜我的工作，给出的提示是："所有人都听说过，从未有人见到过。"对方想了很久，从航天技术员到研究火山的专家，甚至到盗墓的……最后实在猜不出来。我说："我是房地产投资者，职业的。"对方大失所望，说："唉，我以为什么高档的工种呢！房地产投资的人还不是满大街都是！你看大街上的中介店比米铺多多了。"房地产投资是一个被极度误解甚至完全"不是那么回事"的行业。为此，我们不得不花时间详细地把这件事说清楚。

如果你是一个出租车司机，那么你的收入相差会非常大。因为一个出租车司机每天工作 10～12 小时，而前 8 小时，都是份子钱，你是为出租车公司在打工。每天能否赚钱，就看剩下的最后 2～4 小时。如果拉几次肚子，撞个车，堵个空驶，那一天的收入就泡汤。这告诉我们一个道理：每一个行业，都有它的平均利润。而卓越于平均的，才是你的超额利润。如果你赚平均利润，那也就是个苦力钱。如何才能超越平均，追求卓越？你要比平均水准做得好得多，才能超出平均。

房地产是一个非常好的行业，是黄金行业，但是许许多多的人在房地产中并没有赚到传说中的一桶金。为什么呢？因为他们赚取的是平均利润。虽然在房地产这个黄金市场中，平均利润也意味着三五百万元的人民币，超过白领一辈子的工资，可是，这和“专业选手”是不同的。职业的房地产投资者存在的意义，在于把事情做好，做到极致。

什么才叫专业？三百六十行，行有行规，术有专攻。你把房地产投资看作一个行业，则其中的诀窍与技巧，浩瀚如烟海，令人叹为观止。买房本身就是一门学问，一门很大的学问。那么，为什么从来没有人和你说过“房地产投资学”呢？因为这一行你学不到，学校里不教，心灵鸡汤的书店里也买不到，加上职业房地产投资人数太为稀少，所以没有人可以总结出经验，更没有人出书。

职业房地产投资者

前一阵子，一个跟我非常熟的中介，喝茶聊天时说：“认识你这样的客户真是三生有幸。”为什么呢？因为中介这个行业，有一个很重要的特征：没有回头客。营销学上说，越是回头客多的地方，越是热情周到。而越是流动性大、游客多的地方，一次性服务态度越差。绝大多数的人对中介印象都不大好，因为中介是一个完全没有回头客的行业。对于绝大多数的人来说，买卖房屋这件事，是以代为单位计算的，你的父母买一次，你们小两口买一次。很少有人意识到这其中资源的丧失。因为买卖房屋，本身是会增加经验值的。你想买房，去哪里找房源，一手开发商还是二手中介，国家的政策法规如何，限购和限贷有什么要求，房型哪一种好，地段哪个有升值潜力，中介有什么猫腻，交易流程需要哪些手续，注意哪些资料。等你把整个流程走完，你也差不多成了半个专家。可是，当你买完这套房子，下一套住宅的购买，可能要到10年甚至20年以后。到时候大环境、小环境、办事的人和联络线，全都改换掉了。也就是说，经验没有积累，也没有升华。

而职业房地产投资者和普通人有什么区别呢？职业房地产投资者，他买的不是第一套房，而是第10套房、第N套房。和一般人想象中不同，买房其实大有诀窍，经验是可以积累的。而当你积累了经验以后，成本可以下降20%，速度上升20%，敏捷度上升20%，内力上升20%，回血速度上升20%。各项指标提升，战斗力自然大大提高，于是就形成了良性循环。

职业房地产投资者是很难见到的。首先，一个职业房地产投资者，他至少要有5000万元的资产，小城市可以稍微放开一点。为什么？因为如果你要成为一个职业房地产投资者，至少需要买卖过10套房。有人说，做中介的，每年经手许多套，算不算？不算，隔行如隔山，中介和房地产投资者其实是完全不相关的两个行业，甚至没有任何共同之处。

中介是中介，房地产投资者是房地产投资者。因为中介学的是交易，他所做的所有事情，都是促成交易。中介不预测涨跌，而房地产投资者关心的是价格，你只有实地实战了，只有拿自己的钱，拿5000万元押在上面，才能感受到心跳的节奏，才能成长为优秀的交易手。所以，职业房地产投资者都是很有钱的人，人数也很少。最早的时候，我们估计全上海大概有1000人，全中国有1万人。可综合最近的一些信息线索，我们认为职业房地产投资者的人数比预想中的还要少，全中国可能不足1000人。这里的“职业”指的是手法精悍而老练。

另外，我们想说一下职业房地产投资者的悖论。为什么职业房地产投资者人数这么少？因为这不符合逻辑。一个人要成为职业房地产投资者，那么他至少要买卖过 10 套房子，拥有约 5000 万元的资产（小城市 3000 万元）。可是，如果一个人拥有 5000 万元资产，那么他早干吗去了？或者说，他怎么会有 5000 万元的？

答案是，之前靠工厂或者靠实业赚的。问题就出在这里了，如果一个人靠工厂实业，赚到了第一个 5000 万元，那他在这一个行业，一定是资深人士了，少说也混了十几年，手下有 200～300 个工人，是上下游都熟悉的经销商。这就形成了“路径依赖”。一个人是很难抛弃掉 35 岁之前的一切，抛弃 300 个员工和上下游人际关系，重新开始另一个工种的。另一种情况，可不可以他一开始是 500 万元净资产，靠升值升成 5000 万元房产的？理论上是可行的。但实际上，这个人在 500 万元的阶段，买第一、第二套房时，经验不足，很有可能夭折，很大概率就卡在第一关了。如果你完全没有人带领，纯粹靠自己摸索，那么你必须要有极好的运气，极坚定的信念，并善于归纳总结，没从事其他行业。第三种情况，则是一个年轻人拿着 500 万元初出茅庐就有人带领，有人开拓，有人聚团讨论，有人共享资源，前面的路都有人走过了，你只要跟着学就可以了，这种人一般是 90 后。

房产投资与实业报国

每年的春季，照例是支持小微企业、实体经济的时刻，譬如定向降准、微刺激、产业支持、政策关心，十八般招式用了不少，效果往往不佳。年复一年，“实体不赚钱”几乎已经成了一种共识。几乎每个人都在谈论着实体经济利润微薄，经营惨淡，成本高昂，销售困难，增长乏力。实体不赚钱，服务业赚钱超过制造业，而越是虚拟的服务业，如金融、贸易、房地产投资，赚钱又超过具体服务业。

曾经我们讲的是“实业救国”，觉得开一个工厂，招几百个工人，制造和生产各种轻工业品，是“最正当，最光荣，最道德高尚”的职业了。可是，为什么会有实业之殇？实业之殇和实业之荣光，是彻底联系在一起的。一体二面，宛如道家之阴阳。有荣光必有殇。你仔细想一想，老师们传授的最基本的道理：“一个行业如果太赚钱，就会吸引新的资本进入，增加供给，拉低利润。”任何一个行业，归根到底，其利润率和高科技无关，而仅仅和竞争对手有关。实业为什么利润稀薄？因为太多的人做实业。房地产投资为什么利润丰厚？因为做的人太少！

实业的利润率会在什么时候止步？一个年轻人踏上社会，他想做实业，于是招几百个工人，自己做厂长，走到哪儿都有人叫“老板”，听着既光荣又体面，内心得到了极大的满足。回报的总体，是“名＋利”，名利相加，才是总收获，而这个收益率在各行各业是平均守恒的。一个行业，如果赚取了太多的“名”，那么他的“利”就一定不高，因为有名誉，吸引了“超出平衡”的人来从事这一个行业，其必然拉低回报，竞争激烈，毛利率低。而只有那些“名”很低，甚至政府调控的行业，参与的人数较少，才会保持很高的利润。全中国只有不到 1000 名职业房地产投资者，这才是房地产投资者获取高额利润，速成富翁的基础。

经济学是一门很复杂的学科，是一门高度专业化的学科。专业的分析和普通人的感观，几乎是彻底相反的。如果你想摧毁房地产投资业，你要做的绝对不是喊打喊杀，相反，你应该给房地产投资者挂大红花，每年培养 30 万个房地产投资者，到那一天，房地产投资业才算是垮了，每月只赚几千元体力钱。

职业房地产投资者的痛苦

职业房地产投资是一个行业，是一门工作，和其他的工种没有任何不同。我们的社会，有人朝九晚五上班，有人开公司当老板，有人当自由作家，还有人当艺术家。而职业房地产投资者也是三百六十行之一，他们理应受人尊重。可现实情况是，职业房地产投资收获的是金钱，而丧失的却是全部，其中也包括家人的尊重。家里人会让你去打酱油，取干洗衣服，淘宝退货，积分卡补登，为了 30 元钱和客服扯皮，100 个 30 元我给你好了，扯什么电话，整天扔过来一堆破事。在丈母娘的眼里，你完全得不到尊重，老人家标准的言论是：

“我看你反正也没什么事做。”

错了，错了，全错了！假设一个家庭里两个人，一人赚了2000万元，另一个拿着20万元的年薪。请问谁才是家庭主心骨，谁才是家庭的核心？答案一定是那个赚2000万元的人。所有的人围绕着职业房地产投资者转，把所有的家务事做完，辅助他，协助他，让他腾出手来，静心想一想，还有什么高增值的事情可以做，因为他多做一张单子，就是几百万元的利润进账。遗憾的是，我们整个社会的氛围，还处于极原始的前工业时代。这样的社会态度，一方面，是职业房地产投资者的利润来源，使得做实业的人太多，职业房地产投资者极少；另一方面，家人也让他们很灰心。

职业房地产投资者在过去的年份中赚了很多钱。但是，他们的痛苦同样不为人所知。比方说，在家庭中没有地位。几乎所有圈内的朋友，互相聊起来，都有不受家里人尊重的痛苦，无论是岳丈、丈母娘，还是配偶、清洁工阿姨。几乎每一个职业投资者都曾考虑过，在CBD弄个小办公室，每天早上穿着西装，打着领带去上班，招两个小姑娘，专职接电话，什么业务也不用做。这样，在丈母娘的眼里，在亲朋好友的嘴里，你就是一个有“正当”职业的人，开公司赚钱来路也变得很正。毕竟，在我们这个社会，一个家庭的顶梁柱，往往是拿工资上班的那个人。

举一个简单的例子，假设今天下午你约了中介去看一套笋盘，有极大的概率是远低于市场价的，算是激动人心的交易。而恰恰这时候，公司来了电话，让你下午回去开会，请问你会不会回去？问题的答案，决定了你的命运。回答“回去开会”的人，这辈子将止步于小白领阶段。你以为你看懂了，别急，我们继续来拷问人性。如果我们再进一步说，公司里来了电话，下午要来一个很大的领导，对你有极大的帮助，请问你回不回去？答案的选择，将决定你是否止步于小白领。如果我们再进一步讲，今天下午有一个重要的会议，你回去的话，就宣布你升职提干；你不回去的话，会有极大可能触怒领导，本轮提干就黄了，请问你回不回去？我相信到这一个阶段，这个问题，已足以问住99%的人了。答案应该还是不回去，因为提干的事，主要还是靠资历。你资历到了，就算本轮不提，下轮也会提的，甚至跳槽后也能提。但是，你多抓住一套笋盘，动辄至少50万元，多则一二百万元的利润。在我们现实生活中，不要说提干，哪怕是“领导视察”，哪怕仅仅是“开会”，就足以使得99.999%的人赶紧赶回去办，因为他们有“正事”，所以职业房地产投资者是极为稀少的，看得透彻的人是极为稀少的，房地产投资的利润，注定是极高的。

房产投资人的正义感

房产投资是降低房价的！房地产商人降低了全中国的房价。这不是一句口号，是科学，是事实，是无可辩驳的真理。这是大是大非的问题，无从逃避，也不可以简单地以“慈善、社会责任”打马虎眼混过去。“商人通过贸易和流通，降低了制造成本。商人并不是社会的蛀虫，而是巨大的财富制造者。”这是一个很简单、很基本的道理。

房地产投资这件事，向A买进，向B卖出。在至少95%的情况下，A可以直接卖给B。但也有极偶然的情况下，A和B无法达成交易。例如：

A找不到B；

B被限购；

B未来前途无量，但目前还是个学生；

A急售，三周内要拿到钱；

A的价值，暂时不为B接受，典型的如上海康城。

在这些情况下，房地产投资者C的介入，对A和B都有好处。举一个现实中的例子，目前三、四线城市，普遍存在的“新城”空城问题。建新城或许是必要的，能实现产业转移和住宅升级，但新城同时是痛苦的。人口的迁徙是一个缓慢的过程，最终消费者 B 不能马上出现。但开发商 A 是痛苦的，如果要坚持十几年，就意味着要填进去十几年的现金，这对于任何一个机构都是天文数字，难以承受。此时，如果有投资者 C 存在，投资者可以从政府 A 手里买下房产，静待持有十几年，一直等最终的人 B 出现。

天底下没有卖不出去的房子，只有卖不出去的价格。只要回报合理，房地产投资者完全可以帮你垫付十几年。房地产投资者只是商人的一种，买卖的是房子，降的是房价，商人越多，价格越低。

虚拟供给

过去的十几年中，一个崭新的名词被创造出来——虚拟需求。这个词语在全世界所有的学术文献中都闻所未闻，却被反复引用，以至于大热。虚拟需求是一种理论。其大致的意思是说现在某些人买房并不是为了自住，而纯粹是为了投资赢利。这样就增加了买房的人数，增加了虚拟需求。总需求上涨，房地产投资使得房价上涨。说这话的人，缺乏最基本的经济素养。为什么？因为房地产投资者在买入的同时也在卖出。在创造虚拟需求的同时，他们也在创造着虚拟供给。抛出在哪里？为什么就被人选择性地忽视了？为什么从未有人谈虚拟供给呢？

有公式为证：虚拟需求 − 虚拟供给 = 房地产投资者的库存 ≡ 0，虚拟需求和虚拟供给是恒等的。房地产投资者对于供求关系的影响是中立的，是不会影响最终价格的，只是加速价格回归的过程，优化资源配置，改善整体效率。

最可爱的人

过高的房价地价，不利于经济发展，这是所有人的共识。在所有的楼市元素中，房地产投资、政府调控、加营业税、限购限贷、土地控制、惩罚空置……只有房地产投资者才是真正降低房价的。

在经济学中：价格决定一切，价格是稀缺度的衡量尺度。一个行业，越是利润丰厚，越是说明国家急需、社会急需。如果房地产投资很赚钱，比其他所有行业都赚钱，那只能说明房地产投资者对国家的贡献很大，是目前社会最急需的人，是最可爱的人。

房地产投资至少对社会产生了几方面的贡献：

（1）房地产投资对售房者 A 有利。A 之所以将房子卖给房产商人，是因为他们是出价最高的人。

（2）房地产投资对买房者 B 有利。B 之所以买他们的房子，因为他们是所有售房者中出价最低者。然后你或许会问了，那为什么 A 和 B 不直接交易，“农超对接”，不需要你中间人剥这一层皮呢？对呀，我也想问你，为什么不能跳过中间人？超市为什么不能去田里买菜，要经过蔬菜贩子呢？

（3）房地产投资对生产者有利。房地产投资事实上是整个产业的“缓冲剂”，极大地缓解了风险。房产商人可以将资金转给开发商，开发商可以回笼，继续下一个项目。在这样的链条中，并没有产业链风险。开发商不会破产，银行也不会卷入烂账。

（4）房产商人对平抑价格有利。房地产投资的原则，商人的原则，是“高抛低吸”。价格低于价值的合理区间，房产商人就会买入；价格高于价值的合理区间，就会抛出。房产商人的存在，本身类似于“缓冲器”，使得价格的波动大大降小。

（5）房地产投资不影响供给。从来不存在“虚拟需求”。房产商人的存在，对于供求关系是中立的。房地产投资者不会影响供求关系，不会影响最终的价格。

因此，事实的真相，在博弈的各股力量之中，只有房地产投资是降低房价的。谁是我们这个国家最需要的人？谁是对整个社会生产力发展起最大促进作用的人？在经济学中，这些问题都有明确的答案：价格决定一切。房地产投资的利润很高，做实业开厂的利润很低，这说明对于我们来说，前者很稀缺，后者一点儿都不稀缺。整个社会急需房地产投资者，不再需要人去开厂了，工厂够多了。这是一条清晰而强大的结论，房地产投资者是稀缺资源，用一句话形容：“中流砥柱，国之栋梁。”

房产投资行业的忌讳

三百六十行，每一行都有自己的规矩和忌讳，等你形成行规了，你就是职业的。内河航运的船娘们最忌讳的字是“翻”，所以在福建很多地方，你哪怕叫别人“老（捞）板”，都是要遭驱逐的。做马贼土匪的，最忌讳的是“败”。败和白同音，所以马贼们一律玄衣大裘，没事没人穿白衫。房地产投资同样也是一个行业，有一些忌讳，许多忌讳并没有特殊的原因，或者是隐藏在重重心理学之后。但行业之所以成为一个行业，就一定有它的行规，等许多规矩树起来了，这个行业才算是职业的。对于房地产投资这一行来说，有几件事是犯忌讳的：数钱、写回忆录、休大假。

首先，第一条大忌：数钱。房地产投资业不数钱，连带着一条衍生道理，就是不数房产证。不数钱的意思，不是说饭店吃饭之后，不看看找零钱的多少，而是不能仔细点数自己身边的资产有多少。

我们知道有很多人，整天拿着个计算器，扶着眼镜框，算房贷还剩多少，储蓄还剩多少，股票市值多少，基金市值多少，还款利息表能列到 12 个月之后。这些人，会把身上每一分现金叠好，从大到小排序，你如果问他净资产、净现金，他可以精确到十位数。真正的房地产投资者，绝对不是这样的。真正的房地产投资者，现金在钱箱里放了一匝，他知道大致的钱数范围，但永远不会去点数。他们对于自己的资产一定是模糊的，知道自己有哪几个投资账户，但绝不会知道六七位数的精确金额，能管好每月还卡就不错了。

还有一个衍生定理，真正的房地产投资者，不会知道自己有多少平方米的房子，境界更高一点的，根本不知道自己有几本房产证。因为数房产证也是犯忌讳的。这件事最好处于模糊地带，最好连大致的套数也不要想起，不过一般人很难达到如此境界。或许有人问，你不是有 Excel 全表吗，难道看不到总数吗？话是没有错。可你既然是聪明的人，难道不知道“永远只更新一半”吗？

为什么要这样呢？因为投资界有一句古话：“账算得越细，钱输得越多。”钱财忌讳算得精细，越是算到小数点后两位的人，他把头垂得越低，以至于抬不起来。一个人过多地纠缠于细枝末节，他就没有勇气思考大的图景。如果你连 10 元、20 元的小钱也都要赚尽，你多半不能集中精力去赚 100 万元、200 万元。

所以房地产投资业的第一条忌讳：数钱，这几乎已经形成一种迷信，一种信仰。大佬们刻意地不数钱，不去看统计数字，从而使自己处于某种特殊的精神状态。这颗心只去看前方有什么商机，不需要知道自己已经赚了多少钱。

房地产投资业的第二大忌讳，是写回忆录。在历史上，有许多笔传奇式的交易，类似于 50 万元赚 2000 万元之类的。普通人只要沾着一条，就可以脱胎换骨，由 A6 飞跃至 A8，福泽子孙至少两代。这样的交易有很多很多，可是一条都不能写出来。不写回忆录，也是一条基本原则。在零碎的回帖聊天中，提到一两句，有的；可是系统地回忆、整理、编辑，绝对没有。

在很多情况下，我们要保持一种精神状态，刻意把当年腾飞的几场战役尘封起来，沉埋在记忆最深处，不遗忘，但也不翻出来。为什么要这样呢？因为回忆其实是一种怯懦的表现。只有不再进步的人，才会提过去的辉煌。只有不再流行的歌手，才会唱他过去大红的歌。多军们其实都还很年轻，普遍还有那么一点点战斗力。所以回忆在多军中还不占主流。“好汉不提当年勇”，如果你看见聚会中某个人大提当年的战绩如何，那他多半已经堕落腐朽。

房地产投资这一行第三个忌讳，是休大假。我们常听见别人建议，包括亲友长辈总是说：“既然这样辛苦，何不停下来休息一年？生命是漫长的。”这个建议从哲学上说很有道理，可是他忘了房地产投资这一行的特殊性。

房地产投资这一行是什么？是一个“一鼓作气”的行业。也就是说，你给自己打气，你要努力努力再努力，你要做到负现金、负现金流，你要爬上A7、A8、A9。这些目标定下之后，你就去拼命、打滚、融资、办卡、借钱，看200套房子，整个人感觉就像是奔腾的芯片在燃烧。这和你平时上班打工混日子的过程很不同。上班打工，老板是按照普通人的平均承受能力分配工作的，说实在的，劳动强度不大。而你一旦开始投资房地产，劳动强度就变得极大。

对于房地产投资这种事，其实你就是憋足一口气，在枪林弹雨中往前冲。能冲多少年，就看你能忍受多少年。“心有多高，你就能飞翔多高。”而你一旦停下来，无论在哪一个阶段停下来，你都会发现自己身处于一个四面漏水的烂船中，身边几乎每一套房子都是租金小于按揭，没几套能自我造血。不但远没有“每个账户三个月活期备房贷”，而且还欠了一屁股债。卡债、私人债，全都需要归还。这个时候，一旦你停下来，转为弥补前期扩张太快，勤修内政补内功，那你可能就永远无法复起。一旦你停下来，一丈水至少退到八尺，而我们的目标，原本是今年增长至一丈二。房地产投资者不能停，一场大病，一次出差，一次长期离开上海，都会使你离开这个氛围。而你一旦停下来，就永远无法复起。从圈内的实例和结果来看，我们迄今为止没看见任何一个人，休息6个月之后还能回归队伍的。因为心力亏空，过去十几年，年年亏空。一旦沉疴，再不复起。最终，停下来后，你只能开始写回忆录，开始数钱算账，泯然众人矣。财富与高度，就此定格于那一刻。

房产投资中的保险

金融业四大支柱：银行、证券、保险、信托。什么，房地产投资也需要考虑保险？

保险是什么

保险最早是“古典保险”。好比说，你一个 40 岁的中年人，办公室白领，生活在中国上海一座这么安全的城市，则你的死亡率，是非常非常低的，或许只有 1/700 的风险。现在保险公司卖你一份保险，他的赔率是 1∶550，保费 1 万元，赔偿金 550 万元。如果有 700 个人买这份产品的话，最终保险公司收入 700 万元，赔付 550 万元，留下 150 万元，再付掉办公行政费用、销售费用、政府税收，赚 40 万～50 万元。按照正宗保险公司的术语，他们称之为“费差损”“利差损”“险差损”。预估 1/700，实际死亡率 1/750，这部分叫险差损。预估行政费用 80 万元，实际花掉 70 万元，这叫费差损。预估投资回报率 2.2%，一年后实际得到 2.5%，称之为利差损。保险公司的利润，靠着“险差损”的空间套利。这就是“古典保险”。

现代保险业的发展，在于保险公司觉得赚得太少。他们不满足你投保 1 万元，他们希望你投保 100 万元。那怎么做呢？保险公司其实是捆绑销售。他卖你一份保单，价值 100 万元。其实里面的保费只有 1 万元，人身死亡赔付 550 倍。剩下的 99 万元呢？他们去买了一个债券基金。然后这个基金会有各种运作，每个月都会给你寄财务报表。表面上你买保险，“保值增值”，会有回报，其实你就是买了一个股债基金。

如果我们进一步深入地看下去呢？保险公司这个基金投资，他们并不是直接投资的。保险公司往往也是到市场上，再去找华夏基金、易方达、博时之类的“二传手”。既然这样，你为什么不直接买基金呢？更严重的是，保险公司往往会收取非常高的基金销售费率。每一张保单都有现金价值，如果你上网查的话，这个数字在 6% 左右。你买 100 万元的保险，基金公司只拿到 94 万元，作为初始投资。剩下的 6 万元，就直接被保险公司当作“销售利润”，归入利润栏去了。而且保险公司往往还有非常苛刻的条款，30 年内都不允许退保，一旦退保，有非常严厉的罚金，或者份额打折。更可怕的是，保险公司可能纷纷违约，说由于投资失败，投资回报率不足，以前发产品时的承诺无法达到，要求客户晚取款或者追加投钱，反正解释权都在细字合同里。在整体金融圈内，保险业也是非常让人瞧不起的，在整个歧视链中，处于非常下游的地位。这也是我们的资产组合中不包含任何保险的原因。

那么，为什么要说房地产投资者还需要保险呢？因为我们需要一类特殊的保险——人身死亡险。要知道，以家庭为单位的话，房地产投资这活儿，往往是夫妻中一个人干的。双职工都是房产投资者的，有，但很少。而房地产投资是一种精力、体力密集型的工作，对个人的素质要求非常非常高，对勤奋、严谨、踏实的要求非常高。你设想一下，假如你重病，突然植物人 6 个月，你老婆能不能扛得住？当你仔细地、深入地思考一下，信用卡空当接龙，房租不抵月供，负现金流，外部私人借贷……一旦你有个三长两短，外部的私人借贷债主顿时坐不住了，好歹要上门探视一二。这样的情况下，家庭主妇能否撑得住，是一个大问题。

所以我们有一个缺口，一个风险敞口。其上限是：

A. 所有的信用卡负债

B. 所有的私人借款负债

C. “月供－房租” ×24

D. 适当的医疗费

将 A、B、C、D 加在一起，就是你需要的“风险敞口”。

人身意外保险

人身意外保险，或者称为死亡保险，是一种赔率最高的保险。以 40 岁中年白领为例：一般他的赔率，在 1 :（550～570）。如果你每年投保 1 万元，则“意外身故”可以赔偿 550 万元。你要注意，这 1 万元是“净消费”的，也就是一年之后，什么也没有，1 万元平白消失了。因此这种“纯风险”型保险，往往不被父母辈们喜欢。

我们继续以 1 : 550 为例。投保 1 万元 / 年，保额 550 万元。你先算一算你的 A+B+C+D，看看一共需要多少。一般情况下，对于一些普通人，550 万元足够了。某些情况下，对于某些负债特别大，现金特别紧张的人，你说我每年花 1 万元保险，我还是有点心疼的。则你可以投保 5000 元，保额 275 万元，相当于 A+B+C+D 的 50% 覆盖率，摊到每平方米房贷上，也没多少钱，也算给家里一个保障。

我们推荐一个基本级保险方案，可能是对每一个房地产投资家庭都适用的。投保 1800 元，保 100 万元。最后申明一下，如果你真的投保 5000 元，要求银行给你开一张 275 万元的保单，你最有可能的结果是：开不出。因为银行目前基本上都取消了纯保障险。也就是那种 1 : 550 的保险，他们不卖了。目前基本上都作为附加险，要贴在连投合同背后投放。另外，有人到香港去买保险，香港还有这种险种单售，得到的结果，居然也是“不卖”。香港方面对内地存在误解，认为买这样的保险存在骗杀风险。既然这样，我们的数千万投资组合中，就真的没有保险的位置了。

房产投资业的 2N 定理

千里之行，积于跬步。

什么叫作 2N 定理？就是每年买两套。大连万达集团的董事长王健林先生提出过一个“小目标”：先赚一个亿。

“小目标”怎么达成呢？对于各行各业来说，无论你是工程师、建筑师、会计师还是警察，“小目标”都仿佛是一辈子无法企及的高峰。但是，对于房地产投资这一行，“小目标”并不遥远。

曾经有个人问我：“欧神的分答，500 元一分钟，这钱也太好赚了吧？”我给他算了一笔账：

1 分钟 500 元，1 小时 30000 元。每月 172 工作小时，合计 516 万元，1 年 6192 万元。过去一年，普遍认为上海楼价涨了 20000 元 / 平方米，折合 3100 平方米。

也就是说，如果你上海的房产面积超过了 3000 平方米，你一年之中，赚的钱就大概率超过 6000 万元。所谓的“小目标”，对职业投资者来说，也不过是两年的事情。好了，现在问题只剩下一个，如何积攒你的第一个 3000 平方米？

我吐槽过大陆 2008 年左右的一个电视剧，男主角之一的亲生父亲是开发商，养父是给开发商盖章的。

前 20 集主角是穷学生和屌丝，酸气冲天。

后 20 集主角创业成功，事业有成，A10，几百号员工左拥右抱，众星拱月。

中间 5 集呢？中间 5 集是空白的。

这里我会告诉你“中间 5 集”是什么，会告诉你爬阶的具体步骤，你要赚“一个亿”其实很容易，最简单的话，你买京、沪、深“1 亿”的房产，过了两三，年房价翻一倍，你就赚了 1 亿。

问题是：

（1）你没有 1 亿本金；

（2）你不确定房价会再翻倍。

关于（2），我们就不讨论了，这也没什么好说的，反正是拿命换来的。任何一场对于风险的赌注，都是拿命去换的，你不愿意冒险，你就不用看下去了。对于（1），“如何筹措一亿本金”，大而化之的心灵鸡汤，书店里面的“理财宝典”，这些书籍能教你那些营养。而对于专业的 marketing 管培生来说，他思考问题的第一步，就是 break down。

我要赚一个亿。

赚一亿细分成：拥有 3100 平方米，并且静待三年涨幅。

我要攒 3100 平方米。

将问题细分为 50 平方米 ×60 套。

因此，我们就拥有一个更详细的目标，如下：

我要拥有 50 平方米的“老破小”，拥有 60 套左右。

然后随着上海房地产的大船一起上涨。

现在用 50 平方米“老破小”举例，你也可以是 100 平方米标准二房 ×30 套，如果是“大面积低单价”流派，甚至仅仅需要 250 平方米 ×12 套就够了。任何人一眼就看出，“大面积低单价”对于“小目标”，有更强的逼近火力，12 套还是比较好操作的。当然，大面积流派的缺点是流动性不行，账面好看，出货需要漫长的时间。对于一般的普通市民，我们的要求没有这么高。假设房价从 8000 元 / 平方米涨到 60000 元 / 平方米，则平均每平方米赚 50000 元。一般来说，按照目前的上海物价，我们粗浅地认为，“财务自由”这条线设在 4000 万元左右，算下来，4000 ÷ 5=800 平方米，你大概需要 800 平方米。

等你积攒到 800 平方米，我们就认为你是“业余选手”通关了。而 800 平方米，相当于 50 平方米“老破小”的 16 套，或者 100 平方米标准二房的 8 套。

2N 起步

十几年前，大家都很穷，时光回溯到 2000 年，当“游戏开始”时，每个人都是 0 积分。哪怕职业房产投资者，当时也只有 1～2 套。这是很悲哀的一件事，你先要积累巨大的头寸，然后才可以享受头寸升值的收益。第一个 100 万元，永远比 1 亿元赚到 1.1 亿元要困难得多。我们几乎将半生的心血，耗费在“建立头寸”上面。这就是 2N 的意思。

理论上，你需要 16 套 50 平方米的老公房。可是实际上，房子又不会从天上掉下来。你还是需要一本一本房产证去攒。用最简单的算术，每年攒 2 本，8 年之后，你就有 16 本。但是你一定要起步，走二万五千里长征路。如果你坐在家里抱怨，永远也不会多一本房产证。

雪坡的长度

对于穷人，真的是很惨很惨。对于富人，如果你“看对了”走势，你满仓扑上，只要一两年的大牛，就足够你赚得翻番。可是对于穷人，你是从“一穷二白”开始的。你可能要先经历十年八年的“2N 爬坡”，慢慢积攒 16 本房产证，然后再指望一年大涨，赚得满嘴流油。因此穷人需要一个长得多的雪坡。可能需要 10 年，甚至 20 年的大牛市，才能翻身跨越阶层。

因此，任何一个人看到“2N 定理”，想问的第一句话是：“雪坡还有这么长吗？”2N 是一场长期规划。普通的中产家庭，如果想积累 16 套老公房（1000 平方米），真的要 10 年人生，10 年节俭，10 年赌注，家当全部扑押上去。你花了 10 年建仓，10 年之后，才慢慢开花结果。11 年之后，你才能享受“每一年升值 1000 万元”的美妙畅爽。

可是，10 年之后，房地产还是牛市吗？关于这个问题，我们有两个回答。第一个回答是，“永胜不败”之法——“定期定额投资房产”。定期定额，每年买一套。你如果上过任何一个股票培训班，有一丁点证券基础知识的话，经纪人都会推荐你定期定额定投，每个月固定从工资里凑一笔钱出来，定投金融市场。定期定额的好处，真的说也说不完。它在数学算法上很巧妙，接近于二阶微积分求微导幂函数指数曲线重心外移。只要市场“长期向上”，则定期定额的赢面极大。哪怕遭遇香港 1997 年大跌，只要你是从 1991 年开始定投的，你也没有任何亏损。对于房地产的概念，很多人都以为一辈子供一套房子，一套房子供一辈子，所以从来没有人想到过定投。但是你把定投和房地产结合起来，每年固定买 2N，则你的赢面更大。跑赢现金和定存几乎是 99.999% 的事。

第二个回答，是“雪坡未尽”。在“陈兜兜很厌世”的微信公众号里，她写了一段话——关于为什么要如此鸡血地买房子、抢房子，陈兜兜说：“我知道它在过去 10 年涨了 10 倍都不止，不假。可关键是它还可以涨 1 倍啊！无论它涨了 10 倍 20 倍，只要它能再翻一倍，这 1 倍就等于你的 20 倍。”对于房地产，我们持相同的态度。从微观上看，2017—2018 年必然是“涨”年。宏观由微观组成，break down 之后，我看不见有任何微观迹象说明明后两年会下跌。既然 2017—2018 年是“涨”年，那你就不要辜负。从长远来看，京、沪、深一线楼市的“雪坡”，至少可以看到 25 万元 / 平方米，25 万元之前，没有必要太过于悲观。哪怕它涨了 20 倍，它还可以再涨 1 倍——1 倍抵 20 倍。

2N 之通关

所谓的 2N 定理，其实就是每年 400 万元的资本支出。房地产投资是一行“重资本”密集型的行业，房本的扩张严重依赖于固定资产支出。每年 400 万元的现金烧钱，把你折磨得形销骨立。

但是另一面，钱呢？钱到哪里去了？你每年是有大量的资本支出不假，可是这些钱到哪里去了？是不是给你花天酒地，吃喝玩乐，挥霍消费掉了？这 400 万元是不是挥出去的拳头，扔出去的水漂，掉进水里不见了？答案都不是。这 400 万元一分都没有少，而是去买房子了，尤其是买京、沪、深的房子。你要知道，买京、沪、深的房子，是一件一本万利、赚大钱的事情。甚至可以说，是过去 10 年最赚钱的行当。

按照我们的算法，粗略来说，单利 100%。你投 400 万元下去，明年就赚 400 万元。追加投资 400 万元，有 800 万元在池子里。第二年你就赚了 800 万元。再追加投资 400 万元，有 1200 万元在池子里，第三年就赚了 1200 万元。第四年赚 1600 万元。累积 400 万 +800 万 +1200 万 +1600 万 =4000 万元净利润。最近一年赚1600万元，这又是何等暴利！英文专门引了一个单词描述这个群体：parvenu，而法文则是nouveau riche，他们没有看到故事背后的另一面。另一面是：财富并没有消失，没有被吃喝嫖赌掉，而是被我们拿去做投资，甚至是21世纪最赚钱的投资。

那么，投资为什么没有转换成现金呢？因为投资不可以马上转换成现金，它需要时间。任何一套房产买卖，除了一些极小户型，都不是短期之内可以见到利润的。房产不是股票。你买了之后，三分钟股价就有了波动，睡一觉，明天就是T+1。对于房产来说，一套房子往往要长持两年、五年，甚至更长的时间，你才能房子变成现金。如果不满二年，税费有可能变得非常高。更糟糕的是，还分观望期和高潮期。哪怕你抛房子，往往也要等半年风口。因此，我们需要“养猪”，小猪崽需要成熟，尤其不能杀鸡取卵。你要给房产留出时间。三年慢吞死水，一涨就涨三倍。

做2N模型

我们来看数学模型：

第一年：买入A、B；

第二年：买入C、D；

第三年：买入E、F；

第四年：买入G、H；

第五年：买入I、J；

第六年：抛出A、B，买入K、L、M、N；

第七年：抛出C、D，买入O、P、Q、R；

第八年：抛出E、F，买入S、T、U、V；

第九年：抛出 G、H，买入 W、X、Y、Z（拥有 18 套）。

如上所示，整个模型的前提，建立在“五年之内房价可以涨很多”的基础上。只有当房价大幅上涨，你才可以在第六年抛掉 A、B，并买入 K、L、M、N；当然，“抛掉”仅仅是一个笼统的说法，你也完全可以是“截断——加按揭”，如果交易税费非常高的话。但是“加按揭”一样需要房价的大幅上涨。我们一般的精算，需要有 4 倍空间，这样截断七折按揭才有利可图。可见，所有的事情都是“环环相扣”的。

只有房价大幅上涨，你第六、第七年才可以循环买入。

持续买入会导致你财政崩溃。

你财政崩溃，是因为你看好房价会大涨。

这几件事，几乎就是头尾相连，循环逻辑。当你不惜抽血，冒着杀头的风险和无穷的苦难，以各种合理与不合理的（如信用卡和小额贷款）杠杆式买入房产时，本身就意味着你极度看好、看涨，预估有高额回报。因为有高额回报，几年之后，房子就一定会“回哺”于你。

2N 之残缺

同时，我们也说明一下，2N 并不一定非要十套不可，哪怕你第九、第十套没有完成，也不影响大局。

第一年：买入 A、B；

第二年：买入 C、D；

第三年：买入 E、F；

第四年：买入 G、H；

第五年：（停工）；

第六年：抛出 A、B，买入 K、L、M、N；

第七年：抛出 C、D，买入 O、P、Q、R；

第八年：抛出 E、F，买入 S、T、U、V；

第九年：抛出 G、H，买入 W、X、Y、Z。

可见，缺乏“幸运”这个缺口，对于大局是无关的。可是，我们为什么还要“竭尽全力，使用运气”？因为你再抽掉一年，只剩 6 套，你也是转得起来的。

第一、第二、第三年，2N；

第四、第五年，休息；

第六、第七、第八年，卖出 2 套，买入 4 套。

按照这个逻辑，哪怕你只剩下 6 套，你也可以“循环往复，依次更生”。但是，更进一步，只剩下 4 套、3 套、2 套呢？人的堕落是很快的。60 分及格线，不仅是一条考核线，也是底线。我们设下“5 年 10 套，开始 2N”，是希望你的“底子”打得扎实。基础越深，以后循环越顺畅，武功才能练得越高。

神仙消费

一般来说，我们需要每年 400 万元的资金，才能维持“每年 2N”。从第六年开始，A 单元或卖，或加按揭。从 A 单元内抽出 200 万元现金，是一点儿难度都没有的。A+B，轻松获得 400 万元现金。从第六年开始，你只要坐着动动手指，依次加按揭（A，B）（C，D）（E，F），你每年都可以获得 400 万元现金。这笔钱，你可以用于进一步的扩张，继续 2N 买下去。也可以拿去消费！你想一想，每年花 400 万元税后，要什么样级别的金领才赚得到？也有人说：“咦，你这 400 万元是加揭按的，是银行贷款，要还的。不是真钱，不能用于消费的呀！”其实你仔细想一想，400 万元现金和 400 万元 30 年之后归还的贷款，有区别吗？

2N 其实是一种数学模型。基于“房价大涨”的大前提下，只要你能积攒 5 年 10 套房产在手，此后你就可以依次收割，每年都有源源不断的财源，以一个循环转轮的方式转动。2N 是可以通关的，而且通关不难。有很多人完成了这个标准。2N 之后怎么办呢？其实有两条路：

一条是消费，每年 400 万元花天酒地。

另一条是苦憋，继续买入。

如果你仔细观察那个 ABCDEFG 字母表的话，你会发现一件极其恐怖的事，那就是：“10 套之后什么样？”如果滚轮滚到第二圈，从第 11 套开始，你不是 2N，你是 4N。4N 之后是 6N，然后是 8N、12N、16N。

房地产投资的流派（一）

流派是什么

从顺序上讲，这段还轮不到讲流派，因为我们要引用一个很重要的参数："交易成本有多高？"答案是单次交易，房价的 20% 左右。这是一个性命攸关的数据，交易成本的大小，严重影响到房地产投资各大流派的存活性，并最终改变了整个产业的运转方式。关于这个数据，纯引用，不解释。

流派是什么？所谓流派，是一个系列。当你开始打这个流派，你的购买标的、融资方式、周转频率、退出方式，它们是浑然一体的。不可能说你买了大宅流，明天就让你落袋为安；不可能说你走法租流，然后追逐热点。流派是一个整体，讲流派之时，一定要记住，我们是一整套玩法。

流派的切入点是什么？关于这事，99% 的外行又理解错了。对于房地产投资者，他们最关心、最在意的是什么？整个流派"围绕设计"的是什么？关于这事，99% 的人又估计错了。流派之道，千变万化，但有一点是共同的："一个好的流派，必然浑然天成，不容易被击败。要把它打穿打爆，那是极难极难的。”

流派路径

房产投资的流派，就我们目前的这个圈子，大致已经可以列出：

（1）大面积低单价；

（2）老破小流；

（3）低总价流；

（4）法租 / 民宿流；

（5）药单法拍银主流；

（6）疯魔流；

（7）装修流；

（8）使用权流；

（9）二房东流；

（10）其他失败的流派。

对于你会归属哪个流派，不是一件事，是一系列的事。教师的儿子更容易当教师，商人的儿子更容易当商人，传承是有路径依赖的。流派也是一样。流派的一个特性，就是流派和你本身“是谁”有关。你有怎样的背景资源，你就会走上怎样的流派道路。在初始阶段，你有多少钱，你的奋斗目标是赚多少，你能够承受多大的风险，你身处哪个城市，位置决定路径。很多人并非选错，而是身不由己，所以我们把所有的流派都介绍一遍，最终你会走上哪条流派，由你自身禀赋决定。

“大面积低单价”流派

盈利 =（卖出价 – 买入价）× 持有面积 × 周转

这是一个颠扑不破的绝对真理。无论你怎样绕圈，这个公式总是绕不过去的。大面积低单价，在其中占到了两条，即“买入价低，面积大”。在一般情况下，“大面积低单价”可以获得极为惊人的暴利。这个流派也是最容易产生千万富翁的。在这个流派下，一张单子赚七八百万元是很容易的，三张单子90后赚到2000万元也挺容易的。这对于实体经济，已经是一个可望而不可即的天文数字。同时，离财务自由也仅差一步之遥。你要做到的是：

（1）找一个相对低估的房源；

（2）尽可能买较大的面积；

（3）耐心持有。

一般而言，（1）和（2）是有一定的相通点的。就2000—2015年的上海楼市轨迹而言，卖得最好最贵的是二房。二房单价远远比四房或者复式要贵，一般要贵10%～15%，大面积本身就显得便宜。而在这个流派下，我对此不在乎，我就买四房。然后我有足够的耐心，一直等到四房比二房贵的那天。同样一个小区，四房可以赚到远远比二房多的盈利。因为你的面积比它大，而你的“卖出价 – 买入价”差价拉开得也比二房远。可见，这个流派赚取的是纸面财富，推后延迟，乃至完全不考虑未来抛售的困难。

那么这个流派的缺点是什么呢？缺点是：

（1）没有流动性；

（2）没有租金。

大面积低单价，尤其是我们还特别喜欢买一些很特殊的户型，一些很“妖”的房子，火箭外挂助推器，以获得更大的超额利润。但另一方面，则是我们完全丧失了流动性。当你买入时，别人都不看好。譬如居民区的无电梯顶复，抑或通河八村打通的超大户型职工宿舍。这种东西别人都不看好，怎么会有人要呢？的确是没人要，所以价格也这么低啊！我只要你买入价低就可以了。

然后再卖出时，我需要等待漫长的岁月，而买入价低，则确保了我立于不败之地。“大面积低单价”这个流派，从来不追逐热点，从来不会一夜暴富，在最初的两三年是看不见利润的。不接受这现实的，别入这一行。此外，大面积低单价流派，在租金上也是非常吃亏的。此项每年大约要吞噬掉 1% 的利润，税费也是吃亏的。

大面积低单价这个流派，特别重视单价面积。入货的时候，单价一定要足够低。如果旁边的小区卖 6 万元，那我最多只肯出到 4 万元，甚至理想是 3.5 万元。所以这个流派做单子十分慢，一年中大部分的时间都在闲逛。平均下来，一年也能做两三单。但这个流派的特点，就是特别注重买入价，对于卖出不是特别重视。难卖就难卖了，只要有足够漫长的岁月，一切都是可以克服的。

这个流派的优点是什么呢？不要忘了我们再三强调的特点：风险。假如上海楼市彻底崩溃，你该怎么办？不怎么办，我买来的时候，本身价格就低。“大面积低单价”，防线就是我的成本足够低。

“老破小”流派

“老破小”是最适合初学者的流派。

房产投资有两个最主要的流派：“大面积低单价”和“老破小”。所谓的“老破小”流派，并不是指专门喜欢买又老又破又小的房子，指的是一种思想：“房租 / 房价，百分比最大化。”“老破小”流派追求的是租金回报率。最好是

5%，但目前上海房价涨得太快，已经很难找了。那退一步，4% 也行，最差最差 3.5% 也行。但“老破小”流派一般不接受 3% 以下租金的房源，看都不会去看。“老破小”流派并不是一定要买小房子，而是在目前市场上，形势很明显。你要获得高的租金回报，唯一的方式就是面积尽量小。

因为首先人是有一个基本生活需求的，然后才是进一步的愉悦和舒适。这是非常强大的刚需效应。其力量如此之强大，千锤百炼。在租赁市场上，面积到了 35 平方米以下，租金就不再变化。而对于买卖，买卖是按平方米算的！所以，如果你要追求“房租 / 房价”租售比最大化，倒不如说你在寻找“最小户型”。

“买卖是买卖，租赁是租赁。”“老破小”流派的问题是，它赢得了租赁，却错过了买卖。市场并不会因为你有更高的租售回报比，而给你更高的估值。相反，起决定性力量的是，盈利 =（卖出价 − 买入价）× 面积，是这个公式。“低单价大面积”流派最大的特点，就是赚得多。而“老破小”流派从赚钱的角度而言，是极其吃亏的。不过，“老破小”流派也是不怕上海楼市彻底崩溃的。从目前看，租金下限就是底线。

房地产投资的流派（二）

低总价流派

低总价流派是“老破小”流派的一个变异，其核心思想是“在某一个区域内，寻找总价最低的房源”。它和“老破小”流派有非常大的相似点。

（1）老破小流派：同一区域，租金有下限。下限无法压缩。

（2）低总价流派：同一区域，房价有下限。下限无法压缩。

其具体的做法是，圈定一块区域。譬如世纪大道地铁站附近 2 千米，或者是任何 15 分钟之内到达小陆家嘴的交通方式。然后将所有可购房源，按总价排序。低总价流派几乎是稳赢的，永不亏钱，这个特性非常重要。因为任何投资，如果你能做到保本稳赢，用任何形容词赞美都不为过。

低总价流派选筹的方式和“老破小”非常相似，主要是靠面积小。只有面积小的房子，总价才会小。同样，低总价流派的赢利局限、弱点，也和“老破小”类似，赚不多。从事“低总价模式”要注意：

（1）一定要选人流稠密区。最好是市中心 CBD，人山人海处。有一些内地小县城，那不是房子破、房子便宜，那是真的没人住。

（2）死守内环内。

（3）最低总价学区房，也是一种战法。

“老破小”流派有几大好处：

（1）入门门槛低。“老破小”几乎是门槛最低的一个流派。

（2）租金比率高。房租和月供几乎可以相冲，后续无压力。

（3）没有空置期。

（4）拆迁概念。

（5）出租房东不付佣金。

（6）风险有限，便于练手。

还有几点别人很少注意，但其实很重要的事：

（1）老公房没有“处房情结”。老公房不存在落地打七折的现象。事实上，它几乎永远不折旧。

（2）老公房没有“带看回避”。[①] 老公房是唯一在有租客的情况下也能看房子的房屋类型。略差，但不大，都住老公房了，大部分人并不怎么挑剔。

（3）老公房交易成本极低。交易成本分显性成本和隐性成本两笔。老公房的税费成本极低，是唯一可以做到接近于零的。

（4）流动性好。老公房可以像现金一样使用，弥补资产组合包不足。

---

① 指看房时，最好房屋空置，保持品相洁净。

法租 / 民宿派（以上海为例）

这个流派，就是法租 / 民宿派兼得“大面积低单价”流派和“老破小”流派的二派优势，比二派都强。

（一）法租派

我们说过，要获取高额租金，有两种方式：

（1）最低端，以至于基本生活需求无法压缩。极小面积户型。

（2）做外国人生意。

法租流，其实做的是外国人生意。所谓的“法租流”，主要是指买湖南路、天平路、武康路、衡山路一带，传统法租界绿树成荫的地方。而法租流之所以可以胜出，是因为它在获取高额租金的同时，控制了成本。就总体而言，法租派的内功心法，可以归结为以下几条：

（1）选择湖南、天平街道，即传统法租界地区。但是购入房价又很低，是跟本地人购买的房子走，而不是跟外销房走。

（2）进行极为专业的改建和整修。

（3）出租给老外。

（4）出售。

在法租界选筹，主要是：

50～60 平方米老公房；

新里；

独院小洋房（之部分）。

（二）法租派的升值

当你的房租收入从 2500 元到了 10000 元，翻了四倍时，法租派在“租金回报”上就已经超过了“老破小”流派，甚至达到 8% ~ 10% 的境界。可是你以为法租派只擅长赚租金吗？你又错了。现在很多人并不善于挖掘事物背后的价值，只看到一些很肤浅表面的东西，想要精致、优雅的生活，却不懂得如何去创造，只会硬扛；花 6 万元、8 万元单价去买别人包装设计好的精装一手品牌 CEO，然后再哭诉、抱怨房价怎么这么贵。而法租派则是那个设计好 6 万元、8 万元的品牌，然后再卖给你的人。

法租流拥有非常好的租金，而且投入也很低。法租流拥有非常良好的升值能力，在极短时间内，房价就能涨 50% ~ 80%。那么，法租流是不是集所有的优点于一身，是不是无敌的呢？从某种意义上讲，法租流的确是无敌、无懈可击的存在。其唯一的问题是始终做不大：只有在极少数城市极少数区域的极少数房源的环境下，才有法租流的生存市场。它是最典型的小众市场。法租流是优雅的流派，是绅士的流派，是少而精的贵族流派。

民宿流可以视为法租流的“全面加强版”，它在各个指数方面都要胜过法租流。民宿是什么？就是短租。其主要的特色，是把房间装修成非常有特色的温馨之所。然后在空间上分割：出租一个卧室，提供早餐。在时间上分割：提供 1 ~ 3 天的短租。民宿的主要竞争对手是酒店和长租，但是：

（1）虽然民宿和住酒店都是 800 元 / 晚，并不便宜，但是酒店标房一般只有 25 平方米，行政套房 37 平方米。而 800 元住民宿，可以住到 80 ~ 120 平方米的二房，几乎比酒店总统套房还要宽敞。

（2）虽然酒店有更标准化的洁净服务，但民宿一般可以通过房东的温馨聊天、导游指引，提供更 face to face 的人性化体验。

（3）虽然民宿比月租要贵三倍左右，但是民宿灵活，可以提供1～3天的超短租赁，也能提供一个卧室，甚至一个储藏室的超廉价产品。

（4）如果形成hostel类似群体，则在民宿中可以结识新的朋友。民宿一般租得很贵。如果按照房间数 × 天数，则它的总租金可以租到整租月租的300%左右，也就是普通月租6000元的三房；如果搞民宿，则是800元一天。可是，这是非常非常高的利润，也很容易赚钱。论租金，民宿甚至比专门做外国人生意的“法租派”还要高。论升值，鉴于“出售时品相一定要好”的理论，民宿和法租派都是极佳流派，民宿甚至更好一点。论适应性，法租派严格地被局限在法租界以内。浦东和郊环根本没有这种生态。而民宿派则相对宽松得多。最佳民宿虽然仍是在downtown，但其他区域也是有移植活下去的可能的。民宿相当于“法租流”的全面加强版。

民宿派的弱点是什么？在悲观主义者的眼里，他们几乎想也不想，就列出来了：

（1）持牌旅馆的灰色地带，来自管理部门的骚扰；

（2）如家、七天等经济型酒店的竞争；

（3）门槛低，同业新对手竞争。

但我们要说，这几个问题都是麻烦，会削弱你的利润率，但绝对不是灾难。民宿有其市场定位，在五星级酒店、经济型酒店、普通住宅之间，的确能划出这么一片细分市场。它兼有五星级酒店的高档次、经济型酒店的价位和民间住宅的宽敞。从细分市场而言，这个划分是有效的。所以民宿市场是可以活下去的。至于竞争，天下哪行没有竞争？只要仍处于灰色角落，竞争没有刺刀见血、狂打价格战就可以了。那么“民宿流”的真正瓶颈和缺陷在哪里呢？在于“心力”。民宿派要面对很多事，都不难，但是破，一堆破事。假设一个房子有三个房间，一个月30天，理论上最多有90批客人。实际算个对折，45

批吧。这 45 批人的 check in，check out，来之前会在网上问你一堆的问题，这房子好不好？来之中会打电话和你说找不着路，接飞机的人没赶上……这还仅仅是一个场子的例子。如果你有 4 个场子、8 个场子呢？“民宿流”对心力消耗太大，想想就难免觉得犯𡰪。

房地产投资的流派（三）

“药单流”

“药单流”指购买产权存在纠纷或其他问题的房产。

“药单流”大约能以六至七折的价格买入房产，并进一步提高租售比。在传统的“学院派”著作里，是找不到“药单”概念的。只有在职业房地产投资者的世界里，才会告诉你“药单”，才会告诉你实战的世界和象牙塔有多大的不同。所谓药单，并不是指房子本身的质量有问题，而是指房子本身的股权结构有问题，产权有问题，从而导致交易困难。举一个例子来说，产权人的父亲户口在这屋子里，父子不和。虽然卖房子手续清晰，业主同意，但是父亲的户口迁不走。便宜 20 万元，你接吗？你退缩了，价格就下来了，利润就上来了，你买了就赚了。

和药单同样重要的，是“解药”。药单，就像是无数有毒的高压电线，层层缠绕在你的未来房产证上。解药，就是细心、耐心地一层层把这些线剥开，最后还你一个干净的产权过户。“解药”绝对是无差别的人类体力劳动。

药单怎么解？它其实还是有解药的。但其中，绝对牵涉到庞大的人力、物力，尤其是买主的心力消耗。由于药单多种多样，所以解药也多种多样，说不出一个统一的流程方式，但这绝对是人力、心力的消耗。不是钱的问题，不是起步资金的事情，是战战兢兢地做好每一步的问题。这不是体力消耗，但绝对是高强度的人类精神脑力消耗。解药实在太苦了，没几个人受得了这份罪。要赚钱，哪里不能赚，何必呢？有趣的是，药单的成功率其实很高，几乎达到 90% 以上。药单真实成功率有 90% 以上，考虑到药单平均只有市场价的 60%～70%，这意味着巨大的获利空间，而且稳赚不赔。

“药单流”是真正不需要什么启动资金的，“药单流”是各大流派中启动资金要求最小，而回报利润率最高的一种流派。更重要的是，“药单流”只要解药成功，几乎肯定赚钱，而和牛、熊市无关。也就是说，你是游离于房地产市场崩盘之外的。只要你肯踏踏实实地去做，宛如解开麻线团一样，一缕一缕地把千丝万缕的关系理清楚，头绪一寸一寸地整理干净，最终整张单子是可以做的。唯一的缺点是累，真心累，呕心沥血。

周转流

有一个流派，如之前第二章装修章节所称，被叫作“凤姐变冰冰”。其核心的思想，是先装修再出售。手法是，你先在市场上找一套最破最破，但是骨架框子还不错的房子。一套房子要出售，最重要的是什么？品相，品相，品相。但是偏偏就有人把屋子弄得像狗窝一样，而且狗窝都不收拾一下，就直接这么出售。于是怎样？于是你只能卖一个很低的价格。“凤姐变冰冰”这个流派，有以下几个步骤：

（1）找一套最破最破的房子。最好是因为破导致折价的房子。因为你反正要敲到“原始社会”，然后再重新装修，那么那些本身装修得不好不坏的房子，才是最为尴尬的。你干脆就买最破的，反正都要敲掉的，顺便把买入价降下来。

（2）进行装修。很多人有一个误解，认为装修可以给房子带来附加值。这种说法是绝对错误的。职业房地产投资者所做的装修，是一种被称为专为出售所做的装修。专为出售所做的装修有一些基本元素：①通常是极简风格，或者北欧风格。因为相对于繁复法欧，极简无疑省钱。②用料并不高档，但足以吸引眼球。③材料质量不重要，关键是要新。这里面有一个诀窍：大规模地使用玻璃、塑料面。全新的玻璃、厨房塑料面板，在短时间内能给人非常大的视觉冲击，形成一种全新的概念，从而极大地托高售价。④灯光一定要亮，超亮。总体而言，这样一种装修风格，是完全围绕“为卖而装修”的。

（3）转手出售。

周转流为什么可以赚钱？“凤姐变冰冰”赢利的基础是什么？如表 3–1 所示，如果你买入的第二年就抛售的话，那利润率是 115 ÷ 75 ≈ 153%，而此后第三、第四年出售的话，那利润率是 131 ÷ 115 ≈ 114%，也就是第一年有近 50% 的毛利，此后每一年就只有 15%。

表 3–1

单位：万元

年数	买入年	第二年	第三年	第四年	第五年	第六年
房屋价值	75	115	131	150	175	200

为什么会这样呢？因为房产投资的利润，其实分为两个部分：

（1）资产性收益。手中所有的“库存”跟随大势上涨。这个速度大约是每年 15%。

（2）交易性收益。因为人的运作，发现笋盘或者解药药单之类的，获得 50% 增值。

笋盘是什么？笋盘就是你以 75 万元的价格，买到了价值 100 万元的房子。

但是这样的收入，是一次性的，仅在第一年存在。因此，一套房子拿到手装修后，你就卖出，拿到 +50% 的盈利，再投入下一笔交易。循环往复，盈利岂不是更高？

“周转流”能不能活下去？未来这个流派是会壮大，还是消亡？答案是壮大。我们必须注意到，90 后和 70 后是完全不同的两种人群。在这个以 90 后为主要买家的时代中，装修是可以卖钱的，装修甚至可以卖出溢价，只要你装得有品位。对准了目标客户的口味，装修 – 毛坯的差价 =2 倍装修款。不过，现在的市场情况下，“周转流”的现状并不太乐观，因为：

利润 =（卖出价 – 买入价）× 面积 × 周转率

我们都知道“周转率”的重要性。可是在我们整个研究树中，对周转率的展开并不多，甚至默认它为 1。理论的背后，则是冰冷的事实。因为税费和限购，交易成本实在太高，以至于任何增加周转率的行径都不可行，还不如拿住死捂。环境决定物种。或许环境变化之后，此流派可以复苏。但就目前而论，提高周转率的努力不存在。

逼空式上涨

假如你是一个 2050 年穿越回来的人，你深刻明确地知道，2050 年房价是 500 万元 / 平方米，今天你卖什么价?

（一）游戏规则

房价 = 大盘指数 + 板块强弱 + 自身优良。房价赢利，大致有两种模式：

（1）高抛低吸。通过对价值的深度挖掘，在各阶段分辨强弱。

（2）跟随大势上涨。

之前我们用了大量的篇幅，试图解释房价是怎么一回事。

我们写了 marketing 的基本原理。

我们用“外国人、外地人、本地人”即三分法来看待楼市。

我们分析三类客户的强弱兴衰和购房口味。

我们解释了流派和侧重点。

三重顶。

对于这种模式，房地产投资是一类类似于“绣花”的精细活儿，你需要小心翼翼、谨小慎微地分辨溢价。

不过这种“绣花式房产投资”在宏观调控及随之而来的高交易成本影响下，变得不适合市场了。目前存活下来的，主要是第二条路：跟随大市上涨。

卖房子这种事，大致要经过一个“1000—100—10—1”的过程。也就是你说，现在在 58 同城、赶集、豆瓣之类的网站挂牌，然后你要接到 1000 个电话来询问你房屋信息的细节，100 批预约来看房子的中介，10 批真来现场的，却是拍照的，只有 1 个诚意客户，并且在观望期。降价是无效的，你哪怕降得再低，也不能促成成交。

逼空式上涨

一旦市场进入观望期，房东就开始跳价。譬如，你 1000 万的房子，一旦进入了观望期，哪怕你降价到 700 万，你接 1000 个中介电话，诚意客户也是没有的。在这种情况下，房东一般采取的策略，是加价到 1020 万。什么，加价？没搞错吧，1000 万都卖不掉，你还加价？对，就是加价，因为市场上没有诚意买家。降价无效，那我干脆把价格挂高。价格挂高，有几个好处：

（1）在市场上形成“2 年前就卖 50000 元 / 平方米”的印象，美化 K 线图；“× × 楼盘一直比隔壁贵”。

（2）在市场上制造 new news。

（3）告诉对方，房东的心态是乐观的。

一些人看待价格，是幼稚到极点的，他们以为价格就是价值。好比一件衣服卖 3000 元，他们就认为该衣服值 3000 元。如果明天标 5000 元，他们就认为衣服涨价了。可能那衣服就一件，是挂在门口建立高档形象的。其实价格是个超级复杂的事情，有多种含义，多种玩法，无数陷阱。原价、现价、促销、套餐、标杆、返奖，marketing 的事，说也说不完。如果你粗懂桥牌的话，刚开始，大家是喊牌。你喊黑桃 3，他喊方块 4，对家喊红心 4。喊牌之间，有固定的套路。透过喊牌向队友传递大量的信息。喊牌不仅仅是争夺坐庄权，同时也是沟通与回复，里面信息量极大。

同样道理，你如果看见业主之前挂 1000 万元，第二天挂 1020 万元，接着挂 1025 万元，这并不意味着业主就是认为这房子一定要 1025 万元才能卖，业主也是在传递一些信息。这始终只是口头报价。

Make new news

市场一旦进入“观望期”，多空僵持，至少有 12 个月交易清淡。这段时间内，房东最容易采取的策略，是小幅提价到 1100 万元。但不是直接提上去，而是分好几次：1020 万元、1040 万元、1060 万元、1080 万元、1100 万元……为什么要这样呢？哪怕 1000 万元你也卖不掉，诚意买家都等候在 650 万元以下呢，而你要调价到 1020 万元，接着调至 1040 万元，这样做的用意何在？

因为你在“人工置顶”。marketing 中有一科叫作“make new news”，指的是你没事要在市场上制造点新闻，刷存在感，刷个脸熟。哪怕你的产品完全没有任何改良，没有新的配方，你换个包装，搞个抽奖活动，搞个“百事红罐节日装”，也是必要的。在房地产市场，这相当于“人工置顶”，顶帖，顶。因为你的信息，在中介数据库里会沉底的。一套房源，放了两三个月，就会沉到小本本最后一页，从此中介就会很少关注，有客户也不再推介，基本属于打入冷宫的状态。那你就需要“顶”。一般在市场中，刚出来七天之内的房源，是中介花力气推得最多的。中介也知道房子不好卖。所以“新”房源就意味着希望，“新”状态就意味着希望。我们是诚心想卖，所以我们会小幅加价。加价的幅度不多，象征性的 1000 万元到 1020 万元，而绝对不会是 1000 万元到 1300 万元，但我们会小幅加很多次。一方面，增加

“顶帖”的次数，增加被售出的概率；另一方面，显示房东非常有信心，大力看好，还不停地在加价；还会给买家增加心理压力：两个月不见，又涨了 20 万元。

逼空之路

楼市呈现非常明显的“季节性现象”。

一般而言，有以下几个步骤：

（1）单数年春节后开涨，三四个月内 +50% 涨幅；

（2）政府出调控政策；

（3）宏观调控托实涨幅，使下跌不可能；

（4）市场因为“心理原因”，而不是实际原因进入观望期；

（5）冰冻 6～12 个月；

（6）双数年一般是补涨，落后洼地追平；

（7）休息足够，买力积蓄，迎接下一轮暴涨。

在漫长的观望期中，你几乎是不可能按照市场价成交的。反映在图形中，就是不可能按照蓝线成交（见图 3-1）。

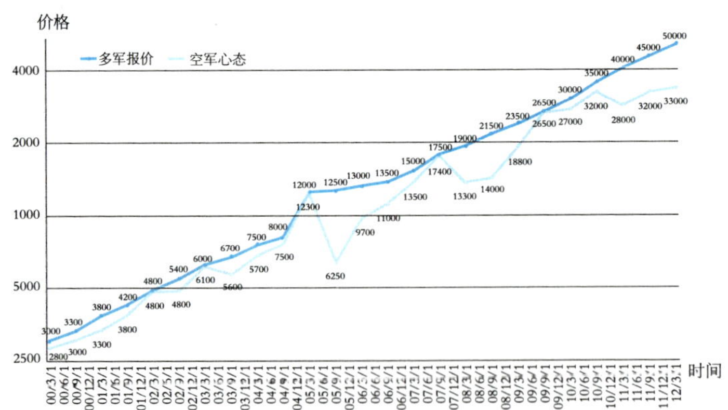

图 3-1 上海楼市的真实走势

它只有非常短暂的几个点，两条线是相交的。也就是一些买家“洗心革面”，终于肯承认多军是估值正确的。这几段窗口期非常短，一般也就 3～4 个月。房东在平淡期加价，在窗口期反而不怎么加价，因为房东对价格的估计是准确的，已经基本到位。只不过，以前一些买家看见 1150 万元的价位，会破口大骂：“神经病，800 万元我也嫌多。”而在窗口期（见图 3–2），他们的心理会发生“一夜之间暴涨 +50%”，瞬间睡醒，并承认你这个 1250 万是合理的。

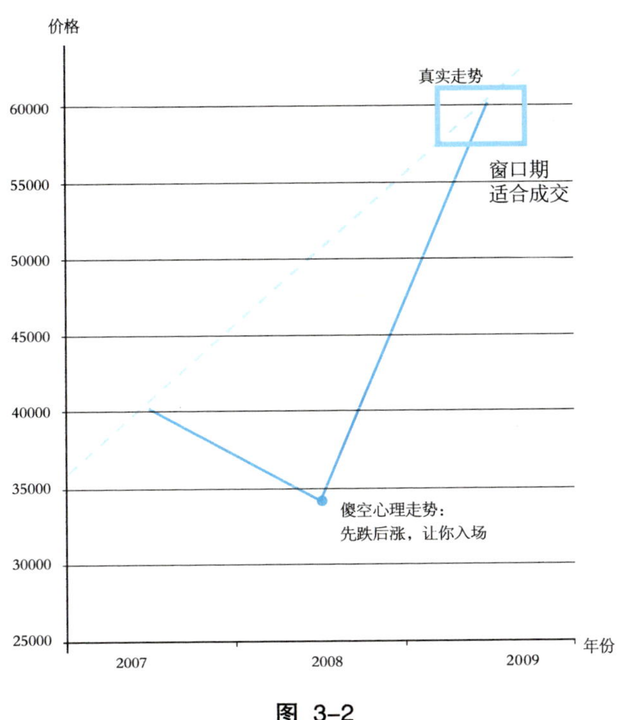

图 3–2

在窗口期，你一定要：坚持卖房。风来了，猪都可以飞起来。但风不是每天都有的。在漫长的观望期，成交量十分稀少，而且很可能面临压价效应。

错过了这一波风口，下一波可能就要等两年了。

房地产市场的两朵乌云

房产的世界观

研究房地产市场，有两种方法。一种是事件驱动法，如：

“这个盘上月卖12000的，这个月就卖18000了。”

“抢钱吗？眼睛一眨，就涨了100万。”

“我父母毕生积蓄才100万。”

“钢筋水泥，值几个钱呢？”

“每天打车上班，外环线租房，才花几个钱呢？才不值呢！”

“世上没有只涨不跌的市场。”

这个就叫“事件驱动法”。他用的是一套房子和上个月相比。往前回溯，最长不超过一年，向后展望，最长不超过三个月，然后你发现有50%的涨幅，有泡沫了。

而另一种是“模型建模法”。比如，打乒乓球，工科生会告诉你高球如何拦，低球如何挡，扣杀如何接。而在理科生眼中，则是更为底层的 F=ma。你只要知道了速度、动量、角动量，就可以用牛顿力学推算出球的落点。

建模

对于理科生来说，他们眼中的房地产市场，从来不是“涨了涨了涨了”“跌了跌了跌了”。对于他们来说，首先要做的事情是“建模”。建立一个模型，来描绘我们的现实世界。

到底是什么原因，导致房价连续十几年的十几倍的疯涨？我们的答案是：货币。抓住了货币这条主线，以后再看各地市场，耳清目明，顺理成章。但是为房地产市场“建模”并不是一件很容易的事，最核心的一点，我们认为“房价的涨幅来自 M2 增长”。这一条定律极强，估计没有太大的错误。

但是，解释更微观的东西，就不能以几十年为单位，而只能以几年为单位，这时我们发现房价的涨跌并不均匀。好比北京、上海房价都已经涨了几轮，而沈阳、长春的房价纹丝不动。哪怕一些市场经济化程度高也颇有活力的城市，如常州、无锡，其房价也是多年不动。如果你纯粹以“货币滥发”为借口，这种微观现象就没法解释，所以我们要再加一个解释条款——“水滴现象”。其意思是说，远近亲疏，货币如水。

2016 年，东北复苏开发，投资 1.6 万亿元。国开行发行 16000 亿元债券，并且让央行包销。国家开发银行，就可以拿着这笔钱，去东北投资很多很多项目。目前，中国三大政策性银行都在北京。这些钱，是“诞生”于北京的。请想象一下，把一滴水滴入池塘后，产生涟漪的景观。

北京是第一圈。

上海、深圳，即政治特权城市是第二圈。

天津、广州、南京、杭州、武汉、成都、重庆是第三圈。

地级市是第四圈。

县城是第五圈。

其中，内圈城市不但获得资金的时间更早，而且力度也最足。等水波逐渐散到外圈，力度也小了很多。因此，京、沪、深可以获得额外的加成。所谓的“只有大城市，才有房地产”，其实这个大城市，更重要的是指政治特权城市，能优先从中央拿钱的城市。货币 + 特权城市，能解释很大范围内的房产现象，但是，“模型”的要求是解释一切现象，没有任何错误。一朵乌云就可以击倒整座大厦。

有人提出质疑：“哪怕算上了 M2 增长，哪怕等待了六七年时间，可有些地方就是多年不涨。“这些城市，经济未必差，人均收入也不低，可它的房价就是多年不涨，也分享不到财产性收益。于是，理论修正又加了一环——人口迁徙。

房地产是一种边际效应很强的市场，一座城市 100 套房子，90 个用户和 110 个用户，其结局完全不同。租金可以差几倍，售价可以差十几倍。所以，当人口流出，导致本地需求完全过剩之后，对于房地产而言，就是致命性打击。哪怕你物价再翻几倍，也抵不上人口消失对不动产的伤害。此后，在微观层面，不同类型的物业，不同地段，不同新旧，都会导致房产价格不同。这些也是需要解释的。

凡事都可以解释，凡事才都可以预测。

如果发生了理论不能解释的事情，就意味着我们无法推算，也无法预测未来。我们高度关注“乌云”和理论破绽。因为身家性命，理论就是我们的武器，就是我们的铠甲。可惜的是，房地产市场始终存在着“两朵乌云”：第一朵乌云，是一线城市过度上涨；第二朵乌云，是一、二手不匹配。

泡沫现象

房地产市场的第一朵乌云，是一线城市过度上涨。从某些意义上讲，房地产投资完全是一种京、沪现象。或者说，在过去十年，真正靠房地产投资赚钱的，只有京、沪、深等寥寥几个城市。

但是2016年我们回过头来看，发现我们的财富之中，有“lucky”的成分存在。因为我们认为核心思想是：M2增长。M2增长的意思，应该是全国“普惠”的，所有用人民币的地方，物价都应该上涨。而到最后，却变成了北京、上海、深圳拼命地涨。哪怕200公里开外的河北也一点儿不涨。如果“事实”是这样的话，你的理论就应该修正为政治特权。以后你瞪大眼睛看政治特权城市，看哪一个是国家重点开发城市，对于货币政策就不用关心了。如果货币因素是No. 2的话，这就是房地产市场的第一朵乌云，一朵长期困扰我们夜不能寐的乌云。

然而，从2016年夏季开始，尤其是6月之后，全国房价开始了疯涨。二、三线城市的夸张之处，就在于四五年不涨；一涨，它们就是翻两倍、三倍的涨法。于是呢，第一朵乌云暂时算是解决了。

房地产理论的第二朵乌云，是一、二手价差。

图3–3所示的意思是，每个人都说房子贵，都说房地产有泡沫，但其实房价表现为一个孤峰，只有一个尖尖的山顶，向南跨两步，向西跨两步，房价都会急剧地降下来。这是一个极陡峭、很孤立的市场，房地产总体并不贵。在孤峰的基础上，我们引出了房地产的第一朵乌云，即北京和石家庄的房价差异。随着2016年的二线省会城市大涨，这个坑目前来看渐渐被填

上了。

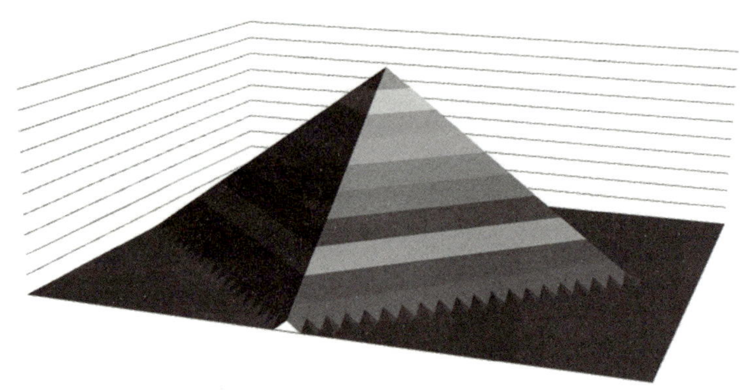

图 3–3

第二朵乌云，是一手房和二手房热度之间的巨大裂痕。

2016 年的市场，没有想象中的那么热！

2016 年，一级市场土地市场，二级市场开发商一手房市场，是真心热得不得了。可是三级市场二手房市场，至少要差 30 摄氏度。呃，意思就是 39 摄氏度三伏天和 9 摄氏度秋冬季的区别。

市场并没有传说中的这么好。目前市场的狂热，貌似严重集中在一手房市场。老百姓买房子的第一选择，依然是一手房市场。第二朵乌云，我主要担心的是：房地产，究竟值钱的是什么？究竟卖点是什么？究竟吸引消费者，能让他们掏钱的是什么？按照目前的上海房地产市场现状，则房子值钱，房子价值的核心要素是房龄，房龄，房龄！如果房龄 =0，那就是一手新盘。如果你观察目前的重庆、成都市场，你会感到绝望的。因为在重庆，任何一套楼龄大于 5 的房子，都卖不出好价钱。在上海，哪怕你再好的房子，一旦楼龄大于 10，你就卖不出好价钱。我们为什么要高度关注这件事？因为我们需要判断房地产的真实价值所在。我最怕的是，房子价值的 50%，来源于房龄。而房龄是一种高度不保值的东西。

“两朵乌云”为什么重要？因为这是严谨的科学素养。我们对房价的判断，是算出来的，而不是蒙出来的。只要有一丝一毫的裂缝，这整幢大厦就会轰然倒塌。

获得更多的现金
——借贷的技巧

第一个 1000 万元

人生中，有几道槛非常重要。当我们小的时候，父辈们循循善诱的，是“第一个 100 万元”，俗称“第一桶金”。可惜当我们长大时，突然发现由于 M2 增长，“第一桶金”的门槛已经变成了“第一个 1000 万元”。

“第一个 1000 万元”为什么这么重要？因为它是一个门槛，当一个人拥有 1000 万元以后，他就可以开始投资。除了留出生活必需的资源外，他还有足够的剩余力量可以用于纯投资。当你拥有“第一桶金”之后，你的人生就进入了快车道。你开始有了积累，不再是无产劳力。

房地产投资的第一个 1000 万元

房地产投资这一行，真的是一个神奇而又疯狂的行业。一类，是普通的老派父母，每个月末收集整理自己的定期存折，计算着几角几分利息，定存在第一时间转存以获取更高利息，从月中就开始盼望下个月的发薪。对于这种“储蓄流”的父母，他们是清晰地知道（预计）自己哪一年可以存够10万元、100万元、1000万元的。另一类，则是现在的小资白领。他们采纳理财顾问的建议，资产主要配置在股票、基金之中，用一个极复杂的Excel表格自动计算。每天，他们盯着K线图表格，心情随着价格的涨跌忽起忽落。可是房地产投资这一行，和这两组都不同，房地产投资怎么赚“第一个1000万元”？答：“你买一套1000万元的房子，首付300万元，贷款700万元。过了三年，房子涨到了2000万元，你就净赚1000万元。”而这样的事，会不会发生呢？讽刺的是，还真是在不断地发生。

如果你在2016年买入房产，它大概可以再翻一倍。时间最少四年，可能五年，最多六年。如果你买了1000万元的物业，回去睡觉，等你醒来时，你就赚了1000万元。第一个1000万元就这样来了，就这么简单。你不会记得具体时间，也没有任何浪漫的庆祝。

在楼市的修行中，重要的是第一套、第六套、第十六套。而最最重要的，又是第一套。第一套房为什么这么重要？因为它是人生的分水岭。买了第一套房，你的屁股就坐到“多军”一边来了，你就成了有产者。房价上涨，对你来说更多的是一种好事，你就会顺着多军的路走下去。方向永远比速度更重要，信仰决定结局。你依然不懂得真正的道理，99.9%的人终其一生，都不会通晓真正的道理，也不会知道楼市何时到拐点。但是至少你买了第一套，你就坐到了幸运的一方。有幸运就够了，过去的2016年，幸运一直站在这一边。

如果我们把上船的人，按照他们起步时的实力，分为贫、中、富三类，则：

贫者，最破最破大杨浦，80平方米，多层二房，到今天，净资产500万元。

中者，内环120平方米×80000元，千万身家。

富者，六套。

这个六套，很有可能是一种“自然延伸”的模型，即1好+2中+3破。

一套内环三房，130平方米 ×90000元，小夫妻买的婚房。

两套父母住的老大楼或者公寓，100平方米 ×60000元。

三套投资或遗留下的老破小，50平方米 ×45000元。

在这里面，“路径依赖”和延续是非常严重的。假设双方父母都是小有官职的人物。在最初20世纪80年代时，大家都是住在老公房 ×× 新村里的。随着90年代福利分房，有官职或者混得比较好的人，就可以不把他们原有的住房上交，或者是把旧房子买下来。这样，父母就拥有老大楼 + 老公房。假设双方门当户对，在结婚时，各拿一点钱出来，给小夫妻买一套体面的三房，月供压力也不大。这样，小夫妻在结婚五六年后，很有可能再买一套小房子作投资用。这样算下来，富裕家庭就会拥有6套房子，1好、2中、3破，总价值2500万元左右。

自然延伸

人生中的第二个重要门槛，是5000万元（2016年水平）。如果说1000万元是“第一桶金”，是有产投资和无产阶级的分水岭，“第一桶金”意味着“安全”，则5000万元意味着“财务自由”。财务自由意味着“幸福”，意味着你不用受老板的气，可以不用阿谀奉承往上爬，公司里的一切恶气，你都可以不用受。财务自由后，你可以去做喜欢的事。5000万元换算成房产，大约抵内环六套标准二房，当然，房子的本身有好坏。到了后期，我们主要的通用计量单位是平方米。内环平方米，内环外的打对折，5000万元大约是650平方米（内环线）。

如果我们继续看前文富裕家庭的例子，拥有1好、2中、3破的产业，合计资产在 2500 万元左右。这个数字还能不能增加？答案是可以的。假设这个家庭在 2000 年起步时更富裕一点，他可能有两套内环三房，可能不仅有 3 套“老破小”，还有 5 套、6 套……但是，你仔细观察，他们都是“连”在一起的，是限死在一定框架里的。具体来说是：

（1）无意识地杂散买入，东一榔头西一棒槌。

（2）以自住为主，资产中超过 70% 的金额是自住的。

（3）基本上都是在 2011 年限购之前买的。

几乎所有的房子，都是当年自己住过的，“自住兼投资”。纯粹投资买来空关甚至赌博性买入，买房买上瘾，这些是想也不用想的，这就决定了他的规模不会太大。这样的富裕家庭，他们幸运地拥有了大大小小 6 套房价值 2500 万元，但是距离 5000 万元还有很长一段距离。他们可能比 2500 万元更多，上限可能到 8～9 套，但也就这样了。要翻倍，要超过 5000 万元几乎是不可能的，我们说“第一套”是个槛，这个槛直接通到 1～5 套。如果你纯粹是玩票性质，没有系统的规划和筹划，那么你基本上就处于初级阶段：1～6 套。这个阶段没有什么专业知识，没什么技术难度，没有什么腾挪，当然也就没有无穷无尽的痛苦和折磨。这个阶段所需要的，仅仅是一点点运气和勇气。咬咬牙，跨出第一步，哇！这样就赚了 1000 万元。

浦东退一环。四号线以内算内环，罗山路算中环。

凡是说“北美”的肯定是加拿大人。凡是说 985 的肯定不是北、清、复、交。凡是说在 BAT 工作的，必定是百度员工，阿里和腾讯是不会自报 BAT 的。

凡是说“家住内环”的，肯定是浦东内环。

长线负债率

贷七成

人的一生中，大约只有一次机会，负债率可以到 70%，这一次机会，说的就是你现在买房。譬如，你买一套 100 万元的房子，首付 30 万元，贷款 70 万元，负债率 = 负债 / 总资产 ×100%=70%。这个就是极限了，往前 30 年，往后 30 年，再也不可能达到。为了达到这个 70% 的负债率，你还需要一些额外条件：

（1）按照上限贷款的，很多人买房时其实贷款完全不贷足。

（2）没有其他任何资产，而一般人总还有一点储蓄、股票、基金。此外，契税和装修费其实也是“资产”。所以总负债率是到不了 70% 的。

（3）仅限于“刚买房”第一天。

关于第（3）点，让我们看一个展开说明。假如你 5 年前买了 100 万元的房子，首付 30 万元，贷款 70 万元，那么仅有交易中心过户那一天，你是身负 70% 负债率的。此后，房屋是不断在升值的。在 M2 增长的大环境下，任何物资价格都在上涨。而你的贷款在不断归还。假设等额本息贷款还剩下 66 万元，则 5 年之后你的负债率是 66/300 × 100%=22%。

长线负债率

现在我们要问一个问题："在专业人士的眼里，楼市实际可以达到的杠杆率是多少？"

关于这个问题，没有规范的答案。我只能给出一个基于经验和实战经历的答案：长线负债率在 22% 左右。这句话什么意思呢？让我们从另外一个角度来考虑问题。很多小编一张嘴："楼市充满了炒作和泡沫，房地产投资者都是 90% 的负债率。" 90% 这种事我早就不提了，连 50% 都不提了。为什么？因为 50% 负债率就意味着负债 : 净资产 =1 : 1。假设你有 5000 万元净资产，5000 万元净资产在多军内部不算太有钱的特例，则你的负债也要有 5000 万元，这是什么概念呢？大概是月供 50 万元。有 5000 万元净资产的人很多，但他们一般都对应 1100 万元多一点的负债额，月供在 12 万元左右。同样道理，如果你的负债率是 33%，则意味着净资产 : 负债 =2 : 1；负债率 25%，意味着净资产 : 负债 =3 : 1；负债率 20%，意味着净资产 : 负债 =4 : 1。就连 20% 也是千难万难，绝大多数的多军负债率在 9% 以下。

负债率不变

仅仅是保持着负债率不变，就是一件异常困难的事。假如你从 A6 至 A7、A8、A9 升级的过程中，始终负债率不变，会发生什么情况？答案是贷款必须和净资产一样速度增长。而净资产的增长，是非常非常迅速的。在最初的几年，净资产很有可能是以 5 倍、10 倍的速度增长。相应地，贷款几乎没有增长的方法。当你躺在家里睡大觉时，你的房产或许又升值了 100 万元，可是贷款是需要你一笔笔去办的，需要你一笔笔去申请的。

攒几百万贷款和攒几百万首付一样困难。

贷款赶上增长的速度和打工赶上房价增长的速度一样困难。

如果你想促使你的负债增长，基本上只有四种方法：

（1）新买房子，按揭贷款 70%；

（2）抵押贷款；

（3）刷信用卡；

（4）私人借款。

我们看一下，按揭贷款的借贷率是 70%，但是按揭严格地受限贷限制，基本上，每个身份证就只有一次机会。而抵押贷款理论上是可以贷七成，但在实际操作中，银行的普遍一种实践就是估不足价钱。比如，你一套 1000 万元的房子，银行估价一般就是 700 万元，然后在 700 万元的基础上再借给你 490 万元。这种事习以为常，因此我们做预算的时候，通常抵押就是 5 成，预计 5 成，计划 5 成，接受 5 成。

在小学数学教育中，有一道题：你拿一杯 50% 盐含量的水去兑另一杯 10% 盐含量的水，请问盐浓度上限是多少？毫无疑问，上限就是 50%。所以，抵押贷款你申请得再多，无非“盐水兑水”，再怎么办也不能令你的负债率超过 50% 的。而从另一个角度，因为房价是不断上涨的，假设在一个“年涨幅 20%”的环境中，你的负债率会不停地被稀释。

如表 4-1 所示，大约只要三年的时间，你的负债率就会由 50% 急剧下跌到 26% 左右，此后再逐渐走平。而如果你想在不到三年的时间内再次把你所有的房产新捋一遍，其人力和交易成本又是不可接受的。

表 4–1

单位：万元

	第一年	第二年	第三年	第四年	第五年	第六年	第七年	第八年
房价	100	120	150	180	210	250	300	360
贷款	50	49	48	47	46	45	44	43
负债率	50%	41%	32%	26%	22%	18%	15%	12%

平均贷款年限

你的平均贷款年限是多少？这是一个很重要的数据。许多人甚至从未意识到。对于许多普通人来说，大致心里有概念，26～27 年的样子，而我们给出的答案是 8 年。

顺便普及一下算法：假设你有 N 套房子，首先，把你名下所有的负债加起来，算一下总额；其次，把你所有月供加总额，公式是：NPER（4.9%/12，总月供，总负债）。如果我们的猜测没错的话，这个数字是 96（月）。为什么？还是那个“盐水兑水”的问题。按揭贷款是非常偶然的特例，一辈子只有一次的事，“30 年期，七折，七成”绝对是政府的福利。

而真实的情况是，绝大多数时间你只能获得“5 成，1.2 倍，10 年期”的上浮抵押贷款。根据“盐水兑水”的原理，一方面，你的平均贷款年限上限就不可能超过 10 年；而另一方面，你又不可能刚刚办好抵押贷款。假如你手里有 N 套房子，并且呈一个梯次运作的话，则你手中 5 套房子，剩余贷款年限很有可能是 10、9、8、7、6 年。这样平均下来就是 8 年。

财务的分析

长期负债率告诉我们几个道理。首先，一些小编天天倡导的“房地产泡沫”“房贷泡沫”是根本就不成立的。“增加贷款”此事千辛万苦。严格地说，没有任何现成通道可以增加贷款，而让贷款和房价保持同步增长，更是一件不可能完成的事情。一个人一辈子只有一次机会，能够达到负债率 70%。而这个负债率 70% 恰恰不是在多军手中完成的。

其次，“第一个 1000 万元”最容易赚，第二个、第三个，就难赚得多，新人和资深投资者的相对距离拉近是很容易的。

最后，我们算一算多军保持队伍有多不容易。“保持队伍”的定义，是随着社会财富的不断增长，维持着阶层等级不下降，社会精英位置不退后。

这个速度是多少呢？答案是 24%。我曾说过是 25% ～30%，但是这个 25% ～30% 的财富增长率，你必须在 22% 的极低杠杆率之下取得。许多人都有财富幻觉，他们刚结婚的几年，财富翻倍非常快，动辄 50 万元变成 500 万元。但其实这是建立在一生一次 70% 负债杠杆率之下的，在贷款七成的情况下，楼价翻一倍，你就翻了 400%。但是，如果你的长线杠杆率只有 22%，再要获得如此回报，就殊为不易。

假设：

资产 1000 万元

负债 220 万元

净资产 780 万元

一年后：

房价 1200 万元

负债 220 万元

净资产 980 万元，+25%

可见，你所处的城市大势必须做到 20% 的增长，这样你在微弱杠杆的情况下，才能勉强做到 25% 的复合增长。而这个增长，还要求你把全仓都押在房产上，并且克服利息和房租之间的差额。然后你还要干活，每年新增 25% 的借款，这是非常难做到的事情。

准备借钱

职业房地产投资者 80% 的时间在干什么？

首先回答一个问题：我们后文会提到长线负债率，为什么 22% 就是上限？我们来算一道数学题。假设你把负债提高一倍。假设一个亿元富人，他有 10000 万元资产，负债率 22%。

总资产 10000 万元；

负债 2200 万元；

净资产 7800 万元。

如果我现在很努力，利用各种各样的方法，尽全力实行“贷款倍增计划”[①]，设法把负债增加一倍，达到 4400 万元，会发生什么情况？“有借必有贷，借贷必平衡。”如果你负债端增加了 2200 万元，那么你的资产端呢？或者说，你烧掉了 2200 万元，可是钱呢？钱去哪里了？

---

① 《贷款倍增计划》，http://www.shuiku.net/forum.php?mod=viewthread&tid=14903

你去澳门赌场赌输掉了，花天酒地花掉了，投资买了别的资产，如果一年之后结账，发现账户负债多了 2200 万元，那么这 2200 万元是用于消费 / 赌钱的概率，几乎为零。“借贷必平衡”，最大的可能性，是你又增加了 2200 万元资产。所以，你对应的是 4400 万元负债 /12200 万元资产。负债率为 4400/12200 × 100% ≈ 36%。且慢，负债增加一倍，绝对不是一夜之间可以完成的。一笔贷款的流程，可能就要三四个月，所以贷款增加一倍，你至少需要一年时间。而一年时间，楼价又升了 20%。等你做完了之后，房价又涨了。你的资产不再是 12200 万元，而是 12200 × 120%=14640 万元，负债率为 4400/14640 × 100% ≈ 30%。此外，你的贷款总是在不停地归还中，本金始终在缩水，所以最终数字是 29% 左右。

这告诉我们的是，哪怕你竭尽全力，而且彻底做零首付，一年之内把贷款规模翻番，你的负债率，也不过从 22% 升到了 29%。而第二年呢，它又降下来了。在真实的实战之中，贷款增加一倍是根本不可能的。因为你的十几笔贷款，是经年累月积累下来的，是当年偶然的情况下才贷得出的。现在让你再贷一遍，你都贷不足，更何况还要期待翻番呢？而真实世界，零首付也是不可能的。要搞这些贷款，资产只会增加得更多。结论就是：

如果你是一个本本分分的人，钱不是去赌博输掉，不是花天酒地，纯粹地要靠投资运作，那么 22% 的负债率已经绝望了，30% 的负债率这辈子无望。

言归正传，讲回本章的主题：“若想要保持负债率不变，则贷款需要和房价一样迅速增长。”只有知道了这个概念，才理清楚了你今后行动的主线。

职业房地产投资者的主要工作是什么？底层的看法，以为楼市和股票一样，是要翻来覆去“炒”的。好像职业房地产投资者天天都泡在交易所，每个月买卖几十套，并且联手对敲价格之类的。而第二层的看法，则是认为房地产投资者以“笋盘”为主。持这种看法的人认为，房地产投资者就是骑着一辆小自行车，天天在大街小巷串来串去，每个月看几千套房源，对整个地块了如指掌，一旦有笋盘便宜货冒出来，第一个就扑上去。

事情的真相是，真正的职业房地产投资者，80% 的时间，在搞钱！嗯，差不多就是 80% 的时间，以及 80% 的精力、心力、资源、关系，还有 5% 的时间在交易，15% 的时间在看房。你要说什么扫街、挖笋，职业房地产投资者是有，但不是重点。为什么是这种状态？因为市场上不缺单子，以至于我们随随便便拉一个单子出来，就能做到单利 100%。而限制你的瓶颈是什么呢？答案是没钱，没钱，没钱。行情如此好，在上海，楼市从 80000 元 / 平方米走向 250000 元 / 平方米的过程中，任何一套房子买进就是赚。所谓“木桶短板”理论，整个系统中最短的一块板，是融资钱不够。

多军的特征，是持久的“贫穷”。融资钱不够的原因，主要是现金的回报高，单利 100%。同时，它又是单利，不是复利。因为一些原因的阻隔，你不舍得把房子卖了，套现就有 25% 的亏损税，这就导致你永远没有现金。

跪着借钱

职业房地产投资者 80% 的时间和工作，是“去搞钱”，都放在资金运作上。融资，主要有三条渠道：

（1）信用卡；

（2）银行贷款；

（3）私人借贷。

最后一个问题是，“这样做是否值得”。我们的回答是，看清楚了，完全不值得。可以见表 4-2。

表 4-2

单位：万元

负债率	0	10%	22%
资产	100	100	100
负债	0	10	22
净资产	100	90	78

表 4-3 显示的是一年后，“完全没有负债”“负债 10%”“负债 22%”三种情况下，财富的增长速度。假如楼盘升值 20% 的话，一年之后，他们的净资产增长分别是 20%、21.7%、24.2%，复利。仔细看这个结果，发现差别并不大。如果使劲地维持着 22% 的负债率，年复一年，使得负债跟随着房价的速度在上涨。而你的回报呢？微不足道，大致也就是 20% 和 24% 的区别。其差别，仅仅是 4 个百分点。每年 4% 的复利看似很多，但如果放 10 年，我也就比你多 50% 净资产。和这个过程中遭遇的苦难相比，幸福回报几乎微不足道。因为资产规模非常庞大之后，贷款没办法也变得很大。如果仅仅是 22% 的杠杆率，那和 0 也没什么区别。

表 4-3

单位：万元

（一年后）	0	10%	22%
资产	120	120	120
负债	0	10.5	23.1
净资产	120	109.5	96.9
净资产增长率	20%	21.7%	24.2%

值得吗？亿元富人真的差这几百万吗？设想一下，假设你是一个亿元富人，在某个机会，你抵押出了 400 万元，去买一套笋盘，抵押再加七成按揭。

这套单子可以算做得非常完美，一段时间之后，400 万元就变成了 800 万元，你净赚 400 万元。一枪头猛赚 400 万元，是值得吹嘘的大话题。可是，然后呢？如果你是一个拥有 10000 万元的人，再多 400 万元，相当于 10400 万元，那又怎样？净赚 400 万元这种事味同嚼蜡，真的一点意义也没有。努力维持着 22% 的负债率，空手套白狼去赚 400 万元，得不偿失！

贷款的外围世界

下面介绍一些贷款的杂七杂八知识。

叠加贷

举这样一个例子：一套房子，按政策是可以贷350万元的。但是因为业务员的疏忽，结果只贷了250万元。而此后，因为一系列原因，又不能改网签合同，足足少了100万元“8折30年”贷款。但是，它还有补救办法，就是所谓的“5+2”贷款。5+2，或者4+3贷款，指的是你按揭贷款没满七成，则同一家银行可以在限额内给你再叠一笔消费贷款，把你的总额度撑到70%。虽然消费贷款贵一点，条款苛刻一点，但总比不贷好。

二套叠加贷

叠加贷款真正的威力、内部用法，其实在于“二套”，也就是“第二套房”贷款。众所周知，国家对于二套房贷管得是比较严格的。而在实际操作中，真正的业内人士，做的都是“二套叠加贷”。

好比某市二套首付六成，贷款四成，则银行给你“4+3”，贷 40% 按揭 +30% 消费贷。某市最苛刻二套首付七成，贷款仅三成，则银行给你“3+4”，贷 30% 按揭 +40% 消费贷。消费贷要比纯粹的按揭贷款更高一点，但是，贷与不贷，这是天壤之别。贷款的费用和利率更高一点，其实我们完全不敏感。

“叠加贷”有一个致命的缺陷：它的上限，就是成交金额的 70%，即你上一次买卖过户的价格的 70%。而我们知道，截断与再抵押，截断、抵押、对敲之所以重要，是因为它们可以随着房价的上涨，而不停地加按揭。像“叠加贷”这种产品，当年 100 万买的房子，贷款上限就是 70 万，过了三年，上限还是 70 万。除非你网签写错，否则基本不会用到。

2008 年房地产调控，其中两条“二套”政策，一则二套首付 70%，二则利率上浮 10%。请问，有没有办法使得“二套”贷满七成，而且利率不上浮？答案是有的。贷满七成的主要方法，是叠加贷，即“4+3”。而利率不上浮的主要方法，是固定利率贷款。金融业最讲究的是风险收益匹配原则，高风险高收益，低风险低收益。有两套房子的人，第一套升值翻番的人，只会更安全。

接力贷

接力贷的意思，就是主贷人没有任何贷款记录，符合首套七成八折优惠条件。而主贷人不需要还款能力，由辅助贷款人提供担保、连带还款。因此，接力贷是大杀器。京沪本地居民，仅仅靠接力贷，就能获得六张首房首贷的房票，一般家庭够用了。接力贷的规则如下：

（1）大多数银行要求主贷人的年龄小于 65 岁。

（2）接力贷不上征信，但是同一家银行系统会看到。

（3）最长 30 年。

（4）几乎没有费用。

2016 年 11 月，上海已经叫停了接力贷与合力贷。

内房贷

内房贷的意思，是指在香港的银行办理房贷，购买内地的房子。因为全部的流程手续从香港走，所以不受内地“二套”贷款的限制。同时，因为购买的是内地的房产，也不用受香港金管局的限制，利率可以低到 1.75%，贷 30 年，无限套。“内房贷”是近年才有的事。随着内地一系列新的“粤港”合作文件签订，“内房贷”将迎来很长一个发展时期。“内房贷”目前主要的瓶颈就是业务刚刚开始，银行开展该业务还不是很成熟。目前，“内房贷”能接受的楼盘，对于城市而言，已知可做的只有深圳、北京、上海。

补充说明一句，“内房贷”不是所有人都可以申请，仅面对香港市民。

外保内贷

“外保内贷”具体的做法，是在香港用一笔资产抵押，然后获得人民币。譬如说，某人用 80 万股汇丰银行（0005.HK）股票抵押，获取 1700 万元，买了一套嘉里华庭，借款利率仅 1.7%。因为多军一般都没什么资产，所以外保内贷意义也不大。

无抵押贷款

许多银行，像宁波银行、南京银行、上海农商，都有无抵押贷款。无抵押的意思和信用卡比较接近。借款人不用拿出任何抵押物，仅以个人信用担保，因此，银行的风险比较大。无抵押贷款的好处是，它的额度通常比较高，常见的是 30 万～50 万元单笔，而信用卡则是 3 万～5 万元 / 张。

市面上的无抵押贷款主要有两种：一种是 6%～7% 利率水平的；一种是 13%～14% 利率水平的。

市面上所有能接触到的无抵押产品，几乎都是 13%～14% 利率一档的。如浦发“万用金”，宁波银行 1.35% 取现，招商银行 1.5% 延迟一个月还款，等等。真正的 6%～7% 低成本资金，只有三四个。其中，6%～7% 的产品，只接受体制内的人员。哦，补充一下，无抵押贷款分三类：一类 6%～7%，一类 13%～14%，还有一类 27%～28%，而超过 18% 的利率，就不如直接用信用卡了。

贷款中介

办贷款最好的方法是什么？答案是找中介。几乎 99% 的人都知道房产中介，可是几乎只有 1% 的人知道贷款中介。贷款为什么需要中介？我们为什么需要贷款中介？对于职业多军而言，任何一张单子都是辛苦的，任何一张单子都是麻烦的，因此，我们需要贷款中介。贷款中介的作用，主要有两个：①进行财务筹划；②选择银行。

贷款中介的作用，是根据客户的需求，帮你设计出一套贷款方案。先帮你从整体框架上设计出一套方案，该如何进三退一，办卡申请卡，最终迈过限购限贷一道道门槛。而此后，贷款中介还要做第二件事：选择银行。每一个贷款中介，可能有十个熟稔的合作伙伴，只有他们才会有第一手信息。他会告诉你，按照你这个单子，应该去哪家银行做。而贷款中介哪里找呢？一般都是去房产中介店里找。每一个房产中介，都会有长期合作的贷款中介。一个优质的贷款中介是非常非常重要的，甚至比房产中介更重要。

资金的分层

借银行

借款融资主要有三种渠道：信用卡、银行贷款、私人借贷。其中：

信用卡，提供了一个初期虚空借力的方式。

银行贷款，90% 的主流。

私人借贷，抹平波峰。

很多人对于银行贷款的看法十分浅陋，还停留在“售楼处首付三成，贷款七成”的水平上。就目前的上海市场而论，售楼处平均卖掉 100 亿元房产，贷款 22 亿元左右。对于银行贷款这一渠道，当然不是讨论贷不贷、贷几成。事实上，我们的回答极为清晰，两个字：尽贷。对于 4.9% 的利率，有多少贷多少，全力往上限贷款。

不过，普通的贷款是 4.9%，但是银行还要收手续费，请问你贷不贷？在这样的情况下，你贷款的实际成本就会增加。真实利率不是 4.9%，而有可能是 6%、8%、10%。

资金的分层

基本利率 4.9%，是一条分水岭。

在 0～4.9% 的阶段，是储蓄段，是资金的提供方。

在 4.9%～36% 的阶段，是借贷段，是资金的借入方。

但是，任何一个人的资金都是有限的，一般来说，我们引入一个分层的概念。

0～2% 的资金成本，主要是活期和闲置资金。

3%～4% 的资金成本，主要是定期和理财产品。

这句话是什么意思呢？意思是你踏上了房地产投资这条不归路，从此，现金是"路人"。那么，你第一步打掉的子弹，肯定是自有资金，肯定是把自己历年的储蓄、积蓄、角角落落的公积金，这些最容易的子弹打掉。可是，之后就有问题了。因为你很快发现，房价非常非常贵，哪怕买半套房子，首付都攒了十几年，普通人可能也就 80 万～200 万元的现金。如何实现一年买两套呢？如何像下蛋一样不停地买呢？答案毫不出奇，就一个字：借。因为个人原始积累永远都是慢的，天下大势，就是一个"借"字，所以你还要启动四级、五级资金。

4%～5% 的资金成本，信用卡。

5%～6% 的资金成本，满地打滚向亲友借款。

6%～7%，抵押贷款，白领通。

7%～8%，截断。

8%～9%，高评。

9% ～11%，买卖。

11%～12%，信用卡分期。

12%～15%，临时拆借。

14%～18%，无抵押信用贷。

18%～36%，社会借款。

注意，以上的每个步骤，尤其后两个部分，如果违法，千万不要做。投资是为了赚钱，而赚钱的前提是遵纪守法，只要是违法的事情，碰也不要碰。

当资金超过 4.9% 的利率，你就进入分水岭。此后的资金，全部是借来的，你等于用借来的钱在做投资。

资金分层的意义

我们为什么要说资金的分层呢？其中牵涉到一个回报率的问题。我们非常关注成本和收益两个端。

一方面，是你融资的成本、利率多少；另一方面，是你投资的回报。

在上面，我们划分了 A、B、C、D、E、F、G 类资金，分别对应的资金利率为 1%、2%、3%、5%、7%、8%、10%、12%。和很多人理解的不同，资金的可获取性，并不是每一级都是一样的。如图 4–1 所示。

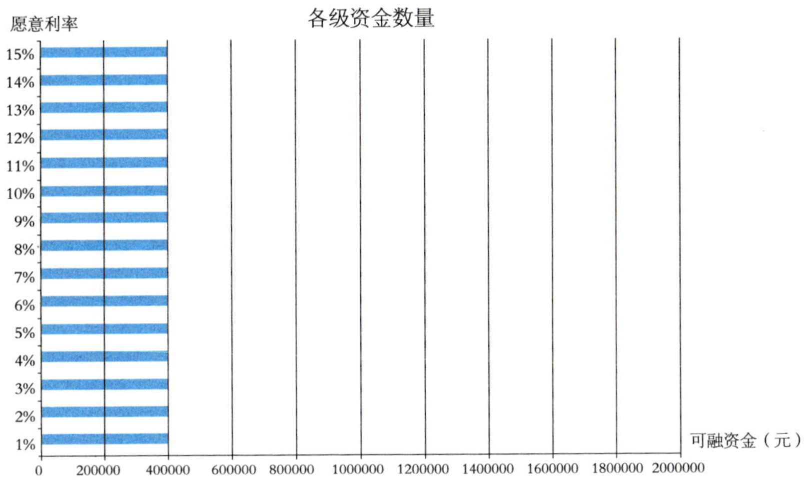

图 4–1

这种单细胞大脑印象中的资金分布，在现实生活中永远也不会发生，图形永远不会是圆柱形。每上一级利率成本 +1%，可融资金绝不会都是 40 万元。在实战中，更有可能的情况如图 4–2 所示（数据纯随机，无意义，纯示意）。

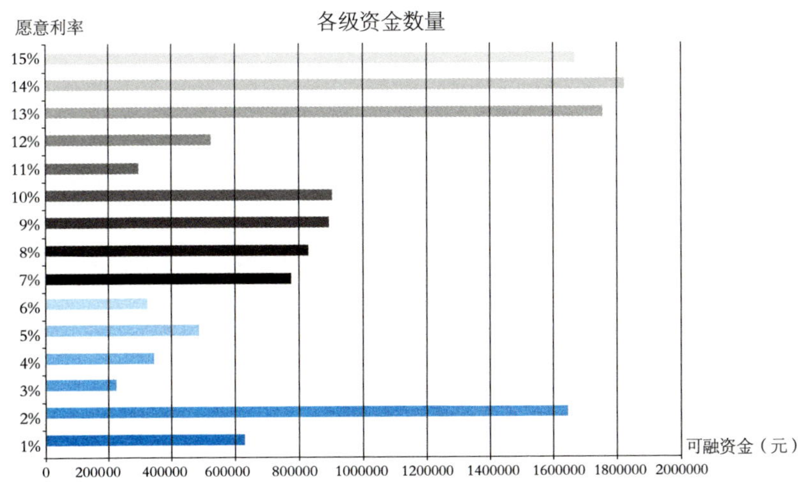

图 4–2

在图 4-2 中，每一级的资金数量是不一样的，有凸起，有洪峰。所以，这时候你用到哪一级的资金，就有很大的讲究了。譬如说，你买一套 500 万元的房子，只需要用到三级资金，最高资金成本控制在 5% 就可以了。但是，你买一套 800 万元的房子，就要额外动用到八级资金。最终几笔钱的成本高到 10%。

如果你看一个典型的多军，那可真的是“家无隔夜粮”。我们的一级资金、二级资金、三级资金，早早地就已经消耗完，多军目前普遍消耗的是 8% ~ 10% 的资金成本。意思并不是我们的低成本资金不厚，并不是起家底蕴不厚。而“扩张之路”什么时候达到尽头呢？尽头是，资金成本 = 投资收益，或者说，边际成本等于边际收益。每个人都有自己的全方位资源，资源指的是资金、人脉、亲属、同学、商业机会……是全方位的，而不仅仅是金钱，金钱仅仅是一种最狭义的资源。日本文学里，有一股精神是贯穿始终的：“将所有的资源整合，将所有的潜力挖掘到极致。”

社交的意义

社交有什么用？如果你是这种人：

一下班就回家；

公司里只有仇人，没有朋友；

同乡、同学之间从来不联系，不热络，形同陌路；

不参加网络社团，没有户外爱好，整天宅在家里面。

则你的各项指标值，是非常短的，类似于图 4-3 所示。

很多人，你让他们凑钱，他们是真的凑不出钱。哪怕你把融资利率提高到 10%、12%、15%，每一格也就多凑几万元。而一个富有的人，他的人脉是什么样子的呢？

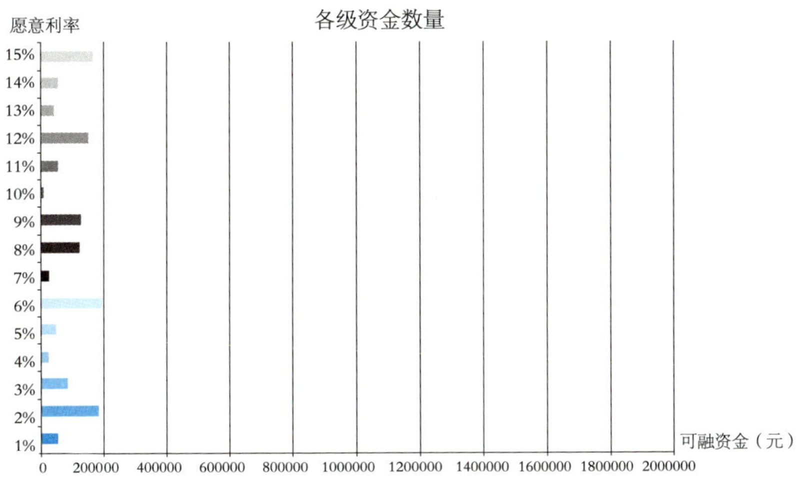

图 4-3

图 4-4 中的蓝色柱线，意味着人脉加成，每一档容量都接了长长的一段。当你需要融资时，登高一呼，你就能从朋友手中借到不可思议的资金。一个人花许多时间在“务虚”上面，构建他在社会关系网中的位置，结识更多的人，小心翼翼维护自己完美的声誉，这一切，都是在增强你的实力。

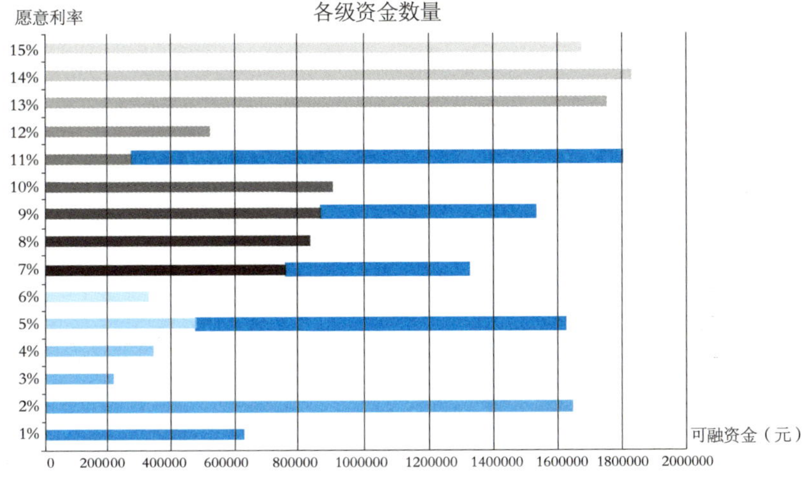

图 4-4

资金分层的另一个含义，则是资金的替代效应。通俗点说，不停地用低成本资金，替换掉高成本资金。好比现在市面上，御用中介紧急打电话给你，出来一套笋盘，下午 5 点之前要付 100 万元，锁死房源，一周之内补齐 200 万元，然后慢慢交易。你可能并没有那么多的自有资金，许多都是向朋友借的。借得急了，利率会直线上飙，一路突破 10%、12%。可是人的“回血”速度是很快的。反正过了半年、一年，每个家庭又会攒几十万元。当你手中有钱时，怎样还款，其中就有了讲究。毫无疑问，肯定是先还利率最高的。也就是说，那些 10% ~ 12% 的债务，是最先被偿还的，9% 其次，7% 再其次。越是利率高的债务，越优先偿还，所以高息债务一般都是很短命的。短则一两月，最长也不超过三年。这段话的意思是，在做决策时不妨进取一点。

另一种策略，是定期加按揭。因为加按揭有一定的时间限制，就像献血一样。人一次最多只能献血 400 毫升，你不能反复抽，得休养生息缓几个月再抽。一般加按揭需要二至三年一次。在这段时间内，你慢慢让债务滋养。最后一次性用 6% 的银行贷款替换掉所有债务整合。

2017，保汇率还是保资产

泡沫

有一天，我在和老婆吃饭的时候，她突然忧心忡忡地说："明年人民币会不会贬到 10：1 ？"再看看平时她转发给我的微信文章，无非是《深度好文・该持有资产还是货币》《是中国人就转・2017 大败局》。我细细地夹了一口北京大白菜，慢慢嚼了，回答说："当然是以上全错。"

众所周知，目前中国 M2 的增长速度非常快，2015 年中国新增的 M2，大概相当于全世界剩下的"外国"。而且我告诉你，这个 M2 还是低估的。如图 4–5 所示。

（2015 年新增 M2，$bn）

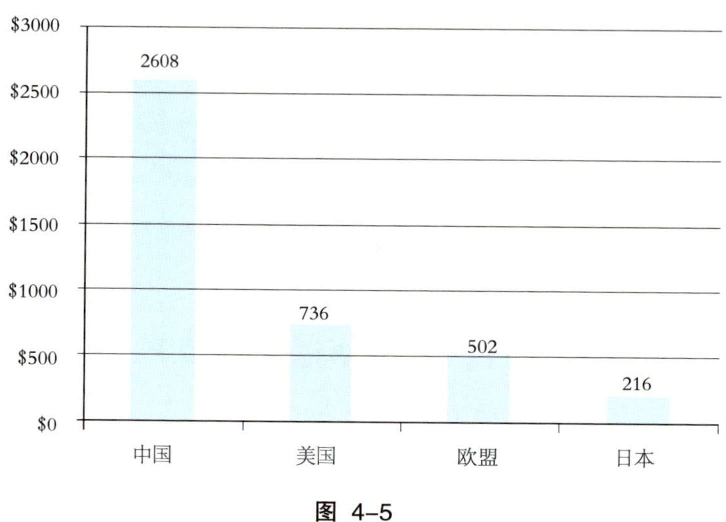

图 4–5

曾有笑话说，按这个趋势，“如果不贬值的话，你可以买下全世界”。譬如，上海中兴路一块地皮拍卖，就是 100 多亿元，东北振兴，需要 1.6 万亿元。东三省的工业能量、人口、钢铁业总产出，和整个俄罗斯差不多。京、沪一套普通民居，资产动辄人民币 1000 万元。这个数字，哪怕到了欧洲、美国、日本的主流社会，也是属于绝对的富裕阶层。但是要对中国“货币狂潮”进行分析，毫无疑问，目前互联网上不少媒体的评析，就是一句话：“以上全错。”为什么？因为他们缺乏最基本的架构知识。象牙塔里的书呆子，不知道实际社会是怎样运行的。

当我们拿到一篇宏观经济分析报告，讲美联储加息预期，讲投资和进出口数据，讲欧洲和日本 GDP 展望，讲消费周期的起伏，讲去库存和 CPI 指数，这些都是好的。但是要拿这些报告去支持决策，是要输到倾家荡产的。实战社会，我们要用“显微镜”去看。在显微镜下，生物反应的效用并不相同。

保汇率还是保资产这件事，是要严格区分贸易部门和非贸易部门的。

让我们回想一下 1985 年左右的日本。当时的日本非常强，甚至有人说日本是一部“出口机器”，只出口，不进口，创造了 1000 亿美元的日本顺差，引发了欧美内阁的极大恐慌。20 世纪 80 年代，几乎所有外交谈判都围绕着遏制日本顺差展开。当时的日本出口，围绕着 CD 机、Walkman、照相机和摄像机，主要是各类精密电子产品，物美价廉、小巧精致。当一个 400 元的游戏机极大地改变了你的人生的同时，日本企业还能维持相当高的毛利。但是如果你认为 1985 年的日本物价很便宜，那你就大错特错了。1985 年的日本物价不仅仅是贵，而且是大贵特贵，惊人的贵。你在日本国内生活，吃碗面就几百日元，是中国的 10 倍。葡萄是论个卖的，西瓜是论片卖的。至于找人服务按摩、用人、月嫂，那根本不用想了，天价，中产阶级根本消费不起。如果说食、行还算较贵的话，则 1985 年日本的住房更是疯狂的天价。一台打印机出口，如果值人民币 500 元的话，则一套日本住宅，可能要人民币 500 万元。一小段街区的总价值，就超过整整一个国家的打印机出口！

这意味着什么呢？意味着如果你把日本经济分为可贸易部门和不可贸易部门两个 category 的话，那么它们是背道而驰的。

日本出口，用于国际市场上倾销的产品，越来越便宜，顺差不断。

日本国内，国民自用的产品，越来越贵，价格天价泡沫。

这就是所谓的泡沫经济。一方面日本政府大肆印发纸钞，分给国民，使得日元站上“00 时代”；而另一方面，政府通过出口退税、出口补贴、工业区补贴等各种方式，维持日元国际汇率。这段时间，日本的国家报表非常好看，首相也很有面子。

因为汇率主要是看贸易，以可交易货物为准。从出口顺差上看，日元要涨。而 GDP 看总产出，如果合肥、武汉、郑州的房价也是 50000 元 / 平方米的话，那么国内 GDP 就大大地提高了。

（1）2016 年的 CNY/USD 下跌，很大程度上，我甚至都怀疑是监管层着急了，要以“出口导向型”拉动经济。纯粹从顺差的角度看，人民币没有任何下跌空间。

（2）以人民币计价的中国资产 > 以美元计价的中国资产 >0，只要贸易部门和非贸易部门的差异存在，房价就涨得比美元快。

结语

在显微镜下，保汇率和保资产并没有矛盾。上亿人口的大国，一般进出口总贸易额占 GDP 的 10% 左右。政府通过扶植出口、补贴出口、定向工业园区补贴等方法，要保住汇率，乃至创造大额顺差，并不是困难的事。最典型的如北欧诸国，其国民贫穷，社会凋敝，仅是中等发达国家。而通过刷汇率，北欧五国的人均 GDP 竟然是全球最高。滥发纸币会推高资产价格，但是保资产和保汇率之间，并没有直接联系。京、沪房价贵到农民工租不起房子，进一步导致制造业成本升高。这其中的逻辑，还有无数链条。**真正导致资产泡沫崩溃的，是中国人一窝蜂地拥出去抢购海外资产。**

资本外流一般都是千亿、万亿级别的，和贸易项目下数十亿、数百亿，完全不能相提并论。一旦一个国家开始资本外流，那才是真正守不住汇率，守不住资产。

贷款应该是收入的多少倍

这是一篇杂文，解释一下网友们的问题。

调查样本

读者们提出的问题有:“样本太小，不具备范例性”“安家网上都是有钱人，贷款负担自然轻了……”请看清楚，我们的论点是，“贷款收入比”最高只有8.56倍，绝大多数是4~5倍。这是和样本无关的，也和调查人群无关。这只和数学有关，只和数学函数有关。经过一系列的运算，100万元贷款每月按揭4865元，这样“贷款收入比”就最多只有8.56倍，绝不可能超出一点点。这个道理，就好像“四边形内角和360度”一样，根本不涉及四边形的形状，不涉及调查人群数量，不涉及调查人群有钱与否。

“贷款收入比”的意义

有读者质疑：你自己搞出来这么个“贷款收入比”指标，该指标有意义吗？答案是没有意义。我从来没有说，“贷款收入比”是一个非常重要、非常有分析意义的数据，“贷款收入比”是 8 倍就一定可以在 8 年内还清贷款。举出这个指标，只是一种数学游戏、一种脑力激荡，我从来没指出“贷款收入比”有任何意义。

在本篇中，我们有空，来具体说说“贷款收入比”的真实含义。“贷款收入比”本身不是一个直接的概念，比如我的“贷款收入比”是 8 倍，这并不意味着我可以在 8 年，甚至 16 年之内还清贷款。因为提前还贷，关键看积蓄。譬如，我贷的是 30 年期按揭贷款，每月还款占收入的 30%。但我挥霍奢侈，每个月将其他的 70% 全部花完，那我还是要 30 年才能还清贷款。而另外一个人，如果勤俭节约，每个月勒紧腰带提前还贷 5000 元，说不定他只要三五年就可以还清了。“贷款收入比”真正提供给我们的，是一种精神上的奋斗力。

关于结婚

读者又质疑我：“女性的收入通常是男性的 60% 左右，那么结婚后总收入根本达不到 2 倍，而是 1.6 倍。”相应地，“房贷 / 收入比”也不是从最高的 8.56 倍下降到 4～5 倍，而是只有 6～7 倍。我也可以问你：既然买房者有男有女，那么对于女性原有房奴呢？对于女性房奴，相当于收入从 0.6 增长到了 1.6，增长约 167%。如果原有买房者都是女人，那么还清贷款只要 2～3 年就够了。假设在所有买房人中，男性占 80%，女性占 20%，这应该是比较符合事实的。当然，你也可以按 70%/30% 重新计算一下。在 80%/20% 的情况下，结婚后“贷款收入比”为 80%×160%+20%×260%=1.8 倍，这和文中引用的数据 2 倍，是比较接近的。

婚后还款

现在我们再来回答网友提出的一个问题：列明数据计算。假设一个男人，年收入 12 万元，贷款 100 万元。月供 4865 元，正好是收入的 50%。而我的文中，假设他收入三年增长 40%，即每年增长 12%，则：

第一年：120000 元

第二年：134400 元

第三年：150528 元

第四年：168591 元

第五年：188822 元

第六年：211481 元

累计：973822 元

按最理想的情况，年年加薪，他六年的总收入也不过 973822 元。网友质疑，你要让他怎样还清 100 万元贷款？在我的原文中，有哪一句说明“单身汉”可以在六年内还清贷款了？单身汉的“贷款收入比”上限是 8.56 倍。而结了婚以后，该比例有望压缩到 4～5 倍，考虑到收入的增长，结婚夫妇才有可能在 6 年左右还清贷款。

在上一个例子中，如果考虑到妻子的收入和积蓄，按妻子 60% 计算，则：

第一年：120000 元　妻子 72000 元，开销 −60000 元

第二年：134400 元　妻子 80640 元，开销 −60000 元

第三年：150528 元　妻子 90317 元，开销 −60000 元

第四年：168591 元　妻子 101155 元，开销 -60000 元

第五年：188822 元　妻子 113293 元，开销 -60000 元

第六年：211481 元　妻子 126889 元，开销 -60000 元

累计：1198116 元

夫妻两个人一起还款，完全有可能在六年内还清贷款。考虑到妻子婚前积累的首付，速度还要更快一点。

年增长 12% 的基础

有一件事我没和各位说，只要你买了房，你的收入就会立即增长30%！为什么呢？首先，因为一旦你买了房，你就可以动用你的公积金，这部分法定为你工资的 7%，公司再缴 7%，合计是你工资的 14%。但鉴于上海有公积金上限规定，部分高收入人群达不到 14%。那我们打个折扣，按 10% 计算。也就是说，只要你买了房，你就可以用公积金。死钱变活钱，相当于收入增长 10%，而且是税后的。其次，因为你买了房子，你就会有“虚拟房租”。

房子本身，就会带给你源源不断的收益。买了房子，你可以出租给别人，获得租金收入；你也可以自己住，这样就省下了原有的租金开销。按经济学术语，也叫“虚拟租金”。一般以 100 万元贷款计算，按最苛刻的首付比例，买的是 140 万元的房子。按最差的租金收益率，140 万元也可以获得 28000 元 / 年的租金，折合每个月 2333 元，是你收入的 23.3%。只要你买房，你立即可以获得 10% 的公积金和 23% 的房租收入，相当于工资增长 33%。

贷款应该是收入的多少倍

答案是 20 倍。20 倍才是对你最有利的，财务最优化的结构。

这一节才是本篇的主题，才是本篇的精华。但是我们就不展开了，展开了，俺们靠什么吃饭呢？

我们需要多少年还清贷款

想写这个话题，有两个原因。其一，在安家论坛上，有人做了一项调查："你的贷款是工资的多少倍？"具体结果我们后面再说，但肯定让你跌破眼镜。其二，我曾提出一个事实，平均一套贷款的存续年期是6年。每到6年，人们就会将房产出售，或者提前还贷。这项数据受到很多网友质疑，其中较有力的一个论点是，该6年只对过去房价飞速发展有用，而将来未必成立。所以，我要告诉你，人们的主观直觉其实并不精确。"贷款工资比"是一个远远低于我们预期的数据。而你还清贷款，甚至更快！

"贷款工资比"

曾有人在网上提出了一项调查：为调查负债情况，询问众人的"贷款工资比"是多少。其具体的算法，是将你所有的银行贷款，除以你的税前总收入。在我们的想象中，既然大家都以"房奴"自居了，而且动辄贷款30年，那么大家的"贷款工资比"应该高得不得了。就算没有 30 年，26～27 年总该是有的。所以调查者最初的设想，设置了 0～5 年、5～10 年、10～20 年、20～30 年、30 年以上 5 档。然而，调查的结果，远远出乎所有人的意料：

0～5 年：78.4%

5～10 年：3.9%

10～20 年：3.9%

20～30 年：0

30 年以上：13.7%

其中，因为选择 0～5 年的人群多达八成，几乎使调查失去意义。所以有人建议，应该再细分一下，分成 0 年、1 年、2 年、3 年、4 年、5 年 6 档，才能更精确反映事实。只不过我们要问的是，如果贷款仅仅相当于你一年的收入，那还叫压力吗？民意总是裹挟着媒体，在媒体反复轰炸"房奴，按揭，省吃俭用"的宣传下，"贷款收入比"其实才仅 3～5 年的水平，不由使人慨叹：到底哪里算错了？

是算错了吗？当然不是。任何一个理性的人，用简单的数据推理，就会知道，"贷款收入比"本来就是一个伪概念，在任何情况下，这个数字都不可能超过 8.5 倍。所以，作者的选项设置 10～20 年、20～30 年，根本是毫无意义的。

月供计算

有一个非常简单的计算，在目前的利率下，每 100 万元贷款，月供大概是 4865 元。这意味着什么呢？意味着每 100 元的贷款，每个月还约 0.5%，每年还 6%，折合 17.2 倍。央行规定，个人贷款月供不得超过收入的 50%。所以，再打对折，"贷款收入比"最多也不会超过 8.6 倍，更精确的数字是 8.56

倍。而且，更为现实的是，很多人都是在婚前购买房屋的。当购房的时候，向银行申请的，仅仅是主贷人的收入！在结了婚以后，两个家庭合并为一体，相应地，收入也增加了一倍，而贷款并没有增加。在简单地估算了以后，我们可以得出，“贷款收入比”最大的上限，仅为 8.56 倍。而调查的最常见的大类值，应该出现在 4～5 年。

最后，我们解释一下：为什么还有 13.7% 的人，选择“大于 30 年”的选项？因为他们都是一些不领工资的人。譬如，某小长安老板、某蔬菜网站老板、某知名作家……对于他们，常常笑谑说“工资为 0”的，相应的“贷款收入比”也就是无限大。但这些人，一样也是没有任何财务压力的。

还清贷款

92.1% 的人，“贷款收入比”在 5 年以下。接下来我们来研究第二个问题：如果“房奴”们一心一意还款，需要多少年才能把贷款还清？一些房奴会哭天喊地：“贷款收入比是俺们没算仔细，被你诓进去了……可俺们真的很辛苦，很辛苦，苦不堪言。每月的收入还完贷款就只能吃糠喝稀。俺贷款虽然仅等于 5 年工资，可每月收入扣除按揭就没余粮了，还完贷款还得 30 年呢。”这是事实吗？和“贷款收入比”一样，这也不是事实。正常情况下，如果你踏踏实实工作，仅需要 6 年时间，就可以完全还清贷款。

我们举一个简单的例子：假设一个彻彻底底的房奴，他的月供已经达到了收入的 50% 法定上限。在剩下的 50% 余款中，我们假设日常开支是 40%，储蓄 10%。这已经是很宽松的比例了，毕竟家家都有余粮。好了，现在我告诉你，在未来三年中，你的收入会增长 40%！也就是完全把你的开支覆盖掉。三年后，你的每月积蓄就等于现在的每月收入。当家庭开支等于总收入 40% 的时候，你只要三年时间，就可以把这笔钱完全“增长”出来。然后你可以拿接近收入的 100% 用于房贷和提前还款。你需要还清贷款的时间，就是“贷款收入比”，也就是 4～5 年。再考虑到买房的第一年，或许还有装修、契税等杂费。部分小夫妻可能连首付还问亲朋借了一点。把期限稍微放松一点，我们需要多少年还清贷款？答案是 6 年。10 年之内，任何一个家庭都可以购买第二套房。

很多人会问：三年增长 40%，凭什么？为什么？你难道不知道现在就业形势有多难吗？我来回答你，三年增长 40%，这不是一种理论，也不是一种推理，而是一个事实。你回想一下，今天你用于房贷的费用，是否仅仅等于过去你三年所加薪的薪水。生活质量回到三年前又不是什么大不了的事。你扪心自问，周边的亲朋好友，他们三年内进步了多少？最后，你再扪心自问，看看买房人普遍 26～27 岁的年纪……26～27 岁是人生最明显的上升轨，如果在这个阶段你还达不到每年 12% 的加薪，回老家去吧！

房价并不高，房贷并不贵。关于房贷，我们只有一句话：“房贷这东西，只要你贷了，只要你认认真真对待它，你就可以在 6 年内还完。”

一些基础财务函数

1. 月供 PMT

如果问你等额本息月供应该是多少？可能你会打开所谓的“搜房网房贷计算器”。然而那并不能得到答案，计算月供的正确方式，应该是打开 Excel，输入：PMT（利率，期数，金额）。其中，第一个参数，指的是月利率，一般是 4.9%×90%/12。

国家基准利率 4.9%

9 折优惠

除 12 个月

第二个参数，指的是期数。

如果贷款 10 年，就输入 120；

贷款 20 年，输入 240；

贷款 30 年，输入 360。

最后一个参数，指的是贷款金额。

举例来说，贷款 100 万元，月供 =PMT（4.9%×90%/12，360，1000000）=5013.52 元。一般而言，我们有一个“速算数”。

30 年期是 5；

20 年期是 6.2；

10 年期是 10。

好比有人说，他月供 2 万元，那我们立刻可以推算出，他的贷款是 400 万元。因为每 10000 元月供 50 元，所以 2 万对应的就是 400 万元。同样道理，如果你从银行贷一笔 350 万元的抵押贷款，则你的月供就是 1.1%，即 38000 元左右。

实际支付利息

不管你用的是哪一种贷款方案，实际支付利息都是不变的。取出你的对账单，用贷款剩余金额乘以当前利率即可。

表 4–4

单位：元

贷款发放日			贷款到期日	贷款总期数	360
期数	还款日期	应还本金	应还利息	本息合计	执行利率（%）
83	2016/06/07	1373.29	1663.18	3036.47	3.43
84	2016/07/07	1377.22	1659.25	3036.47	3.43
85	2016/08/07	1381.15	1655.32	3036.47	3.43
86	2016/09/07	1385.10	1651.37	3036.47	3.43
87	2016/10/07	1389.06	1647.41	3036.47	3.43
88	2016/11/07	1393.03	1643.44	3036.47	3.43
89	2016/12/07	1397.01	1639.46	3036.47	3.43
90	2017/01/07	1401.01	1635.46	3036.47	3.43
91	2017/02/07	1405.01	1631.46	3036.47	3.43
92	2017/03/07	1409.03	1627.44	3036.47	3.43
93	2017/04/07	1413.05	1623.42	3036.47	3.43

续表

贷款发放日			贷款到期日	贷款总期数	360
期数	还款日期	应还本金	应还利息	本息合计	执行利率（%）
94	2017/05/07	1417.09	1619.38	3036.47	3.43
合计		16741.05	19696.59	36437.64	

例如，这个例子中（表 4–4）：581869.58 × 3.43%/12 ≈ 1663.18 元，完全符合。

（一）加权利率

假设一个人名下有很多笔贷款，则你应该列一个如表 4–5 所示的表格。

表 4–5

单位：元

类别	金额	利率	月利息
按揭贷款	581870	3.43%	1663.18
抵押贷款	3500000	5.88%	17150
信用卡	200000	4.20%	700
个人借款	300000	12%	3000
	4581870	5.9%	22513.18

可见，他为了 458 万元资金成本，每个月支付了 22513 元利息。因此，我们可以算出他的加权资金成本：22513.18 × 12/4581870 ≈ 5.90%。

总月供

总月供和总利息不是一回事。一般来说，月供要比利息高一倍不止。其中一半是利息，一半是本金。对于月供，银行借款，大家一般是没有歧义的，直接用 PMT 计算即可。信用卡融资，我们默认为不还本的。私人借款，介于不还本和还本之间，如表 4–5 所示。私人借款，我们默认为 12 个月后减少一半。可见，每月要筹措资金 57883 元，其中 22513 元是利息，30000 多元是本金，如表 4–6 所示。

表 4–6

单位：元

类别	金额	利率	月息	月供
按揭贷款	581870	3.43%	1663.18	3036.47
抵押贷款	3500000	5.88%	17150	38646.6
信用卡	200000	4.20%	700	700
个人借款	300000	12%	3000	15500
	4581870	5.90%	22513.18	57883.07

平均贷款年限

知道了平均利率、总月供，才可以计算平均贷款年限。公式是：NPER（利率，月供，借款金额）。如上例，其平均贷款年限是 NPER（5.90%/12，57883.07，4581870），答案是 67 个月，五年半多点。也就是这个人的财务结构，和我借你一笔 458 万元，67 个月，5.9% 的利率，等额本息贷款，二者是完全等价的。

基本上每一个多军，都应该先算一下自己的平均借款利率和总月供，然后再算算自己的平均借款年限，这是一个很重要的数字。如果不出意外，绝大多数的多军，该数字都应该在 8 附近。而且这个数字，还在以每年减 1 的速度飞快递减，也就是说，我们的贷款是高度劣质化的。

月供的难题

我们整天被月供折磨得死去活来。虽然多军的负债率普遍不超过 25%，可即使如此低的负债率，依然压迫得我们喘不过气来。其核心原因，并不是我们借得太多，而是还款年限太短。我一直渴望中国能推出西方国家类似的“合并账户借款”。

所谓“合并账户借款”，是指银行给你一个借款户口，然后把你所有债务合并起来——包括是银行房贷、消费抵押、信用卡，甚至个人借款。

银行给你批一笔 3000 万元的总贷款，其用途非常之明确，就是给你清贷款。直接划拨，打账到你指定的贷款账户，把你卡数全部清掉，整合成一笔 3000 万元的整数，借款 30 年，八折利率，每个月付一次按揭。这样的贷款，名义上没有任何变化，但实质却是天差地远。它其实是把你一篮子劣质化的贷款整合成了一笔“30 年八折”的优质按揭贷。对于这样的金融产品，简直做梦都要流口水，可惜国内还没有。

还清贷款

你需要多少年才可以彻底还清贷款？把 NPER 中的月供再加一点，譬如再加 2 万元、3 万元你的工薪收入，如 NPER（5.9%/12，57883+30000，4581870）=46.5，这样，你只需要 4 年不到就可以彻底还清债务。你可以自己尝试一下，在 NPER 函数中，通过输入 NPER（利率，总月供，总负债）、NPER（利率，总月供 +20000，总负债）、NPER（利率，总月供 +50000，总负债）来完成。

短期债务比例

信用卡和私人借款属于短期借款。短期借款比例越低越好，如本例中是 10.9%。一般要低于 10%，高于 20% 会出问题。你要尽量用中长期银行贷款”换掉短期借款，优化债务结构，并降低融资成本。一般每年融资成本降低

0.5% 是老派多军追求的目标。

IRR

IRR 是算不确定现金流的回报率。好比有一笔投资，第一个月赚 2 万元，第二个月亏 3 万元，第三个月赚 4 万元，第四个月亏 5 万元……IRR 最好的用处是：算保险费，揭穿保险公司的条款，非常有用。如表 4-7 所示。

例如，×× 保险的某种产品：

宝宝零岁起，
年投26100元，投10年（0~9岁）。

1.大学4年（19~22岁），每年领3万元教育金
2.到28岁，领取15万元婚嫁金
3.到40岁，领取20万元创业金
4.到60岁，领取80万元养老金
5.到80岁，领取200万元祝寿金
6.到81岁，原先投入的26.1万元全额归还

现金流出

年龄	现金流
刚出生	-2.61万元
1周岁	-2.61万元
2周岁	-2.61万元
3周岁	-2.61万元
4周岁	-2.61万元
5周岁	-2.61万元
6周岁	-2.61万元
7周岁	-2.61万元
8周岁	-2.61万元
9周岁	-2.61万元

现金流入

年龄	现金流
19周岁	+3万元
20周岁	+3万元
21周岁	+3万元
22周岁	+3万元
28周岁	+15万元
40周岁	+20万元
60周岁	+80万元
80周岁	+200万元
去世后	+26.1万元

表 4-7

人生三大关键，教育、工作、养老，全都给你想到了。你看，是不是一张保单保一生？而这样的保险产品，我们用 IRR 拉一下，回报大概是 4.82%。IRR 的用法如表 4–8 所示。

表 4–8

单位：万元

	现金入	现金出	总计
第0年	2.61		2.61
第1年	2.61		2.61
第2年	2.61		2.61
第3年	2.61		2.61
第4年	2.61		2.61
第5年	2.61		2.61
第6年	2.61		2.61
第7年	2.61		2.61
第8年	2.61		2.61
第9年	2.61		2.61
第10年			0
第11年			0
第12年			0
第13年			0
第14年			0
第15年			0
第16年			0
第17年			0
第18年		−3	−3
第19年		−3	−3
第20年		−3	−3

续表

	现金入	现金出	总计
第21年		−3	−3
第22年			0
第23年			0
第24年			0
第25年			0
第26年			0
第27年			0
第28年		−15	−15
第29年			0
第30年			0
第31年			0
第32年			0
第33年			0
第34年			0
第35年			0
第36年			0
第37年			0
第38年			0
第39年			0
第40年		−20	−20
第41年			0
第42年			0
第43年			0
第44年			0
第45年			0
第46年			0

续表

	现金入	现金出	总计
第47年			0
第48年			0
第49年			0
第50年			0
第51年			0
第52年			0
第53年			0
第54年			0
第55年			0
第56年			0
第57年			0
第58年			0
第59年			0
第60年		−80	−80
第61年			0
第62年			0
第63年			0
第64年			0
第65年			0
第66年			0
第67年			0
第68年			0
第69年			0
第70年			0
第71年			0
第72年			0

续表

	现金入	现金出	总计
第73年			0
第74年			0
第75年			0
第76年			0
第77年			0
第78年			0
第79年			0
第80年		−200	−200
第81年		−26.1	−26.1
IRR			4.88%

其中，每一行代表当年的“现金流”变化。但是每一行都要，哪怕空白，也不能漏掉。到了末尾，用 IRR（D1∶D80）拉一下，就有了结果。有几个朋友说，自从知道 IRR 后，世界开始变得明朗，立刻把身边的金融产品全部用 IRR 算了一遍，看看哪些是好东西，哪些是“西贝货（假货）”。

公积金的用法

公积金最好的用法，就是不要过度关注。公积金是一种更便宜的贷款。从2000—2011年，我们一直速算，公积金大概比商业贷款“低一码”，也就是0.25%左右。好比目前基准利率4.9%，但是有大量存量客户、上海本地居民拿的都是“七折贷款”。4.9%×70%=3.43%，这和公积金3.25%差得不远，优势仅有0.18%。从2012年开始，事情有所变化。因为当时的宏观调控，把利率从七折重新抬上去了，渐渐地恢复了八五折、九折的口径。但是原有的“七折客户”，又不能改合同，因此，利率出现了“双轨制”：七折用户为3.43%；九折用户为4.41%；公积金为3.25%。从这个角度讲，因为2016年新办的贷款，基本上都是“八八折”“九折”，所以还是要比公积金贵1.16%，算是个不小的数字。

2001年的时候，公积金是绝对的大头。当时，几乎所有的理财周刊传授的“买房10大技巧”，开篇第一句话，讲的必然是公积金。他们把公积金看得如此重要，以至于忘记了买房。不仅仅是学术界，民间也是如此。能借公积金的，就绝对不借房贷。最好是不贷款，实在不行，就仅仅贷一次公积金。

2001 年，全上海房贷公积金余额 400 多亿元，而商品房贷款仅有 300 亿元不到。当时，公积金单笔贷款的上限仅有 10 万元，补充公积金 3 万元。许多人就是为了用满这 10 万元，而只买一套 14 万～15 万元的小房子；为了符合公积金贷款条件，而推迟一两年买房；为了使用组合贷款，而使得整个流程很慢很慢。一辈子只贷过一次 10 万元公积金，就成了“认房又认贷”的第二套。许多年以后，他们才认识到，这是多么惨痛的错误！公积金最好的用法，就是根本不要去用它。为什么？因为这涉及几个麻烦，如金额太小，公积金可能反而更贵。

我们依次来讲这几个问题。首先，我们来回答“蚊子腿到底值多少钱”。别的理财网站，总是说公积金利率低，但是，到底低多少？定量计算，任何利率优惠，都可以折算成房价。以 100 万元 3.25% 公积金贷款为例：

PMT（3.25%/12，360，1000000）=4352.06 元，而对于普通商贷：PMT（3.43%/12，360，977670）=4352.06 元，PMT（4.41%/12，360，868066）=4352.06 元。

也就是说，97.76 万元七折房贷，等价于 100 万元公积金。你忙了老半天，其实也就省了 2.23 万元。前几年公积金还要收大几千担保费，那就更鸡肋了。对于九折商贷来说，100 万元公积金，等价于 86.80 万元商贷，相当于省了 13 万元左右。这还值得一做。值得注意的是，这 13 万元要靠 30 年才能赚回来。如果你 5 年截断的话，大概只赚了 1/3。

在某些情况下，公积金甚至比商贷更贵。这主要是因为公积金中心长期实施一条非常不合理的规定：5 年以上二手房，公积金贷款仅限 15 年，而不是 30 年。当然，2015 年改为 20 年以上楼龄，只能贷 15 年。6～19 年楼龄，贷 35～N 年。我们还是以 15 年为例（见表 4−9）。精算 15 年和 30 年的巨大差距，哪怕利率低一码，都无法弥补。

表 4-9

（100 万元贷款，公积金 15 年，商贷 30 年） **单位：元**

月份	公积金	七折	差额	九折	差额
1	7026.69	4451.46	2575.22	5013.52	2013.17
2	7026.69	4451.46	2575.22	5013.52	2013.17
3	7026.69	4451.46	2575.22	5013.52	2013.17
4	7026.69	4451.46	2575.22	5013.52	2013.17
178	7026.69	4451.46	2575.22	5013.52	2013.17
179	7026.69	4451.46	2575.22	5013.52	2013.17
180	7026.69	4451.46	2575.22	5013.52	2013.17
181		4451.46	−4451.46	5013.52	−5013.52
182		4451.46	−4451.46	5013.52	−5013.52
183		4451.46	−4451.46	5013.52	−5013.52
358		4451.46	−4451.46	5013.52	−5013.52
359		4451.46	−4451.46	5013.52	−5013.52
360		4451.46	−4451.46	5013.52	−5013.52
IRR			0.30%		0.51%
年化			3.72%		6.27%

这个结果是令我们震惊的。只要达到 3.72% 的理财收益，“七折 30 年”就比公积金更划算。只要达到 6.27% 的理财收益，“九折 30 年”就比公积金更划算。我们再来看一个表（见表 4-10），还是 15 年对比 30 年，只不过第 5 年“截断”掉了，房子卖了或者贷款再融资之类的。

表 4–10

单位：元

月份	公积金	剩余本金	七折	剩余本金	差额	九折	剩余本金	差额
1	7026.69		4451.46		2575.22	5013.52		2013.17
2	7026.69		4451.46		2575.22	5013.52		2013.17
3	7026.69		4451.46		2575.22	5013.52		2013.17
4	7026.69		4451.46		2575.22	5013.52		2013.17
57	7026.69		4451.46		2575.22	5013.52		2013.17
58	7026.69		4451.46		2575.22	5013.52		2013.17
59	7026.69		4451.46		2575.22	5013.52		2013.17
60	7026.69	719070.56	4451.46	895888.00	−174242.22	5013.52	910329.82	−189246.09
IRR					0.45%			1.46%
年化					5.51%			19.03%

在表 4–10 中，结论就稍有不同。七折贷款保本线是 5.51%，这还是一个很低的利率，说明商贷 30 年非常佳。但是“九折 30 年”就不行了，其“保本”利率要达到 19%，长期的力量无法释放出来。如果想好了 5 年就抛，“15 年公积金”还是比“30 年九折商贷”要优。

综合之前二论，我们得出结论：公积金可以小赚几万元，但不多；某些场合还不如纯商贷，为了公积金耽搁交易流程颇不值得，捡了芝麻，丢了西瓜。

纯公积金贷款，不检查二套。也就是你第一套纯商贷，碰也不要碰公积金。第二套做“纯公积金”，组合贷款不行。如果是纯公积金的话，则它可以把你当作首套处理。如果是“组合贷款”的话，就不享受这个优惠，因为公积金系统是“分立”的，甚至连“贷款审核部”都没有。

公积金贷款有且仅有两条准则：贷款不超过余额 40 倍，缴交年限满 12 个月。这两个条件都满足了，他们就一定贷给你。哪怕你征信一塌糊涂，失踪违约十七八次，行为也不符合国家政策，公积金中心不管这些。它是一个分立的系统，甚至往大处说，公积金是政府与国民的一个契约。你每月存 8% 的工资进去，就是为了买房子用的。现在公积金中心找借口刁难你，说你征信不足，不贷给你，这事在法理上讲不通。

言归正传，因为你第一套“纯商贷”，第二套“纯公积金”，则公积金中心一定会贷给你的，而且享受最优惠利率，最优惠条款，不上浮。唯一的缺点是，上海的公积金额度实在不高。

表 4–11 为 2016 年 1 月版调整前后住房公积金最高贷额度对比表。

表 4–11

单位：元

政策 \ 类别		首套住房或改善型第二套普通住房		改善型第二套非普通住房	
		个人额度	2人以上家庭额度	个人额度	2人以上家庭额度
调整前	公积金最高额度	30万	60万	20万	40万
	补充公积金最高额度	10万	20万	10万	20万
	合计	40万	80万	30万	60万
调整后	公积金最高额度	50万	100万	40万	80万
	补充公积金最高额度	10万	20万	10万	20万
	合计	60万	120万	50万	100万

按照这个标准，“纯公积金”实在买不了什么房子。或许，北京等城市公积金限额比较宽松。如果你公积金余额很高，高过了月供很多倍，我们给你的建议是，你最好的做法是提现。这是比“年冲”“月冲”更好的做法。

许多人不知道，公积金余额其实是可以提现的，提现条件：新房产证六个月之内，凭房产证提现；死亡；放弃国籍；满 60 岁退休。一本房产证，如果你没申请公积金贷款、组合贷款的话，你就可以申请全额提现。哪怕有商贷，一样可以把公积金全部都取出来。当你一次性把公积金由十几万清为零后，随着你的工资，它又在每月几千几千地增加。这笔钱也不要浪费，是可以冲还房贷的。具体的做法是，找到你在银行办房贷的信贷员，在银行的电脑系统中，输入操作你的公积金扣款账号。不上房产证者，不能提现，但可以扣。凭着你的贷款买房，就把全家人的死钱变成了活钱。

针刺效应

不动产

假设有一个项目，共有一个月的时间，需要你 20 天内决定是否参加，给你 5% 的回报，金额不限，请问你参加吗？答案是：不参加。为什么？因为我没法参加啊，我手里全部是房子。如果我想参加，我就得把房子卖了，然后尽快拿到钱，而且你还只有一个月的时间。一个月后，我手里又变成现金了，为了保值增值，我又得赶紧想办法，再把钱变回房子。可是，你知道房子一买一卖，其中的税费损失多大吗？

如果你赶着 20 天内拿到钱，那就得急卖。其中的压价效应有多惨你知道吗？所以我是没法卖的。别说你月 5% 的回报，哪怕月 10% 甚至月 15% 的回报，我也是无法参与的，这就是不动产的低流动性。

如果你要鉴别一个人有没有真实的富贵经历，你只要看他的谈吐。凡是说“2006 年抛房，2007 年买股，2008 年抛股，2009 年买房”，凡是用波段轮动，妄图抓住每一段热点的，必属屌丝无疑。还有更严重的，妄图抓住每一个小数点，连债券基金 0.1% 的涨幅都要吃到的。

针刺效应

如果用学术一点的讲法，那种短期“一两个月 2%”回报的项目，我们称之为“针刺效应”。在现金流量图（图 4–6）上，它表示为一根刺。

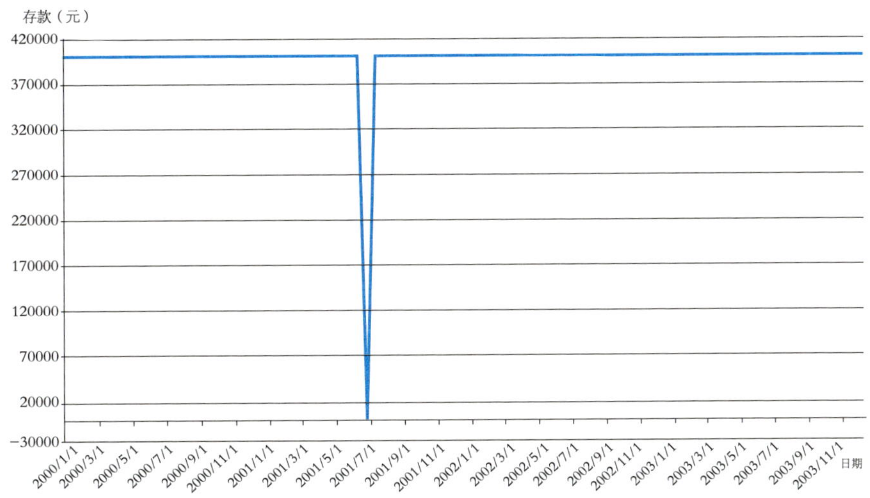

图 4–6 针刺型曲线

“针刺效应”和房地产投资这一行，是严重不相容的。当有“针刺”存在时，你能买的房子就仅仅有如图 4–7 所示部分。

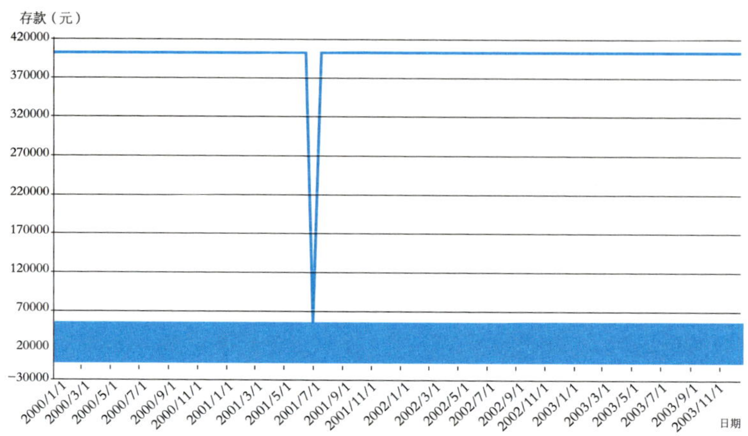

图 4-7 针刺型曲线

因此，“针刺”对于职业房地产投资商来说，是非常忌讳的梦魇，我们要尽可能地避免“针刺”。

一般的解决方法，都是“短借”。按日借钱的话，“针刺”的面积并不大，相应地，支付的利息也很少，通过外部力量，借款周转度过“针刺”，才是最有利的选择。

全局视野

房地产投资为什么赚钱？我们举一个例子。2014—2015 年的股市大行情，从 2014 年的 8 月开始启动，大概 2000 点，最高涨到了 5178 点，算是 260% 的升幅。但是绝大多数的人，是不可能从鱼头吃到鱼尾的。你不可能正好在 2000 点时全仓买入，而到了 5178 点那一刻，彻底全仓抛出。一般人是怎么做的呢？磨磨蹭蹭，2000 点开始，至少要到 2400 点，涨了 20%，看看也差不多了，确立牛市开始。5178 点，你也不可能抛到最高点的，能在 4700～4800

点抛掉，就是高手了。股市一波行情，你从鱼头吃到鱼尾，能吃到 70% 就算不错了。而你又不可能全程满仓，能满 80% 仓位就不错了。这样，即使特别大的牛市，260%×70%×80%=146%，仔细算算，你也就赚了 46%。所以市面上很多银行理财产品，其实际回报要低于票面利率。哪怕一个承诺 4.6% 的理财产品，可是它前端有准备期，后端有清算期，你资金拿到手，还要再问有没有下一个产品。将这些因素加在一起，一个 30 天的理财产品，你一年绝对周转不到 12 次，能周转 10 次就不错了，理财回报大打折扣。理财需要具有全局视野，需要具有三五年的统筹能力，并非那么容易。

房地产投资业不同，它是真正“从鱼头吃到鱼尾”，从 2003 年一直吃到了 2016 年。而且还加杠杆，几倍的满仓。因此，楼市像母鸡下蛋一样，批量制造着千万富翁。这些故事告诉我们：要回避理财中的“针刺效应”。哪怕有一个短期项目，回报率非常大，哪怕“七年一遇特大牛市”，也是不值得追求的，你们都低估了“针刺”的危害。

逆向针刺效应

理财就是对现金流的统筹，变来变去，凑一笔尽可能多的金钱，更多更早地买入房产。但是每个人的资金总有起伏。除非你的资金利用效率非常非常低，否则，每个人总会遇到“缺口”，需要借钱削峰填谷。

“借 30 万元，四天。”

“借 200 万元，一个月。”

“借 200 万元，四天。”

接着就有人问：“你这是居心不良啊！你把‘针刺’问题，通过借款来解决了。可是你的债主呢？对于他来说，岂不是他的现金流量表出现了‘针刺'？"答案是分散。不仅仅从金额上分散，而且从时间上分散。就好比"150万元借两个月"这个需求，最终可能拆散成：

张三：借 50 万元两个月；

李四：借 100 万元一个月；

王五：借 50 万元一个月；

郑六：借 50 万元一个月。

如表 4–12 所示，你就像是"搭积木"一样，一段一段拼起来的。

表 4–12

<table>
<tr><td></td><td colspan="3">150万元</td></tr>
<tr><td>第一个月</td><td rowspan="2">张三</td><td colspan="2">李四</td></tr>
<tr><td>第二个月</td><td>王五</td><td>郑六</td></tr>
<tr><td>第三个月</td><td colspan="2">吴七</td><td>陈八</td></tr>
</table>

我们之前说过房地产投资者的 80% 时间在干什么，很多人以为我们整天在对敲，在制造舆论新闻；次一级的人物，则以为我们在"找笋盘"。

其实不是的。职业房地产投资者的生活，简单而无趣，他们大部分时间都在"拼积木"。因为房地产投资者对自己的压榨，都已经到了非常严苛的地步。今天多投资几万元，五年后就是几十万元。所以他们很大一部分精力，都放在"空当接龙"上面。

借钱这种事，有三个困难：①对方要有钱借给你；②对方要信任你；③时间要匹配。

好比我现在要收购虹桥商务楼，首先，3 亿元的资金，那是无法从"拆借圈”筹措的。整个池子就那么大，哪怕把水都吸干了，也拼不出几亿现金。其次，在“小伙伴们有钱”的前提下，其实大家很乐意互相拆借，互相帮助。一般来说，我们会慢慢地将“外圈朋友”演化成“内圈朋友”。但是信用的培养是非常缓慢的，现代商业逻辑的培养也是非常缓慢的。我们会从比较简单小额的5万元、10万元、20万元借贷开始，纯信用借款。一来二去，彼此熟悉常见了，再逐渐横向介绍熟人见面，构筑人际关系网，最终每一个人在圈子里N × N都有联系，都是朋友，都可信任。

这个圈子的成长，是非常非常缓慢的，因为借贷的利率始终维持在12%不变，如果朋友足够多的话，资金绝不会枯竭。还有，哪怕“有钱”和“信任”这两个环节都不是问题，你还面临一个“时间不匹配”的问题。拆出方能借给你的时间，和你实际使用的时间不匹配，在这样的情况下，你还需要“搭积木”，把许许多多人的许许多多笔资金，一笔笔小心翼翼地拼起来，最终填满你财务的大窟窿。

抵押和再抵押

“全款—抵押”是一条非常好的路，买房子追求两个 KPI：①价格尽可能低；②杠杆尽可能大。

所谓“全款—抵押”，是指你先拿着 600 万～1200 万元不等的现金，在市场上寻觅笋盘，然后反向抵押。重点定位于：

中小企业破产；

离婚分家产；

转移财务；

某人着急出国（原因很多）；

法拍；

笋盘急抢破头。

对于那些现金到位要求十分紧迫的案例，你全款扑下，自然比慢吞吞地申请贷款大为赚优。而你再要求房东降价，看在立即拿钱的分上，要求房东给予额外的 5%～7% 降幅。一般而言，最容易出笋盘“暴击”的，主要是两个地方：①地方钢材城周边；②跑路抵押贷款。

（1）抵押贷款从字面上讲，政策可以贷款“七成”。而在实际操作中，评估公司普遍估不足价钱。一般给予“估值”是市价七成，也就是实际贷款70%×70%=49%，抵押就贷五成，高评后55%。

（2）抵押贷款通常是10年，部分银行可以做20年，大概只有中信某些年份可以做30年。

（3）超小户型比较吃亏，很多银行不做小户型抵押。

（4）中国银监会规定，银行不得接受有抵押的物业。其主要目的，是你把房子先押给了A银行，若再“二按”给B银行，万一出了坏账，A和B要协调处理债权问题。所以，中国的银行业一律不得接受“二按”。社会上如果出现了二按，无非以下几种情况：①担保公司介入，银行其实和担保公司发生业务，费率很高，月息2%～3%；②个人抵押；③先还清旧的，再加笔新的。

（5）银监会要求，抵押贷款不得放款给个人。按照银监会“两个要求，一个指引”的文件精神，全中国任何贷款必须有指向用途，必须是促进实体经济的。

实战操作中，银行只接受三种用途：①装修；②买汽车；③买家具和艺术品。

首先，以装修为例。银行在审核完你的房产证、收入证明、还款能力和流水之后，会让你提供装修合同，以及对方公司账号。对方的公司、名称或者主营业务中，必须包含“装修”或“装潢”二字。但是，如果用途是装修的话，还有一个麻烦，许多管理完善的地区，如上海市，一些银行还会计算你的装修限额。

其次，我们说买汽车。在房价、物价还比较低的时候，抵押用途写买汽车是一个不错的选择。一般贷款者会申报为买一辆奔驰，顶配车一百来万元。按照规定，银行必须直接把钱打给车行。

最后，也是近年来的主流，买家具。你把一套800万元的房子抵押了，抵押金400万元，请问派什么用途？答案是，买一幅字画。家具、字画的最大好处，是总金额没有上限。

（1）抵押贷款有费用。在2008—2014年大概是1%的总成本。2016年开始突然猛涨，目前行规1.8%～2%，一般你不需要多问费用的细节，乖乖付佣金即可。

（2）利率。利率完全不敏感，一般抵押贷款按P×1.2计算，利率6.0%。再加上“前置”2%手续费分三年摊销，实际成本6.6%左右，完全可以接受。评价抵押贷款的优劣，主要是“成数”而不是“利率”。

（3）小微企业贷款。另一种抵押贷款的变种，是小微企业贷款。扶持中小企业，是应有之义。小微企业贷款原则上对财务报表没有要求，以房产作为抵押，以法人（或股东）个人收入为还款来源，哪怕你是个白领，明天你去注册个公司“科技创业”，你也可以抵押自己的房产，来为公司融资。小微企业贷款和普通抵押贷款的主要区别体现在它往往是3+1或者5+1。也就是说，银行每一次审核完毕，它就会批给你5年的授信。在这5年之内，还息不还本，月供压力比20年期按揭还要轻一半。

它最大的缺点是，任何企业类贷款，每一年都需要结清一次。好比你申请300万元的贷款，8月5日放款。则你每年8月4日都要把300万元填进去，等到约9日、10日再贷出来。吞吐之间，五天之内你要聚集300万元现金，5天之后再散去。因此，小微企业贷款在实战中不是很受欢迎。部分银行发明了一个“折中”方案。好比他们同样批你300万元授信额度，但你千万不要一上手就全部抽走，分6次，每次借50万元。它允许你当作6笔贷款，分开年结。每次结账的时候，吞吐50万元就够了。

截断和再抵押

抵押贷款之所以重要，是因为绝大多数人对它的使用都是错误的。

劣质贷款

95% 的人，对于抵押贷款的理解和使用都是错误的。对于绝大多数人来说，他们认为的抵押贷款是什么？是一种劣质贷款。好比我正常的按揭贷款申请不到，无论是法拍还是“药单流”，都无法通过正常的渠道申请 30 年期按揭贷款，因而不得不申请抵押贷款。这是一种退而求其次的做法。

对于很多人来说，抵押贷款就是一种劣质贷款（见表 4–13）。

表 4–13

	按揭	抵押
年限	30年	10年
成数	70%	50%

续表

	按揭	抵押
利率	P × 80%	P × 120%
手续费	无	2%

可见，抵押贷款较差，只有无可选择的时候，才会尝试抵押渠道。很多人沾沾自喜，觉得自己手中的资产高度优化，每一单都是 70% 极致贷款，七成七折 30 年，完美无瑕。这样的想法，大错特错！

截断

抵押贷款真正的用法，应该是把你的按揭还了，重新再抵押。

为什么，为什么要把优质贷款换成劣质贷款？答案只有两个字：成数。我们对于利率完全不敏感，对于费率——费率其实就是利率——也不敏感。只有成数才是至关重要的。一笔按揭贷款等你办完了以后，好比当年你买了 300 万元的房子，贷款 210 万元。过了两三年，越供越少，你的贷款可能还剩 190 万元。可是这时候你的房子呢？如果以 6 年为一个周期的话，则 2000 年 300 万元的房子，普遍市价都要 800 万元以上：$190 \div 800 \times 100\% \approx 24\%$。一笔 24% 的按揭贷款和一笔 50% 的抵押贷款，哪个更划算呢？答案是抵押贷款。哪怕利率高点，费率高点，月供高点。所以，这时候你就要做再抵押，用业内的术语叫作“截断”。

把 30 年期超优质按揭贷款给还了，重新抵押出来。

再抵押精算法

截断什么时候做，怎样的情况下才划算，这需要非常详尽的计算，我们用如下模型举例（见表 4–14）。

假设之前“按揭”贷款金额为 200 万元，利率八折，剩余 25 年。

假设抵押贷款借 X 万元，利率 1.2 倍，贷 10 年，手续费 1.5%。

表 4–14

单位：元

月份	现金进	现金出
第0个月	X × 98.5%	-2000000
第1个月	10468.59	PMT（4.9% × 120%/12120，X）
第2个月	10468.59	PMT（4.9% × 120%/12120，X）
第3个月	10468.59	PMT（4.9% × 120%/12120，X）
	10468.59	PMT（4.9% × 120%/12120，X）
	10468.59	PMT（4.9% × 120%/12120，X）
	10468.59	PMT（4.9% × 120%/12120，X）
	10468.59	PMT（4.9% × 120%/12120，X）
第119个月	10468.59	PMT（4.9% × 120%/12120，X）
第120个月	10468.59	PMT（4.9% × 120%/12120，X）
第121个月	10468.59	
第122个月	10468.59	
	10468.59	
	10468.59	
	10468.59	
第299个月	10468.59	
第300个月	10468.59	

在第一个月，你可以获得抵押贷款 X，再扣除 1.5% 手续费，好比 X=400 万元的话，手续费 6 万元，实际到手 394 万元，而你还要还掉原有贷款 200 万元，实际仅获得 194 万元现金。在月供方面，原本每月 10468.59 元的月供不用还了，但是改为新的每月 =PMT（4.9%×1.2 倍 /12 月，120 期，400 万元），这个数字是 44167.54 元。将“现金进”和“现金出”相加，即可以得到我们的净现金流。然后 IRR 拉一下，就可以知道真实利率（见表 4–15）。

表 4–15

单位：元

现金进	现金出	差异
3940000	-20000000	1940000
10468.59	−44167.54	−33699
10468.59	−44167.54	−33699
		−33699
		−33699
		−33699
		−33699
		−33699
		−33699
		−33699
IRR		1.22%

因此，“按揭 200 万元升级成抵押 400 万元”，你这么做，实际成本是月息 1.22%，折合年率 15.66%。

假设原按揭 200 万元，抵押出来 250 万元、300 万元、350 万元、400 万元、450 万元、500 万元……求各级的真实利率是多少。

我们用图 4-8 示例。

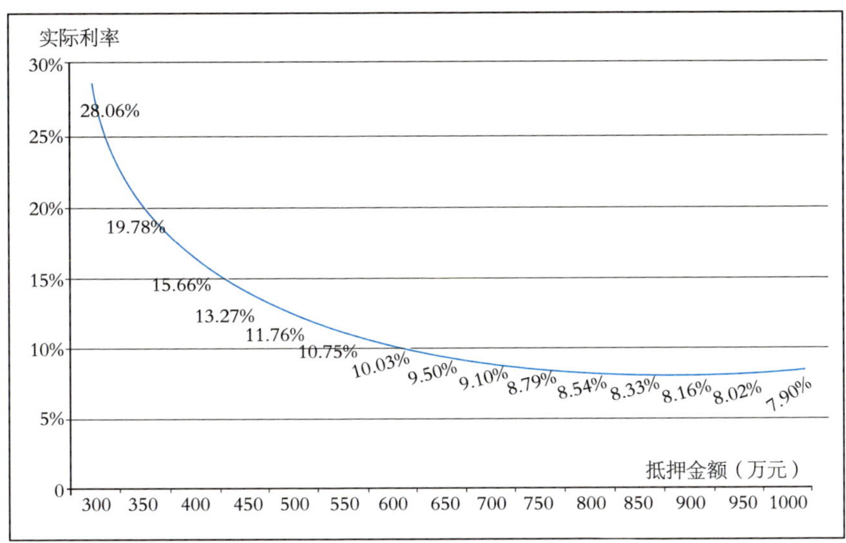

图 4-8 融资利率

再抵押的分析

图 4-8，告诉我们几个道理：

（1）抵押至少 double 起。如果原有的按揭是 200 万元，则你“截断”换成抵押，至少应该是 400 万元。在这个位置，利率曲线下降得非常快，一下子由 28% 降到了 15.66%。我们知道，15% 基本上是“老派多军”比较能接受的一个利率。所以，你抵押换按揭，至少要贷款金额翻倍，这是起步线。

（2）比较理想的是翻三倍。如果原有按揭是 200 万元，则新抵押追求 600 万元。我们可以看到，翻三倍之后，整个利率曲线就进入了一个相对平缓的区域。这个时候，哪怕静候四倍、五倍，你的实际利率下降得并不多。三倍之后，200 万元变成 600 万元，实际利率已经跌破了 10%。一般我们建议，三倍之后，就可以开始考虑“截断加按揭”，四倍则是非常建议。

心算法

“截断再抵押”因为涉及的年限很长，复利很大，所以不能用简单的心算法。心算法如下：

抵押的利率是 1.2 倍，4.9%×1.2 ≈ 6%。

手续费 1.5% 分三年摊销，每年 0.5%。

原本按揭利率 8 折 4%，现在变成 6%，有两个百分点的差额。如果是三倍的话，分摊 0.66%。

总成本 6%+0.5%+0.66%=7.16%。

可见，心算法的误差是非常大的，要以电脑 IRR 为准。

抵押的再抵押

比较不伤身体的一种，是原有抵押贷款的再抵押。好比你上手就是法拍“药单流”，当初买来时，就没能办成按揭贷款，而是申请的劣质抵押贷款，则再过三五年，重新申请抵押一次，那是任何心理负担都没有的。因为中国银监会禁止“二按”，所以一般操作中，都是先还旧，再借新，你需要自己筹措一笔资金，把原有的贷款还清，然后重新抵押出来。市面上有几家号称“二按”的银行，实际上都是打擦边球的。

好比你在兴业有一笔抵押，你想再抵押，则银行可以提供一条龙服务。但必须在同一家银行做，一按、二按都在兴业，它可以帮你把旧的先还了，再借新的出来，你就不用垫资过桥了，抵押证始终一张。

知道了再抵押的用法，一个好处是当你操作法拍“药单流”时，不再那么心疼了。原本以为是 30 年期持续地弱，在 30 年的时间内，利率始终比你高，还款始终比你快。

再抵押的负担

“金额加大，年限拉长，月供降低。”再抵押不一定增加你的负担，做得好的话，甚至借得一笔钱的同时，月供还会减少。因为涉及月供的，主要是你的剩余年限数量。比如，一笔 120 万元的贷款，分 10 年还，每个月 13250 元左右，等你还了 5 年，还剩 68 万的时候，你每个月也是月供 13250 元，而如果我们向银行申请再抵押，把这 68 万元转换成一笔 10 年期贷款，月供立刻降到 7590 元。如果我们申请加按揭到 98 万元，则你平白获得 30 万元现金，而且月供 10902 元，比原先还少，现金和月供都优化了。

例如，表 4–16 中的情况 4 比情况 2 全面优化。

表 4–16

单位：元

	贷款金额	剩余年数	月供
1	1200000	10	−13250
2	687359	5	−13250
3	687359	10	−7590
4	987359	10	−10902
5	1500000	20	−10643
6	1867482	20	−13250

所以，持续不断地再抵押，可以极大地优化你的财务结构。没事，你也应该去不停地再抵押，这样你就可以看见你的月供不停地往下降，很快负现金流的缺口就被填平了。尤其是当市面上有20年、30年期的抵押贷款时，应该把手中的剩余年限很短的贷款全部都截掉，改换成20年期抵押。你仔细计算一下的话，可以获得几百万元的现金，而且你的月供还降低了。

再抵押的回血期

如果是按揭换抵押，一般我们要求贷款金额triple，如果是抵押再抵押，一般double就够了。但是我们想一想，什么样的情况才可以triple？假设一套100万元的房产，你最初买入时贷款70万元，如果要triple的话，就要210万元，而抵押一般成数是市价五成，也就是你这个房子要400万元。100万元到400万元，这个房子要涨四倍，才可以开始“再抵押大工程”（最好五倍）。在上海、北京、深圳这样的市场，四倍涨幅往往也需要五至六年，或者更久。而当你开始抵押之后，“抵押截断再抵押”，大概五成对五成。房价翻倍就可以，这一般需要三四年。所以，每年买一套的话，你至少需要六套房子，循环往复，工业革命的车轮轰隆隆地开始前进了。

理解真实世界

如何运营一家企业

几乎每一个中国人，都听过这样一个标准的段子："他经营企业，管理有方，获得了巨大的成功，并积累了财富。"可是怎样才算是"管理"呢？我们如果去新华书店找有关"企业管理"的书，大概可以装满两个集装箱。然而如果我们真的拿一本回来，打开仔细阅读一番，一本300多页的书，读完以后可能没有任何收获。我们会发现这么厚一本企管书，里面什么实质性的内容都没有。就像有些领导讲话一样，每一次都是重要讲话，会议动辄开两三个小时，可是真正核心的内容却完全没有，讲完之后，我们还是一头雾水。几乎所有的企管书都会让我们加强销售管理，加强成本管理，加强库存管理。道理我们都懂，可是怎样加强管理呢？却没有告诉我们一个方法，可能作者本人都不懂什么叫作企业管理。

营销，英文叫作marketing，是一家公司最核心的部门，类似于总参谋部。有时候它非常小，小到只有老板加两三名员工的地步。但整个部门的功能和工作流程与其他庞大的部门是相同的。假如现在给我们一家公司、一笔钱，我们要开始创业，该怎么做呢？首先，我们要定位。如图 5–1 所示，为一条 X–Y 轴四象限图。

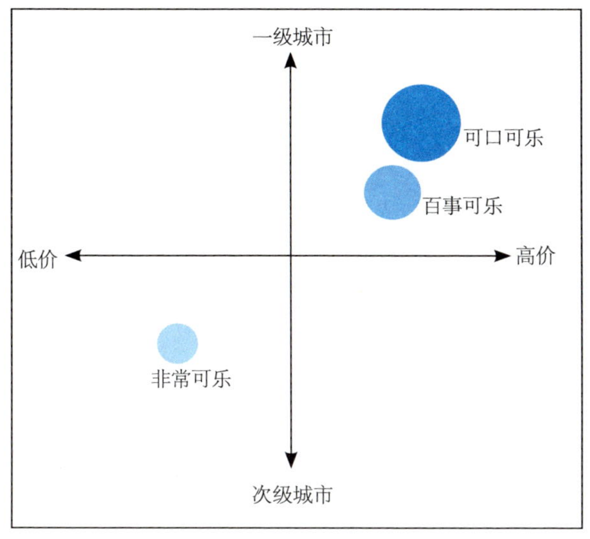

图 5–1 四象限图

然而绝大多数“定位图”，甚至都不标明 X 轴代表什么，Y 轴代表什么，甚至都没有两个轴的名字。如图 5–1 所示，为什么我们要选择“价格—城市”作为 X–Y 轴？对于 marketing 来说，真正了解的人才知道，这个 X–Y 轴不是随便选的。

在做这个定位图前，我们首先要做一个市场调查，询问消费者：“您最关心的因素是什么？请按优先顺序排序。”然后给出选项，如口感、香味、促销、价格……价格通常是重要的，但不一定是最重要的。之后选最重要的两个作为 X–Y 轴。只有消费者对此最关心的才可以作为 X–Y 轴。比较考究的，甚至还会在 X–Y 图中涂色，以表示重要程度，如 45% 的消费者集中在 10～12 元的价位，23% 的消费者集中在 12～15 元的价位。然后，再看看这张图中有哪些没填满的地方，这个区域才是我们的创业突破口。同样的道理，当最重要的两个参数定下来后，可以看选择这两段的消费者最关心的参数是什么，有没有空段。从而将其余参数定下来，这就是所谓的“进一步细分”。

品牌战略

好的定位，就意味着已经成功了 1/3。当我们决定了拳头产品的基本定位之后，还需要对这整个行业有一个初步的了解。首先确定这一行（现代商品经济）的基本面是什么？现代商品经济的基本框架是高毛利。什么叫高毛利？以笔者之前的经验，是 300%～400%。也就是说，一件终端售价 8 元的商品，出厂价大约是 7 元，而成本是 2 元。这是一个大框架，外企从一开始就走上了“高毛利—高溢价—高品牌”的道路。以广告品牌为支撑，一开价就翻 4 倍。

以上适合于品牌销售类产品，如化妆品、生活品、日用品，不适用于功能性产品，如煤炭、钢铁。

那么消费者会不会买账呢？答案是肯定的。因为消费者其实搞不懂“品牌”中真正含有的价值是多少。而且中国消费者有一个很不好的习惯，以价格定性能。这使得品牌战略有了足够的空间。在初期定位时，尽量定位在高端。以高毛利带动高利润，高利润投放广告，从而达成良性循环。

表 5–1 AP 表

类别	外企	民企	国企
产品销售	100%	100%	100%
成本	−33%	−33%	−75%
广告	−10%	−10%	5%
促销	−10%	−10%	0%
管理成本	−25%	−10%	−10%
利润	22%	37%	10%
税后净利润	17%	28%	7%

以一个典型的 AP（Advertising Promotion）表为例（见表 5-1）。在这样的表格中，企业恒定地划出 15% ~ 20% 的销售额，作为广告和促销费用。其中，波动比较大的是广告费，而促销费是恒定的，一般 N 年都是 10% 的销售额。这个 Promotion 费是什么意思呢？可不可以省下来呢？答案是省不下来的，相当于产品九折，我们还不满足，于是提价 1.1 倍。那为什么要有 Promotion 费用，而不是直接打九折呢？

因为这笔费用主要有以下两方面用途：

（1）微调；

（2）制造新闻。

产品的定位，最佳性能的设计，是一个企业最核心的事情。有人说，事业 80% 的成败在设计那一刻已经决定，这是大方向，难以改变。但是，市场是千变万化的。

促销就是一种微调手段。当我们的大产品几种款式都已经定下来以后，促销可以使我们有计划、有时段性地调整某一个价格，从而更有针对性地适应一个个地方市场。促销的另一个作用是制造新闻。

肯德基、麦当劳有从麦辣鸡到巨无霸到板烧鸡腿堡的全套产品，可是他们不降价。

周一：麦辣鸡打八折；

周二：巨无霸打八折；

……

周日：培根牛肉堡打八折。

为什么要这样设计呢？众所周知，消费品的毛利是非常高的，哪怕全体八折，只要有人来买，还是有 300% 的毛利，这样做的原因，是给我们这样一种信息：今天有促销。这就是商家的全部用意，通过制造新闻，让品牌形象在我们脑海中留下更深刻的记忆。

经销商的利益

经销商也是一家企业，他们只关心自己的利润。

——培训宝典

销售是一个完全讲利润的场所，哪怕整个销售渠道是我们一手逐步开拓搭建的。

可是卖货的那些超市小店，只要看见价格低 0.01 元钱，就会毫不犹豫地从别人手里进货。而这个别人，往往是佛山的销售经理。佛山的销售经理，他哪来的低价货呢？因为他到总部去哭穷。当佛山的销售经理拿了 10 万元的销售补助时，他并不是致力于开拓佛山的销售渠道，而是直接把货拿到惠州去销售，鸠占鹊巢。只要有微不足道的 0.01 元差价，马上就会有大量的货物，随时在各区域划拨。久而久之，经销商们都不会傻得自己去开拓下线市场了，而只是挖空了心思向总部要补助，然后互相倾销。

显然，在这样的框架下，经销商之间的竞争，注定是刀刀见血的，注定是被价格战打死的，最终可能连 0.5% 的毛利率都无法保证，能不亏钱就不错了。而如果总部降价，结果就是所有的经销商都降价 5%，利润率还是 0.5%，一切都没有改变。要克服低毛利的方法，就是经销商数目足够少。每人管一大片，这样冲突、串货现象才会大大减少。

但公司为了获得高额利润，采取的往往是多经销商制，这样才能覆盖尽可能多的区域。到末期，全国已经有 2000 个以上一级经销商。显然，价格战是不可控制的。销售这件事，和教科书上的不同，销售主要是经销商队伍的开拓与维护，哪怕在电商时代，也是一样的。

无中生有的高阶

每个人都想发财，可一个人最终能赚多少，不是看我们的工作有多么高科技，而是看我们的竞争对手有多厉害。竞争对手的优秀，决定了我们的成本线，而我们超过竞争对手的部分，才是超额利润。简单来说，就是我们要赢，赢了才能致富，赢了才能拥有一切。

可是，怎样才能够赢呢？有没有一种成功学，能够教我们赢？答案是：逻辑死机。如果“赢”是一种学问的话，那别人也能学，别人也能赢，大家彼此是对等的。

这本身就是逻辑悖论。所以“赢”这件事，真的要说的话，就一定是旁门左道。

MIP

在我们这个行业，如何能赢？之前一篇《如何运营一家企业》，已经说到了企业运转基础、定位、促销、销售等架构如何运作。可是这些事，我们能够做，别人也能够做。如果我们还想赢，就需要一些高阶技巧，创造无中生有的利润。

这些利润中，比较典型的是MIP。MIP的全称是Margin Improvement Project（毛利提升计划）。一个产品，什么时候性价比最高？刚上市的时候。新产品上市，我们永远是给它最好的配方、最好的包装、最优质的原材料。然后我们会偷偷地修改配方，偷偷地以次一级的原材料，替换掉最好的原材料，时间一般发生在新产品上市六个月以后。

MIP是一个漫长的过程，通常会进行20～30次，逐步地、缓慢地，将每一个配料都换成更次一级的原料或工艺。每一次MIP，都是一件严肃的事情，事前事后会做消费者调查。一般而言，消费者会察觉品质的细微不同，但通常而言，只有小部分的消费者会放弃购买。如果放弃的人群在1%之内，就可认为是成功的。

MIP的原理，是人类的消费心理学。

人类在第一次购买时，戒备心是最强的，术语叫作new user。为了应付"第一次购买障碍"，商家往往要做促销，如力度很大的折扣，捆绑销售，甚至免费赠送小样。而第二、第三次购买，消费者的戒心要小得多。因为他们已经有了使用体验，知道品质的大致情况，再坏也坏不到哪里去，损失可能是1%～2%，而不会是全部的本金。换句话说，人在第二次购买时，决策链要短得多。所以在marketing内部人员的眼里，产品严格地分为新产品和老产品。任何一个新产品上市时，它的品质一定是最好的，会竭尽全力去吸引消费者，去触发初次购买欲望，去克服心理障碍。而消费者只要购买过一次之后，他的戒心就会消除，这样，六个月之后，我们就会渐渐地开始做MIP项目，有计划地、一件一件地把品质越弄越低。

可是，有时候品质降得太低，marketing 品牌只好再做一次 revitalization——复兴。“新一代改良配方。效果比以前好三倍。”这是全新的高科技吗？不是的，它或许就是五年前刚上市时用的配方。

降价狂潮

经销商希望我们降价，消费者希望我们降价，甚至就连政府都希望我们降价，这样 CPI 指数才会好一点。我们生活的时代，员工的工资、能源、地租、原材料、交通运输成本，每一样都在急剧上升中。

在这个上升通道，他们还希望我们降价，我们如何做得到呢？

但是，人民群众的智慧是无穷的。

假设我们有同一类的 15 件商品，如牙刷。

表 5–2

	A	B	C	D	E	F	G	H	I	J	K	L	M	N	O
2003年	10	9	8	7	6	5	4	3							
2004年	9	8	7	6	5	4	3								10
2005年	8	7	6	5	4	3								10	9
2006年	7	6	5	4	3								10	9	8
2007年	6	5	4	3								10	9	8	7
2008年	5	4	3								10	9	8	7	6
2009年	4	3								10	9	8	7	6	5
2010年	3								10	9	8	7	6	5	4
2011年								10	9	8	7	6	5	4	3
2012年							10	9	8	7	6	5	4	3	

如表 5–2 所示，2003 年的时候，我们总共有 A、B、C、D、E、F、G、H 这八款商品是在销售的，价格分别是 3～10 元，而 2004 年的时候：

所有商品减 1 元。

低于 3 元的退出市场。

推出一个新产品 O，售价 10 元。

这个是降价吗？答案肯定是的，而且从任何一个统计口径，我们都是确确实实地降价，如 A 就从 10 元降到了 9 元。同样道理，2005 年的时候：

所有商品减 1 元；

低于 3 元的退出市场。

我们推出一个新产品 N，售价 10 元。

同样道理，我们度过了 2006 年、2007 年、2008 年……仔细观察这个表格，我们就会发现，到了 2011 年的时候，经过连续 8 年的降价，终于隆重地推出了新产品 H，售价 10 元。H 不是以前就在卖的吗？而且 2003 年的时候，只要 3 元就可以买到。是的，可是还有谁能记得 8 年前超市里的一款消费品呢？消费者分不出商品档次吗？答案是分不出。如果我们仔细观察的话，应该会发现，A—H 其实是同质同款的商品，是等价对称的。而消费者在任何一个年代，支付的是 3～10 元不等的价格，而且是自愿的。这正印证了一句老话，消费者支付的不是商品本身，而是商品对应的阶级认同身份感。

真实的世界，会比这个模型略复杂。在每一个年代，我们都会对商品本身做些细小的优化，从而使它和上一代产品不完全相同。同时，技术本身也在进步，锻造和加工精度始终在美化。但是，整个事件的逻辑，是严格不变的。我们每一年都在降价，按任何统计口径，CPI 都在下降，而降价的实质，就是这么一个螺旋柱。

如何赢

对于竞争这种事，我们要说赢，真的是没有办法。

我们能做的，别人也能做。

告诉我们几条高阶玩法，竞争对手不知道，那我们就赢了。

如果对方也是高阶，那就只能祈祷运气。

当我刚进公司的时候，老板和我说，我们公司的净毛利比竞争对手高20%。我大为吃惊，这可是一个天与地、高度赢利和盈亏平衡的距离。"这是怎么办到的？"我赶紧问老板，"我们公司赢的秘诀是什么？""没有秘诀。"老板说，"我们公司在 marketing 初始定位的时候，比对方做得好，好 1%；我们的库存存量，比对方少 1%；我们的物流运输，比对方优化 1%……我们的财务成本，比对方低 1%。其中，每一项的比拼都是 1%，其优势差距之微小，不涉及任何保密级的新科技。可就是凭着管理有方，无数个战场、无数个部门、无数个同事累积起来，我们比对方毛利高 20%。这是一个巨大的优势，巨大到其他公司甚至不敢去挑战它。"俗话说："凡事就怕认真。"一个企业，一场竞争，哪怕你完全没有任何制胜的特殊武器，双方平等，可是你只要认真，比对方更认真，花心思去做，你就可以赢，因为这个世界上，认认真真的人实在太少了。

上海楼市的三分天下

上海的房地产市场，严格地分割成三个独立的、互相矛盾的市场。它们是：本地人、外地人、外国人。他们彼此的口味喜好、价值体系，完全不同。

绝对价值这件东西并不存在，1000 个人眼中有 1000 个哈姆雷特。一件艺术品之所以值钱，并不是因为它本身的画法多么精湛，而是因为有人喜欢它，并愿意为之付费。在 Calgary Museum 中，讲到印第安文明时，引用了一句话："我们只会捍卫那些我们钟爱的，我们只会钟爱那些我们了解的，我们只会了解那些我们熟悉的。"一个太阳神的雕像，在印第安部落中可能是无价之宝，而在欧洲人眼中，只不过是一块木头。

中华民族曾经创造了灿烂辉煌的文明。我们文明的价值，流淌在华夏儿女的血脉之中。这些文明的价值大多只有中国人懂得欣赏。在很长的时间内，中国的艺术品、中国画在欧美市场根本不值钱。很多名家的作品，甚至明清的真迹，在欧美市场只能拍卖出 200 美元。而在最近的十几年内，中国艺术品价值扶摇直上，由西洋油画的几百分之一，上升到几分之一。其背后，是中国国家的崛起，以及中国买家的钱包的实力。

因此，所谓价值，其实是一件很主观的事情，在房地产投资业中，这个理论同样适用。一套房子值多少钱，关键看它背后喜欢它的那个人，以及这个族群的实力和兴衰。目前的上海房地产市场，分裂成三批人、三种价值观。

三股势力此消彼长。

大城市的特殊性

上文提到，上海的房地产市场，严格地分割成三个独立市场：本地人、外地人、外国人。凡是不涉及这一点的房地产分析，它大体上就是错的。这样的三维结构，只有特大城市才有的。严格地说，全国只有两个城市是真正具有三维结构的。只有北京和上海，才具有成规模的外国人影响力，其中，北京是首都，上海是经济中心。只有在省会城市，或者副省级市，才会有外地人这回事，这是二维的。到了内地三、四线城市，它只有本地人一个类别。看似很简单的道理，可是在实务分析中，却会遇到非常大的麻烦。

譬如说房租。目前，所有对租金回报比的分析，基本上都是错误的，只有外国人存在的地方，才有高房租。月租人民币 30000 ~ 50000 元以上的阶层，客户几乎全是外国人。所以去同样很高大上的一个地方，如南京，南京星河湾一套房子 1000 多万元，如果要找租客，租金回报就完全不能和上海比了。因为只有上海、北京才有外国人这个消费群体。同样 GDP 的城市，同样高档的房屋，客户群可能 1/10 都不到。

而本地人呢？本地人不租房。只有本地人的城市，如上饶，再好的房子都是没有租金收益的，因为本地人不需要租房。一个城市如果没有外国人，就只有一些民工宿舍可以做。

实力的此消彼长

大约在2003年，全上海最贵的板块、最贵的房子是哪一处？这个问题大概已经很少有人答得出。答案是镇宁路板块。其大致的位置，是在静安与长宁的交界处，标志性楼盘是东方剑桥、东方雅苑、嘉里华庭等。那时，南卢湾房价基本上都是每平方米6000元以下，大热点的徐家汇刚刚冲向每平方米10000元，浦东联洋每平方米4000～5000元，川沙唐镇是无人区，而镇宁路的房价是每平方米14000元。

今天镇宁路的房价是每平方米70000～90000元，它虽然仍然是高档奢华之处，但已绝对不是高高在上。为什么会发生这种情况呢？因为镇宁路的主要买家、主要客户目标群是海外老华侨。而老华侨是怎样一批人呢？他们的购买力已经是明日黄花，日薄西山。在过去15年中，中国才是全球发展最快的经济体，从数字来看，GDP增长了30倍左右。本地居民的收入都上去了，所以本地居民聚集地闸北、普陀房价上涨。而以老华侨为主要目标、主要客户群的板块则增长乏力。这个道理同样可以解释古北、碧云的前世今生。

存量与增量

外来人口是这样一种角色：他们在质量上超过上海的普通市民，在数量上超过上海的本土精英。

如果我们要列一个不等式，大致可以得出以下顺序：外地人＜上海人＜外来精英＜上海精英。上海是全国最繁荣发达的一个地区，就总体素质而言，上海超过其他任何一个省份。可是你要把上海人和外来人口放在一起看，又不能看了。因为能漂洋过海到异国他乡做第一代移民的，无一不是最优秀的人。

只有在整个村庄、整个县城、整个省份最棒的那些人，才会外出打工，才会来大城市定居。等于这群人是外省精英，他们在平均素质上，超过了上海本地人，而在数量上，超过了上海精英。

上海精英其实是很恐怖的一群人，他们不仅比移民有更好的组织资源，而且有时候智慧和疯狂都不遑多让。他们唯一的缺点，是人数太少了。毕竟1000个人中产生一个精英，上海1000万人中产生的精英，实在无力与庞大的外省人口基数抗衡。按照官方的人口统计数据，上海目前大约有1400万本地居民和900万外来移民。可是，外来移民基本上都是18～60岁的适龄劳动人口，而本地居民还要包含老弱残幼。在工作岗位领域，劳动力人口早已经是50%∶50%。新增婴儿人口，本地居民或许还要低于49%。

言归正传，说回房地产市场。本地居民的人口虽然众多，但本地居民是不需要买房子的。或者说，本地居民只有十分微弱、每人每年约1平方米的改善需求。而外来人口，则有赤裸裸的每人35平方米的居住需求。外来人口虽然仍在人数上居于劣势，可是在购房的需求上，他们占绝对优势，占了75%以上的需求。所以在新开盘楼盘设计中，必须充分考虑到外来人口的想法，甚至整个设计就是围绕着他们做的。而一旦房子售出，成为二手房，就进入了存量市场。上海的存量市场，一般认为有7亿平方米，每年2000万平方米新增供应，宛如一滴小水滴。在存量市场，我们就是和这7亿平方米进行着博弈，游戏规则完全不同。甚至我们就成了小众群体。增量和存量，这是完全不同的两套玩法。

沉默的上海人

有多穷

1990 年之前的上海，其实是一个贫穷落后的城市，还远远不是所谓的“远东第一大都市”。当时的上海，和现在的上饶、临沂档次差不多，比周边的常熟、上虞要穷得多。每年有很多的上海女孩子嫁到江浙，因为浙江人更富，所以抢着嫁。

上海人谈论的，是去广州、深圳打工，深深地艳羡那里比上海高两三倍的高工资。烦恼的是要不要放弃国企的铁饭碗，可见当年的上海人有多穷。

如果我们以 2000 年为地产开发分界线的话，2000 年之前上海的住宅存量，在 4.5 亿平方米左右。基本可以认为，这些房子全部在本地居民手里。时至 2015 年，这些房子平均升值都在 40000 元 / 平方米以上，也就是以前 3000 元 / 平方米的房子，现在 43000 元 / 平方米。这是什么概念呢？4.5 亿平方米 ×40000 元 / 平方米 =18 万亿元。这 18 万亿元，是平均分配给 1400 万本地居民的，也就是每人 130 万元，三口之家，户均 400 万元。

截至 2015 年，上海市 GDP 约是 25500 亿元。一般情况下，国家税收要拿掉 30%，企业收入 35%，能分给居民的不会高于 35%，也就是工资 8500 亿元左右。这还是 2015 年的数字，前两年的 GDP 更低。这说明什么呢？说明了人赚钱难，钱赚钱易。

在过去 15 年内，哪怕我们全部的工资累计，一分钱不动，总数可能 8 万亿都不到，而上海居民的资产升值是 18 万亿元。在 8500 亿元工资中，假设外来劳动人口占 50%，一年工薪收入约 4000 亿元，累计 10 年，也不过数万亿的规模。而本地居民手里的 5 亿平方米房子，每年涨 2000 元 / 平方米，一年就是 1 万亿元，而上海楼市的涨幅，远远不止每年 2000 元 / 平方米。

现在我们来说一说，外地人创造的财富是怎样落到本地人手中的。这主要通过宏观剥削。香港人曾经有过一个笑话：玩具大王、电动马达大王、龙虾大王，无论你赚了多少钱，最终你都是为房地产商打工。上海的逻辑，与此类似：

（1）将市中心豪宅卖给温州土豪；

（2）55 平方米限制，售出老公房；

（3）交易税费。

温和的上海人

大约 150 万有着大专以上文凭的人，第一代移民初始净资产几乎为零。但就是这些小白领，撑起了偌大的浦东房地产市场。1500 万本地居民撑起了浦西房地产市场，人均净资产超过 100 万元，垄断着几乎所有官场势力和人脉资源。他们做了什么？答案是：几乎什么也没做。这真是一个奇怪的悖论。一个掌握着 66% 人口、50% 收入、75% 存量财富的最庞大群体，在整个市场上，却差不多是失声的。

关于这个现象，我们试图找到解释。本地居民虽然有 18 万亿元资产，但这些钱几乎是平均分配的。上海可能是全中国、全世界，乃至全人类有历史以来贫富分化最小的一个城市。虽然工薪性收入可以差得很远，月薪 1000 元和月薪 100000 元。但是，如果我们给每户人家叠上 400 万呢？10 万元和 1000 万元，这是巨大的贫富差异，是巨大的阶级差异，可是 410 万元和 1400 万元呢？在过去 15 年的本地房价暴涨浪潮下，其实每户人家都发了 400 万。贫富分化被大大缩小了。

如表 5-3 所示，在所有的房地产市场，自有住房占绝对多数，约 95%，而租赁关系份额非常小，一般仅占 5%。很多人不明白这个表的关系，其实租赁 + 空置 = 第二套房数目。我们没有精确数字，但一般统计口径认为：上海拥有第二套住房的，占总家庭数的 5%；拥有第三套住房的，占总家庭数的 1%。如果一个城市，拥有 18 万亿元财产，如果这些钱分配在 450 万个家庭手里，则每户家庭 400 万元。在这个情况下，社会总量最富裕。消费能力、购买能力、文教娱乐全面繁荣，但是我们感觉不到威力和气氛。

表 5-3 2008—2010 年度上海每百户城市居民家庭房屋产权构成（%）

类别	2008	2009	2010
租赁公房	17.40%	16.30%	16.40%
原有私房	0.70%	0.70%	0.70%
房改私房	37.80%	37.20%	37.40%
商品房	39.10%	41.30%	41.10%
租赁私房	4.20%	3.70%	3.50%
其他	0.80%	0.80%	0.90%

对上海人最好的比喻，是 H_2O 白开水。如果是 800 万上海人有两套房子，

800 万上海人没有房子，那这两伙人凑在一起，肯定要产生严重的化学反应，打得不可开交。但是上海人的情况是 NaOH+HCl=H_2O+NaCl，烧碱和盐酸都反应完了，只剩下水和盐。当外地白领还在被房价每两年跳涨 50%，楼市是涨是跌折磨得死去活来、呕心沥血的时候，上海的本地居民，其实并不怎么关心楼市。说句残酷点的话，房价 1 万元 / 平方米和 10 万元 / 平方米，对上海本地人其实是一模一样的，生活还得继续过。上海人就像反应完毕的 H_2O，绝大多数时候温淡如水。但也在极少数时刻，爆发出强大的能量。譬如说，2015 年 3Q，比较大的热点，就是大宁板块的热炒金茂府和瑞虹六期强势开盘。这些地块，都属于传统的本地居民居住地块。一旦这些上海本地居民决定要购房，他们的能量是巨大的，完全可以击掉一个板块，而且毫不费力。本地居民如水，偶露峥嵘。

不可预料

本地居民市场的最大特性，是不可预料。在本地人、外地人、外国人三大群体中，真正研究不深、完全不可捉摸、不可预料的，反而是本地居民的心态。如果一辆夏利 A 级车，最高速度 60 千米 / 小时，现在已经开到 50 千米 / 小时，那我们可以说这辆车潜力已经挖尽了。可一辆迈巴赫，400 马力，最高速度 300 千米 / 小时，现在开到了 50 千米 / 小时，下一时刻，这辆车的位置是无法预测的，人家油门一踩，就冲出去了。当本地居民只用了引擎动力的 15% 时，他们的下一步行为，是无法预测的。

在这里，我们要讲很重要的一个观点：房价在很大一个范围内，都是可以维持的。譬如，上海内环线现在差不多是 8 万元 / 平方米的标准水平，但是，另一个时空，房价是 3 万元 / 平方米或者 15 万元 / 平方米，社会也是能照常运转的。人口既不会因为某地区房价（物价）高而停止涌入，也不大会因为某地房价低而大肆涌入。简单地说，从3万到8万，再到15万，每一个价格都是可以维持的。为什么？看看成都、重庆，再看看苏州、无锡。这些城市的人均GDP和上海、北京相差并不远，人口涌入也很厉害。成都的收入虽然比上海低，可一半还是有的。然而，成都、重庆房价只卖8000元/平方米（2015年）。如果成都房价卖5万元/平方米，这个城市可以维持吗？答案是可以维持的。本地人基本上99%都已经有了房，而剩下的新移民小白领，买小一点慢慢供……

一个城市房价为8000元/平方米时，我们也没见所有人拼命去抢房。

一个城市房价5万元/平方米时，成都也一样可以运转下去，楼价不会崩溃。

房价其实是一个混沌方程式，其中有太多的未解之谜。这个时候，一个喜好，一个社会风俗，就会引发价格的巨大波动。而这些宏观变迁，是完全无法预测，也无法抵挡的。本地人90%的状态下，是属于“坐电梯”的，随着大势涨，随着大势跌，涨涨跌跌，手里的房子从几十万到几百万，他们可以不买房，可以买房，也可以买很多房，人均面积增加5平方米、10平方米、15平方米，都会引发巨大的震动。但是，消费者的心理是难以预测的。我们试图解释一二，包括“只有大城市，才有房地产”等结论，但我们必须坦承，在市场规律中，还有相当多的未明区域。

下一站，重庆（一）

本篇我们要开始关心重庆，是因为上海整个城市已经在丧失生命力，青春不再。未来是哪里？未来是重庆。

重庆的经济数据，很不正常。

如果我们厌倦了超一线城市昂贵的房价，并且认为，博 10 万元 / 平方米的房价，不仅要博它涨，还要博它涨两倍、三倍……十倍，是一件很无聊的事，那你可以把目光投放到二线城市。二线城市，有几个好处：

一是房价较低，风险较低；

二是交易简便。

对于二线城市，你有几个选择：

（1）长三角城市群（15 个）；

（2）环沪、环京、临深；

（3）中部郑州、武汉、长沙；

（4）西部重庆、成都、西安。

哪怕我们不考虑东北、西北等很“冷”门的城市，也不考虑昆明、南宁等边境上的城市，仅仅是在中部，我们就有郑州、武汉、长沙三个城市，西部至少还有重庆、成都、西安、昆明四个城市。该选哪一个？答案丝毫不出人意料：以上全错，一个也不选。

集聚化

为什么？因为我们说服不了别人，“二线城市会比一线好”“只有大城市，才有房地产”。在过去的16年，其实是大城市的16年，只有北京、上海、深圳才获得了最大、最满意的涨幅，不但百分比涨赢，而且流动性更好，一、二手差异也较少，而在二线城市买房子，却不怎么赚钱，本身的涨幅就少，北京、上海、深圳涨了16倍，二线可能就三四倍，而且“一、二手”市场严重割裂，二手房呈现恶劣的“有价无市”状态，贷款估值也很不友好。如果真的进入实战，二、三线城市损耗非常厉害，远远达不到理想中的升幅。

有人可能会问，杭州有没有前途？合肥有没有前途？太原有没有前途？西安有没有前途？更有甚者，问得最多的是：成都和重庆选哪一个？为什么是重庆？

笔者的回答是：统统不感兴趣。无论哪一个二线城市，笔者全都不感兴趣。在笔者的眼里，以上诸多城市只分为“重庆”和“非重庆”。因为重庆的经济数据，非常不正常。

重庆数据

我们先来说几个数据。

刚从武汉回来的人，肯定对于“挖半城”印象深刻。武汉这个城市基本已经成为地雷站了，每隔十步必有一坑，几乎所有的路面地皮拉开重缝。但是这些活儿花了很多钱吗？按照武汉官方数据，所有的市容整洁，一共才花了 130 亿元。2015 年，全中国高速公路总投资 8000 亿元。进一步，川藏铁路，从成都入川，翻越横断山脉，最终到达拉萨，中国最后一条战略大铁路造价多少呢？1900 公里，2000 亿元。

现在笔者告诉你一个数字，每一年，投在重庆这块土地上的资金是：

1 万亿元。

一夜之内，我们可以造出川藏铁路 + 整个湖南省的高速公路 + 上海地铁，而且，这并不是说重庆固投了 1 万亿元，而是：每年投 1 万亿元。

重庆之增长

中国一年的总 GDP，大约人民币 50 万亿元。这其中，还有很大一块是消费，老百姓是要吃粮的。所以一个城市投 1 万亿元这种事情是有的，但是极少，仅限于部分特殊城市。重庆的数据异动，始于很久以前，在过去 10 年，一共只有 1.75 个城市获得过如此特权。

一个城市是重庆，它几乎持续了 10 年，每年中央投 1 万亿元“小灶”。

半个城市是天津，投了 5 年。

1/4 个城市是合肥，最近两年，合肥开始获得 1 万亿投资。

大城市固定资产投资规模

从表 5-4 中可知，重庆的“固定资产投资” = 上海 + 广州 + 深圳。考虑到重庆的 GDP 远远不如三城累加，其投资密度可谓惊人。纯以“固投”排序，重庆是中国第一城。

表 5-4 大城市固定资产投资规模

单位：亿元

城市	2013	2014	2015	合计	占GDP比重
北京	7032	7562	7991	22585	35%
上海	5648	6016	6353	18017	26%
深圳	2391	2717	3298	8406	17%
广州	4455	4890	5406	14751	29%
天津	10121	11654	13066	34841	75%
重庆	11205	13324	15480	40009	94%

2015 年，重庆市“固定资产投资”15480 亿元。也有人问，重庆的“固投”这么多，是不是都造房地产了呢？

大城市房屋供应量

如表 5-5 所示，重庆至少有 75% 的投资是工业方向，这样还有 11000 亿。无论是造路桥道隧，还是造水泥厂、钢铁厂、汽车厂，终究是会对 GDP 产生拉动作用的，其结果，就是重庆的 GDP 排名不断上涨，如表 5-6 至表 5-10 所示。

表 5–5 大城市房屋供应量

城市	商品房施工面积		商品房竣工面积		房地产
	总面积	住宅	总面积	住宅	依赖度
北京	1.31亿	6315	2632	1378	18%
上海	1.51亿	8372	2647	1589	14%
深圳	4978	3157	360	202	8%
广州	9346	5760	1511	981	12%
重庆	2.9亿	1.94亿	4630	3186	24%
南京	7084	4775	1449	1064	15%
杭州	1.11亿	5926	1665	1070	25%
苏州	1.13亿	7939	1653	1275	13%
沈阳	8341	5869	1037	769	18%
郑州	1.08亿	7256	1077	670	27%
（单位：除注明的外，均为万平方米）					

表 5–6 2016 年大城市 GDP 排名 Top10

RANK		人口（万）	面积（万平方米）	2016年前三季度GDP（亿元）	人均GDP（万元）	增量	名义增速	2015年前三季度GDP（亿元）	2015年全年GDP（亿元）	2016年GDP（预）	
1	上海	2415.27	0.63	19529.67 +6.7%	8.09	1663.43	9.31%	17866.24	24964.99	27289.35	1
2	北京	2170.50	1.64	17367.80 +6.7%	8.00	1365.40	8.53%	16002.40	22968.60	24928.39	2
3	广州	1292.68	0.74	14037.78 +8%	10.86	1054.48	8.12%	12983.30	18100.41	19570.49	3
4	深圳	1137.89	0.20	13768.35 +8.6%	12.10	1391.69	11.24%	12376.66	17502.99	19471.11	4
5	天津	1546.95	1.19	13339.44 +9.1%	8.62	1018.42	8.27%	12321.02	16538.19	17905.19	5
6	重庆	2970.00	8.24	12505.05 +10.7%	4.21	1252.41	11.13%	11252.64	15719.72	17469.31	6
7	苏州	1046.60	0.85	+8.4%	9.97	0.00	0.00%	10434.65	14504.07		7
8	成都	1414.80	1.24	+8.7%	5.51	0.00	0.00%	7816.26	10801.20		10
9	杭州	901.80	1.66	7780.67 +10%	8.63	678.41	9.55%	7102.26	10053.60	11013.92	8
10	武汉	1060.77	0.85	+7.6%	7.21	0.00	0.00%	7642.93	10905.60		9

表 5-7 2015 年大城市 GDP Top 10 排名

RANK		人口（万）	面积（万平方米）	2015年 GDP（亿元）	人均 GDP（万元）	增量	名义增速	2014年 GDP（亿元）	2016年 GDP（预）	
1	上海	2415.20	0.63	24964.99 +6.9%	10.34	1404.05	5.96%	23560.94	26452.71	1
2	北京	2170.50	1.64	22968.60 +6.9%	10.58	1637.80	7.68%	21330.80	24732.15	2
3	广州	1292.68	0.74	18100.41 +8.4%	14.00	1393.54	8.34%	16706.87	19610.19	3
4	深圳	1077.89	0.20	17502.99 +8.7%	16.24	1501.01	9.38%	16001.98	19144.80	4
5	天津	1516.81	1.19	16538.19 +9.3%	10.90	815.72	5.19%	15722.47	17396.23	5
6	重庆	3016.55	8.24	15719.72 +11%	5.21	1454.32	10.19%	14265.40	17322.30	6
7	苏州	1061.60	0.85	14504.07 +7.5%	13.66	743.18	5.40%	13760.89	15287.39	7
8	武汉	1022.00	0.85	10905.60 +8.8%	10.67	836.12	8.30%	10069.48	11811.15	8
9	成都	1417.80	1.24	10801.20 +7.9%	7.62	744.61	7.40%	10056.59	11600.94	9
10	杭州	889.00	1.66	10053.60 +10.2%	11.31	852.44	9.26%	9201.16	10985.01	10

表 5-8 2014 年大城市 GDP 排名 Top 10

RANK		人口（万）	面积（万平方米）	2014年 GDP（亿元）	人均 GDP（万元）	增量	名义增速	2013年 GDP（亿元）	2015年 GDP（预）	
1	上海	2415.20	0.63	23560.94 +7%	9.76	1958.82	9.07%	21602.12	25697.38	1
2	北京	2151.60	1.64	21330.80 +7.3%	9.91	1930.20	9.39%	19500.60	23332.77	2
3	广州	1292.68	0.74	16706.87 +8.6%	12.92	1286.73	8.34%	15420.14	18100.97	3
4	深圳	1062.89	0.20	16001.98 +8.5%	15.06	1501.75	10.36%	14500.23	17659.26	4
5	天津	1516.81	1.19	15722.47 +10%	10.37	1352.31	9.41%	14370.16	17202.04	5
6	重庆	2970.00	8.24	14265.40 +10.9%	4.80	1608.71	12.71%	12656.69	16078.58	6
7	苏州	1046.60	0.85	13760.89 +8.4%	13.15	745.19	5.73%	13015.70	1454874	7
8	武汉	1022.00	0.85	10060.00 +9.7%	9.84	1008.73	11.14%	9051.27	11181.15	8
9	成都	1417.80	1.24	10056.59 +8.7%	7.09	947.70	10.40%	9108.89	11102.89	9
10	杭州	887.40	1.66	9201.16 +8.2%	10.40	857.64	10.28%	8343.52	10146.96	10

表 5-9 2013 年大城市 GDP 排名 Top 10

2013排名	城市	2013年 GDP（亿元）	增长率（%）	上年排名	省、市排名	城市级别	备注
1	上海	21602.12	7.7%	1	沪	直辖市	
2	北京	19500.6	7.7%	2	京	直辖市	预计
3	广州	15123	11.6%	3	广东1	副省级城市	预计
4	深圳	14500	11.6%	4	广东2	副省级城市	预计
5	天津	14370.16	12.5%	5	津	直辖市	
6	苏州	13000	9.8%	6	江苏1	地级市	
7	重庆	12657	12.3%	7	渝	直辖市	预计
8	成都	9000	10%	8	四川1	副省级城市	预计
9	武汉	9000	12.5%	9	湖北1	副省级城市	预计
10	杭州	8343.52	8.0%	10	浙江1	副省级城市	

表 5-10 2012 年大城市 GDP 排名 Top 10

2012 排名	城市	2012年 GDP（亿元）	增长率（%）	上年排名	省、市排名	城市级别
1	上海	20101.33	7.5	1	沪	直辖市
2	北京	17801.00	7.7	2	京	直辖市
3	广州	13551.21	10.5	3	广东1	副省级城市
4	深圳	12950.08	10.0	5	广东2	副省级城市
5	天津	12885.18	13.8	4	津	直辖市
6	苏州	12011.65	10.1	6	江苏1	地级市
7	重庆	11459.00	13.6	7	渝	直辖市
8	成都	8138.9	13	10	四川1	副省级城市
9	武汉	8003.82	11.9	13	湖北1	副省级城市
10	杭州	7803.98	9.0	8	浙江1	省会城市

在 2012—2016 年，重庆每年的增长率都是 Top10 中最强的，这也使得重庆的排名不断上升。

在中国所有大城市中，就 GDP 而论，大约分三个梯队：

（1）京沪，遥遥领先；

（2）广州、深圳、天津、重庆、苏州；

（3）成都、武汉、南京、杭州、青岛……

在 12500 亿～14000 亿元 GDP 这个梯队之中，重庆和广州的差距已经不大，大约还剩 12%。若一切顺利：

2018 年，重庆 GDP 会排在中国第五位。

2023 年，重庆 GDP 会超过广州。

图 5-2 为 10 年累积大图，数据更明显。

图 5-2 2005—2015 年 GDP 增速排行榜

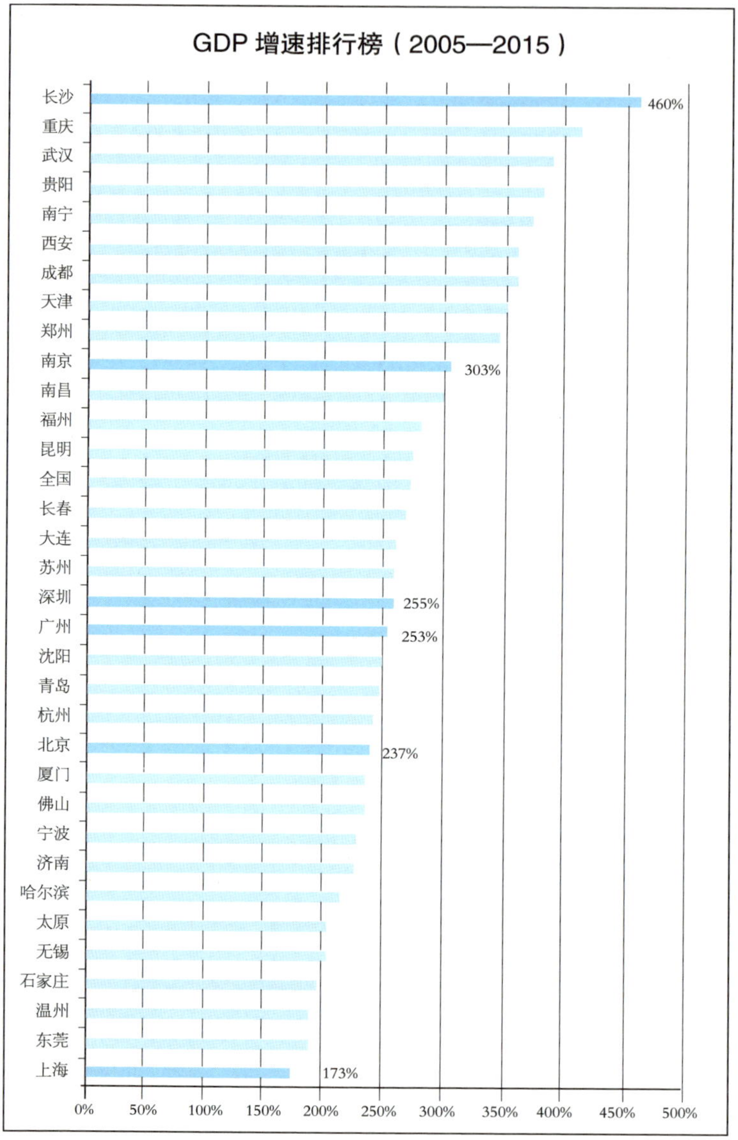

GDP 增速排行榜（2005—2015）

长沙 460%
重庆
武汉
贵阳
南宁
西安
成都
天津
郑州
南京 303%
南昌
福州
昆明
全国
长春
大连
苏州
深圳 255%
广州 253%
沈阳
青岛
杭州
北京 237%
厦门
佛山
宁波
济南
哈尔滨
太原
无锡
石家庄
温州
东莞
上海 173%

0% 50% 100% 150% 200% 250% 300% 350% 400% 450% 500%

（* 长沙 GDP 较小，而且有长株潭一体化影响）

当我们衡量一个区域时，常常会用到“首位度”的概念。其具体的算法，是排名第一的城市，除以排名第二的城市。对于成渝的争论，这是根本无须讨论的。

2012 年：重庆 / 成都 =140%

2016 年：重庆 / 成都 =149%

可见，重庆的经济总量，远远领先于成都。二者几乎不是同一个数量级的。而且这个差距，还在不断拉开，如果西南有中心城市的话，那就只能是重庆。

下一站，重庆（二）

体外循环

如果我们观察重庆的经济数据（见表 5–11），会发现很有趣的现象。

表 5–11 重庆经济数据

单位：亿元

年份	固定资产投资	GDP	差额
2012	9380	11459	2079
2013	11205	12657	1452
2014	13223	14265	1042
2015	15480	15719	239

我们知道，GDP= 投资 + 消费 + 净出口，其中，净出口往往非常小，可以忽略。“固定资产投资”和“投资”还是小有区别。据说公式是这样的：

固定资产投资 = 投资 + 土地出让金。因为在 GDP 核算中，土地出让金不被认为创造生产力。所以，公式就是：消费 = 差额 + 土地出让金。我们可以看到，重庆的消费这一栏，变化是不大的，也就是 2012—2016 年，重庆这片土地，“消费额”始终维持在 3000 亿～4000 亿元的数量级。无论投资额是从 4000 亿到 6000 亿元，再到 8000 亿元、12000 亿元，最后到 15000 亿元，消费额恒定为三四千亿。我们可以大致地认为，这个 3000 亿～4000 亿元，就是重庆的“本土实力”。

重庆 2950 万人口，城市化率约 62%，折合是 2000 万市民、1000 万农民。这 2000 万市民的一个大城市，重庆的“本土实力”，重庆的自身力气，就在三四千亿元，重庆经济的增长和海量投资，来源都是中央。我们可以把重庆分为“内外”的二元结构。内圈，是重庆市民。整个城市，以火锅、麻将、街道为主，看不到太多的高科技元素。这就是“本土重庆”，这就是本地居民的世界。本地居民产出是 3000 亿～4000 亿元，而且增长缓慢，变化不大。另一个世界，则是“外圈世界”。外圈世界变化的范围，很可能不在我们的视线之内，可能是在周边的开发区。

图 5-3 为 2014 年以来重庆和全国投产月累计增速对比。

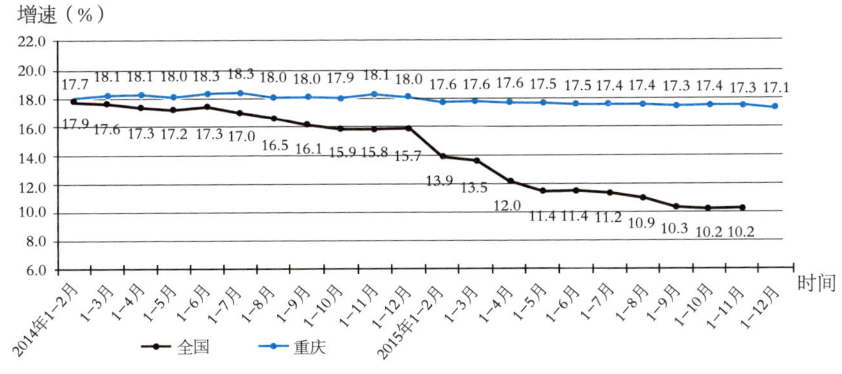

图 5-3 2014 年以来重庆和全国投产月累计增速对比

从分产业看，第一产业投资533.24亿元，同比增长9.5%；第二产业投资4997.96亿元，同比增长19.9%；第三产业投资9949.12亿元，同比增长16.1%。第二产业中，工业投资4990.09亿元，同比增长19.8%。

从项目隶属关系看，中央项目投资949.90亿元，同比增长7.0%；地方项目投资14530.43亿元，同比增长17.8%。

按投资构成分，建筑安装工程11484.60亿元，同比增长19.7%；设备工（器）具购置1644.81亿元，同比增长18.1%；其他费用2350.91亿元，同比增长5.0%。

从分区域看，都市功能核心区完成投资1402.68亿元，同比增长7.0%；都市功能拓展区完成投资3781.98亿元，同比增长16.2%；城市发展新区完成投资6293.36亿元，同比增长21.1%；渝东北生态涵养发展区完成投资2978.26亿元，同比增长17.8%；渝东南生态保护发展区完成投资1024.04亿元，同比增长9.8%。

可见，真正意义上的“市区”，也就是房地产涉及的“城八区”，它的投资是非常少的。而重庆投资的大头，3000多亿元是在“郊县”，类似于上海的金山石化、宝山钢铁、外高桥电厂码头。6000多亿元的“更大头”，是在更外围的工业企业，类似于昆山、太仓、启东，这已经和都市区房地产毫无任何联系了，因此，构成了重庆市的“二元背离”。

先进服务业

重庆的地价非常低。重庆的容积率和广州、深圳、成都类似，可是重庆的地价连广州的1/10都不到。广州每亩地卖5000万元，造完以后，地价35000元/平方米；重庆每亩地卖200万元，造完以后，地价1500元/平方米。因为重庆近乎免费白送的地价，才能维持中环线 5000～6000 元 / 平方米的房价，重庆目前卖地是“赔钱”的。坚持不懈地低价供地，才能维持着低地价、低房价，从经济学上，可以视为一种“补贴”。

尽管重庆的地价并不高，但它绝对不是一个“落后城市”。在重庆吃份牛排，喝杯咖啡，其消费绝对不是“西部县城”3 元、5 元、10 元的概念，而是人均 100～200 元。或者说，待在重庆主城区，像个白领一样生活，吃吃喝喝，一个月七八千的开支是肯定要的，除了房价外，其他消费都和上海差不多，至多是个九折。这意味着重庆的服务业工资收入，是不低的。小夫妻俩一年赚二三十万,三四年的纯工资，就可以买一套房子，重庆房价之低，对购买力绝对不是负担。之前的 7000～8000 元 / 平方米的房价，是因为白领认为没什么必要买，没有紧迫感买，可是一旦房价涨起来，哪怕涨到 20000～30000 元 / 平方米，还是闭着眼睛随便买，没有压力负担，哪怕再涨到 50000～60000 元 / 平方米，购房负担也不见得比上海人民更重。

重庆的住房开工量并不低，如（上）篇中的报表。

但它追求的是“数量”上的增长，而非“价格式”的增长。

重庆

重庆是陪都的建设规格，是最理想的“战时陪都”选择。重庆是“双重内陆省”，它嵌入在双层保护之中。

从西边走，是青藏高原。任何一支重部队都不可能从这个方向进攻。这一面是绝对安全的。

从南边走，是横断山脉，而且还要越过“地无三里平”的贵州省。这一面也绝对安全。

从北边走，要先经过西安。关中盆地四面关隘，易守难攻。当年日本人都没有打下来。而西安之后，再经过剑阁，也不是一朝一夕可以到达的。

从东边走，是三峡，陆路基本不可到达。而 Three Gorges Dam 在手，想枯水就枯水，想泄洪就泄洪，水军也是不行的。

下一站，重庆（三）

数量级

关于重庆，之前介绍了这么多，现在我们要分析重庆楼市“投资”，有一个“梗”是绝对绕不过去的，即上海的房价是重庆的10倍：上海楼市80000元/平方米，重庆楼市8000元/平方米（2015年数据）。内环对内环，新房对新房，基本就是这个比例，这对于房地产投资来说，有着非常重要的意义。意思是我们“换仓”的话，上海卖掉1套房子，重庆可以买入10套。但是，我们更延伸地推想一下，“上海卖掉10套”，则重庆可以买入100套。

一般情况下，我们的计划是，上海卖掉10套内环线，凑足8000万~10000万元的资金，拿去建仓重庆。如果以个人散户的名义，在重庆买入三五套，合计建立300万~500万元的仓位，对于我们来说，仅是百分之零点几的数量级，四舍五入为零。我们现在面临的问题是，无法在重庆建仓。如果在上海卖掉1套房子，在重庆就可以买10套；在上海卖掉10套，在重庆就可以买100套，考虑到上海的房产，负债率都已经很低，《长线负债率》一文说到，平均小于25%，而重新建仓的话，负债率还可以拉高，最终应该大于100套。100套房子是什么概念呢？以一幢典型的重庆建筑为例，28层，二梯五户，则整幢楼138户。也就是说，到重庆，可以买下一幢楼。

扫楼

这样的“发散性”思维，进一步延伸的话，上海的一个标准小区，有多大？答案是，标准的楼盘是400～500户，一个街区，四幢楼。将这个概念进一步发散，好像也不大。再进一步地发散思维，如果检视重庆一些二线开发商的财务实力，很多的开发商，其资本也就2亿现金左右。数量级到了我们这个数字，再要运作，会是十分困难的事。回报率绝对不是“富者益富，富者恒富”，因为回报的增长，是需要“全要素增长”的。每一项资源都要成比例增长。而有钱人在“其他资源”方面，和穷人并没有100倍的差距。因此，“财富增值”的速度，必然是穷人快于富人。回到“投资重庆房产”这个话题，我们面临一个很现实的瓶颈，“房票＋贷票”是有限的。无论我们多么有钱，也不可能买100套，真的想买100套，则处处是障碍。

任何一个商业模式，建立之初一定是最赚钱的。房地产投资这一行，从0到2000万，是最快的。但是“边际效益递减”，如果不改模式的话，增长就会越来越慢，回报越来越低，直到最后龟速。对于“重庆投资建仓”，遵循同样的道理。

因为“个人散户”，没法建仓，即使用亲友名义买三五套，那也是芝麻小钱。我们考虑组团以开发商的方式，去收购整栋房产。

运作

我们考虑收购整栋房产，几百套房子，位置最好是中环线，把成本降下来。地铁出口，户型以中小型为主。然后整体出租，不出售，做“大业主”。我们有足够多的设计力量、装修力量以及领先的审美观。“大业主”本身对于小业主在品质、物业、档次上就有碾压性的优势，重要的是可以保持“极高”的物业管理水准。哪里灯不亮，水泥缺了一个角，水景枯涝，这些在传统物业下几乎无解的问题，在“大业主”手里都不是问题，只有大业主，才能无所顾虑地使用物业维修基金，才能舍得大手笔地花钱，才知道“花钱就是赚钱”。物业就应该越花钱越好。

于是，我们挟“大业主”的物业优势，上海人的“洋气”眼光，再加上全套“凤变冰”的装修手法，可以在重庆打造出“著名”的居住社区，形成白领小资中的风向标，横扫中高端租赁市场。但我们不出售，我们长持，重庆本身的房租，增速就有 4.5% 左右。如果加上我们针对性的优化，如租金、口碑和品牌，最终可以获得比市场更高的租金，我们用租金来还贷款。这样，计划撑七年左右，大业主负责翻新“外墙”外立面，保证翻新后光亮全新。到 2025 年，成熟了，我们分拆出售。

凡是投资重庆的人，一直纠缠于一件难事：“处房情结”，二手房有大量的折价怎么办？我们不卖二手房，我们卖一手房给你。如果资金量充沛的话，我们甚至幻想收购“土地储备”的开发商，最好开发商除了 450 套房外，还有一两块空地。

以上的计划，是不是听着很疯狂，很不靠谱，像讲故事一样？但是，我们可以讲另一个故事：很久很久以前，在上海滩有一个小白领，全副身家 20 万元，这个小白领，通过“三成按揭”买房子。房子大涨，他的财富增加 10

倍，成了一个几百万身家的中产阶级。但是，“链式反应”后，他的脚步并没有停下来，在几百万的情况下，他再用“三成首付”，买入三套房子。这一轮赌赢了之后，他就完全拥有了三套房子，小康2000万元。此后呢？第三轮，再“一化三,三化九”，等第三轮战役结束时，就拥有了10套房子。可见，这10套房子，最初的源头都是从20万元，一个亭子间变幻开始的。现在，把上海“10套住宅”抛了，搬到了重庆，就翻了10倍。当你搬到了重庆之后，你就成长为“一幢楼”，甚至进一步，你会逐渐看到“一个小区”。

因此，我们说重庆前途无量。

重压之下，生存之道

环境决定流派

（1）普通青年

假设你是一个典型的外企白领，年龄30～35岁，夫妻俩，有大学本科文凭，收入可以达到2万元/月，按15薪，这样全家年收入就有60万元，有250万～350万元的积蓄。分散投资在股票、基金、余额宝和理财产品中，平均回报率一般。前两年结婚时，买了一套较差地段的二居室，目前行情在90平方米×55000元/平方米=500万元左右，贷款月供四五千。目前，你们的主要计划是改善住房，或者为小孩读书考虑，希望按照“合理压力”梯次改善住房，或者纯粹再多买一套小房子，用于投资。应该说，这样的设定是非常具有典型意义和普遍意义的。

现在让我们看看，这样的白领小夫妻，会遇到怎样的重重障碍？

（1）假设把这套500万元的房子卖了，根据“压价效应”，卖不到500万元，只能够卖 500 × 92%=460 万元。

（2）按照这对小夫妻的年龄，假设这套“二居室”是他们六七年前结婚时买的。现在翻了四倍，则当年他们买的时候房价 120 万元左右，贷款 84 万元，这些贷款还了几年后还剩 80 万元，则他们“现金”净到手 380 万元。

（3）按照税法，小夫妻要缴“营业税”，差额的 5.65%=21.5 万元，所得税 2%，10 万元；中介费假设打折，3.5 万元。以上合计 35 万元，则“现金”还剩 345 万元。

（4）现在他们再买进一套。为了简化模型，我们干脆就假设他买进的就是同一小区同一幢楼楼上的某一套，买进价也是 500 万元。假设他放大杠杆，首付三成 150 万元，余下银行贷款，则他的现金支出是：首付 150 万元 + 契税 15 万元 + 中介费 3.5 万元 + 其他 0.5 万元 =169 万元。则他的现金，还剩下 176 万元。

（5）现在到了最关键的一步，他们可以用剩下的 176 万元，再买一套房子。这套房子，因为是“二套”，所以首付要 40%，契税 3%，中介费和杂费 1%：

0.44X=176 万，X=400 万。

因此，我们立即算出，“放大杠杆”之后，再买的一套小房子是总价 400 万元：贷款 240 万元，1.1 倍利率，首付 160 万元，契税 12 万元，中介费 3.5 万元，杂费 0.5 万元。

于是我们有了表 5–12。

表 5–12

单位：元

	之前	之后		差额
房子	500万	500万	400万	400万
贷款	−80万	−350万	−240万	−510万
条件	30年7折	30年1.1倍	30年1.1倍	
月供	3561	19632	13462	29532

以上还没有算“破限购”的成本。

表格分析

看表5-12，我们分析出一些什么呢？以前是一套500万元的房子，现在是两套房子，也就是说，实际增加了400万元的房产。这张表格的意思就是，你以510万的净债务，换取了400万元的房子。当然，现在是零首付了，你只要月供3万多元，供上30年，也可以把这套400万元的房子拿回家。至于“3万元30年”是不是划算，那就是见仁见智了，仔细算算，利率也不太高。

我们买一套500万元的房子，肯不肯掏100万元出来，作为中介的“好处费”？笔者认为肯这么干的人，肯定是凤毛麟角。加之其他的一些费用，沉重的“交易成本”导致的直接后果，就是最主流的“小夫妻换房客”消失了。要知道，普通人永远占据了我们这个社会的99%，是主流中的主流。对于普通人“小夫妻”，他们目前真实的情况是几乎无法换房，稍微做一下财务预算，数字能让人昏眩。

表 5-13

单位：元

	之前	之后	差额
贷款	80万	590万	510万
月供	3561	33093	29532

从表5-13中可知，原先这对夫妻仅有80万元的贷款，月供仅有微不足道的3500元。可是折腾一下，贷款猛地增长到了590万元，月供要33000元。

按照上海房子6万元/平方米，我们新增加25平方米的话，就是150万元。但是，现在的情况是，换一次房，增加一个房间，增加几平方米，所牵涉的费用并不是 150 万元，而是 300 万元、450 万元，为什么？因为“交易费用”实在太高。

重压之下，生存之道

适者生存，能在 25% 这么高的交易成本下活下来的，事实上只剩下了两个流派：“老破小”流；大面积低单价，囤房流。

对于“老破小”流，它是一个特殊的存在，因为“交易成本”这张大网中，还是有一点疏眼存在的。

如果是“都市贫民”，是首房首贷。

而你买卖的，全部都是 55 平方米以下的房子，在目前的情况下，还能做成普通住房。

你快进快出，两年换一次手，把涨幅做平，绝不让手里的筹码翻十几倍。

某些特殊的城市，有特殊政策，可以“避税”。

在种种因素合力之下，“老破小”流派还有一个窗口，这个窗口可以把你的“交易成本”降低，降到 1%～3% 还算是比较正常合理的范围。但是，这样一个流派，其局限也是非常明显的，就是“做不大”。因为我们首先要限定死了“首房首贷”，而且要“快速换手”。当我们的资金大到一定规模，小池子就容不下了。这套流派非常适合“初入门者”，有 100 万～300 万元的资金，快进快出，每个季度赚几十万元。但是，一旦我们“赚到了钱”，资金量变大，“老破小”流派就无法持续，我们终究不能持有几十套同时做流水线的。

永远不卖

那么，我们还剩下什么流派呢？剩下的就是“永远不卖”流。“永远不卖”流最多缴一次买进税，然后就长期持有，持有个一二十年，把税费“平摊”到一个非常小的数字。因为做好了长期“抗战”的准备，甚至可以“等”，一直等到政策宽松了再出手。从长远看，一切都可能发生。

要做到一个淡定的“只进不出”流，你必须做到以下几点：

（1）必须是“价值投资”

这意味着我们应该基于房屋本身的价值、地段、品质、交通，而不是房屋今天的“价格”，一些概念热炒之类的。因为卖出要损失 25%，热炒对我们是没意义的，哪怕名义涨幅很高，扣除税费损失之后，“实际回报”也不高。我们希望的是“长期优质”。希望这套房子在未来的 5 年、10 年、15 年，能够长期持续升值。该地区的长远利好发展才是最重要的。

（2）我们必须有足够长的雪坡

简单地计算一下，假如我们要求每年 15% 的房价“涨幅”，这并不是一个很夸张的数字。可是把这个数字复利 10 年、15 年呢？115%^10=4 倍，115%^15=8 倍，也就是说，如果这套房子准备“持有”10 年的话，就至少有 4 倍涨幅，否则年均回报就不够高。15% 或许不是一个吸引眼球的数字，可是 400% 却是非常难以达到的。要知道，回顾过去 10 年的话，很多“明星”资产都没有达到 400% 的涨幅，包括但不限于黄金、石油、A 股、道·琼斯、沃伦·巴菲特，以及美、加、英等任何一地房产。

（3）楼市无波段

选择了“只进不出”流派，就等于丧失了很多机会。楼市无波段，在任何时候都是无法进行“高抛低吸”的。一个波段，至少要相差 15% 才可以赚钱，而楼市在任何时候，回调都没有超过 10%。更别妄谈什么“先抛掉了，等跌下来再吸”，幅度都不够缴的税。对于“只进不出”流派，有一笔现金，就买一套房子，此后别的板块有什么新闻和暴涨暴跌，也就看看，因为不能参与，不能入场，也不能换筹了。

买卖是买卖，租赁是租赁

出于文化和风俗的原因，买卖和租赁实际上是两种商品。

泡沫

假如有 A 和 B 两处房产。A 价值 600 万元，月租 5000 元。B 价值 500 万元，月租 10000 元。请问 A 和 B 两处房产，哪一个有泡沫，哪一个还会继续涨，哪一个是价值投资？

这是上海卢湾和古北的例子。可能有人会说，这个不对，它违背了最基本的经济常理。经济学定义告诉我们：价值，等于未来全部的现金流贴现。如果 B 的租金比 A 高，而且在可预见的未来里，B 一直比 A 高，那么 B 的价格应该大于 A，这是不是违背了经济学常理呢？

买卖和租赁

有趣的是，这两种说法都是正确的。也就是说，古北的确租金比卢湾高，而卢湾地段和价值都比古北高，而且还不违反经济学原理。为什么？因为在这时候，消费者心理是断层的，他们其实买的是两种商品。

出于文化和风俗等原因，中国人对待“购买”和“租赁”的态度是截然不同的。如果去问一个 25 岁的大学生，月薪 2 万元，你问他肯花多少钱去租房，他可能回答“4000 元”，租赁首选老公房，再简陋、窄一点也行，钱都要存下来“买”房子。而你接着问他想买什么房子，他说 350 万元的板式新房，贷款 250 万元，月供 15000 元，其中 10000 元是利息。可见，当一个中国人面临“房子”问题时，他的态度是有巨大不同的。租房，他会去租最老、最破、最小的房子，一个月三四千元都心疼得要命，恨不得再旧、再小一点，节省成本。而买房，他愿意负担每个月一两万元的支出。

中国的传统观念，租房是“支出”，钱是花出去的，财富总是越花越少，长辈和亲朋对于大金额租房的看法是“斥责”的。而买房是“储蓄”，钱没有减少，财富有所增加。这就造成了“买卖市场”和“租赁市场”的严重割裂。这二者对消费者心理的影响如此不同，差异巨大，以至于可认为是两种商品。

当买卖和租赁分裂成两种商品时，便能够解释市场的现状。买卖是买卖，租赁是租赁。古北几乎是全上海租金最贵的地段，在租赁这一场战斗中，它是毫无疑问的王者，然而租赁市场的表现，并不会扩散影响到买卖市场。买卖市场拼的是“拥有”一种家的感觉，适合居住、心旷神怡的感觉，垄断稀缺江景豪宅的感觉，熟悉拥有的感觉。买卖是另一个战场，在这个战场中，“黄卢静陆徐”才是赢家。消费者消耗的是另一种商品。

房地产投资者眼中的租赁观

当你入手一套房子前，你先要想清楚，你图的是租金，还是差价。好租的房子未必好卖，很多租金昂贵的王者，未必很升值，如某些面积极小户型。好卖的房子未必好租，有些升值最快的房产，可能租金并不佳，甚至完全没有租金，如远郊房产。简单地用租金来判断房价是愚蠢的，根据一套房子租金回报百分比比另一套好来判断决策，也是愚蠢的。为了多赚几百元房租，而决定几十万甚至几百万房产的买卖，是极大的愚蠢。

群租的自然消亡

在房地产市场中，我们有可能针对租赁做“特别优化”。群租曾经在上海市场造成了巨大的麻烦，令市政府头疼不已，几度取缔，可还是无法根治清除。但是，市场、商业的本身，却已经令“群租”渐渐消亡，群租这个行业，不用政府干预，它本身就已经撑不下去了，最终会褪色成为历史中曾有的一个符号。

为什么？因为群租在商业上是不划算的。例如，通过巧妙地装修隔断，在75平方米公寓中，分割出两个独门独户套间，从而可以租给两户家庭，获得2700+2400=5100元的房租，远远超过一般水平。但我们要说，这件事，在财务上是毫无意义的，甚至是亏钱的。这件事的确是可以让你多获得租金，但是你又能获得多少呢？假设原本的价格是3000元（现在半间2700元），你一个月也就多赚2100元。一年25000元，四年10万元。但是，你在出售的时候，会吃很大的亏。因为“买卖是买卖，租赁是租赁”，别人不会因为你这套房子租金高，而给你更高的估价。相反，他们会借口你这套房子是“群租”的，而大幅压价。

市场上的买家主要有三类：

（1）买来自己用，自己住；

（2）买来投资，争取加价转售；

（3）买来长线收租，以收取租金为主。

对于前两类客户，这个“房屋状况”都是巨大的减分处，对方几乎要把你的装修全部敲掉重做。而第三类客户极少，限购下几乎不存在。当你贪图了这细微的蝇头，一个月2000元，一年25000元，四年10万元，而在最主要的战场——“买卖战场”，你输掉的绝对不止10万元。虽然你可以解释群租不伤固体结构，但市场绝大多数时候是恶意压价，尤其是有一个压价的名头。所以“群租”房东一般的商业模式如下：

买下房子，群租装修；

租赁N年；

敲掉群租，恢复成普通装修，然后再出售。

在这个流程中，你需要装修两次，然后平摊到N年中去。哪怕对于“超长期”的持有，N=10年左右，这也是一笔不小的分摊，甚至完全吞噬掉你的“额外租金”。

而一旦你的N=5，甚至持有期只有三年或者更短，那你铁定就是亏损的，更别说人力和心力的损耗了。

最佳租金

获取房租利益最大化的方式是什么？答案是“空置”。这是一个出乎绝大多数人意料的答案。为什么？以目前上海房地产市场为例，房租的回报率大约是 2%，也就是说，你空置一年差 2%，空置半年差 1%。很多人不明白，影响一套房子卖出价、卖出速度的最主要因素是什么？是品相，品相，品相。

买房子，尤其是女人买房子，看中的是什么？你以为是地段、楼层、性价比，甚至是学区？这些都错了，女人买房子，看且仅看一样东西：装修。卖房子之前，一定要把租客赶走。所有能扔的东西都扔（藏）掉，一直扔到像五星级酒店一样的简洁程度。软装尤其重要，弄一些塑料花、长毛绒玩具、流苏台灯、墙贴，贴在墙上萌萌的、软软的，就像家一样。这样，不但你的房子能比别人更快地卖掉，而且可以卖出超过小区均价 10% ~ 15% 的价格，通常可以多卖 50 万元。空关半年的成本是 1%，每个月几千元，因此，租金最大化的方法是：空置。

当准备卖房时，就要开始准备空置了。一般来说，卖房不是随时随地可以卖的，只有单数年的特定月份才是较好的“时间窗口”。算好时间，提前几个月就要让租客搬走。或许有人会问：带租约出售如何？想象一下，当意向客户来看房子时，桌子上堆满了吃了一半的碗筷，沙发上扔着奶嘴和尿布，厨房晾着一排内裤。在这样的情况下，谁还会买你的房子？

外国人的购房观

外国人存在的主要作用，是“扭曲”了租房市场，主要是欧美人不买房子，因为他们多半待三五年就走；欧美高管有租房补贴，可以多达35000～70000元/月；外国人喜欢抱团，只会存在于有限的区域，他们的人数很少，大约占2%。华人在海外留学也是抱团的，中国人喜欢集中住在几个社区。这样不仅更安全，而且可以交更多的朋友，也更有生活气息。老外同理。外国人考虑的并不全是性价比，还有熟悉和抱团。

“欧美”类外国人最主要的一个特性，是“大额租房补贴，却不买房子”。他们对楼市的影响，是以2%的人口比例，影响了80%的人的租金。凡是有外国人聚集点的半径圆，房租就会暴涨，而且是远远偏离正常水平的租金水平。

在这里，我们要花点篇幅讲讲“租金幻觉”的事。假设给你一套1000万元的房子，其合理的租金应该是多少呢？6%、8%还是10%？我们听到的回答是：“租金是房价的6%～8%。”这第一课，就是把你错带到沟里去的，1000

万元的房价，是远远租不到 5 万房租的，常例是根本没有 6% 的回报，2% ~ 3% 也难，1000 万元的房子租 25000 元就算不错了。我们要注意，本地人是不租房的；外地人，通常喜欢租最便宜的房子；真正租房子的，只有外国人。高端租赁几乎完全是外国人撑起来的。3 万元 / 月以上的租赁，95% 都是外国人。在没有外国人的二线城市，无论房子值多少钱，都租不出高价。

当有外国人介入，将某板块租金推高到不合理的时候，该板块该如何估价？在这个问题上，我们的“先烈们”——古北的早期房产投资者付出了惨痛的教训（见表 5–14）。

表 5–14

单位：元

类别	1997年	2015年
古北	17000	60000
卢湾	4500	60000
老公房	2500	45000

大概在 1997 年，金融风暴的前一年，古北的房价就是 2000 美元。古北的单价，是卢湾区的 4 倍，一套古北的房子可以换 4 套南卢湾的房子。可时至今日，古北和卢湾的价格已经拉平。也就是在漫长的 20 年里，古北跑输大市 400%，古北是全市最差板块。

为什么会出现这种情况呢？主要是针对房租的预期错误。

表 5–15

单位：元

租客	2015年	2016年	2017年	2018年	2019年	2020年	2021年	2022年	2023年	2024年	2025年	2026年
斯里兰卡	8000	8000	8000	8000	8000	8000	8000	8000	8000	8000	8000	8000
欧美籍	28000	28000	28000	28000	28000	28000	28000	28000	28000	28000	28000	28000

如表 5–15 所示为虚构示意图，指东南亚某城市，如科伦坡、班加罗尔或者西贡。

表 5–16，则是上海、北京租房情况。

表 5–16 上海、北京租房情况

单位：元

时间 租客	2015年	2016年	2017年	2018年	2019年	2020年	2021年	2022年	2023年	2024年	2025年	2026年
中国人	8000	9000	10000	11500	13000	14500	16000	18000	20000	22500	25000	28000
外国人	28000	28000	28000	28000	28000	28000	28000	28000	28000	28000	28000	28000
差价	20000	19000	18000	16500	15000	13500	12000	10000	8000	5500	3000	0

我们可以清晰地看出这两个表格的区别。简单来说，就是大国崛起，中国人一直在变强。过去 20 年，中国是全世界发展最快的国家，而上海、北京、深圳是中国发展最快的城市，所以本地居民的收入及财富实力，是以指数翻倍般上涨的。在表 5–15 中，外籍人士对东南亚人的优势是压倒性的，而且是长期不变的，始终是 28000 : 8000，所以外销外国人房子可以贵三倍。但是在表 5–15 中，随着中国的崛起，中国人的实力是不断增长的，支付能力也是不断增长的，所以卢湾涨、古北不涨。

外国人对楼市的影响，应该理解为一笔一次性的“房租红包”。如果要说定量计算，还是以表 5–16 为例来说明。

10 年中，房租一共多收了约 170 万元。而最终在 2026 年，租给中国人和租给外国人的租金完全相等。这张表没有继续做下去的必要。数字不精确，但大致的数量如此。这也回答了一个问题，假如有 A、B 两套房屋，A 售价 600 万，租金 5000 元，B 售价 500 万元，租金 10000 元，二者谁更有升值潜力？谁是价值投资，谁有泡沫？答案可能是令人意外的：A 好，B 坏。

高端涉外租赁

“高端涉外租赁”指月租金3万元以上的租赁。“高端涉外租赁”的楼盘，涨得极慢。在“高端涉外租赁”这个市场上，赚得再多的租金和房价相比，也就是个“余额”。

外国人的平均净资产，一般不超过100万美元。如果是总裁、亚太地区CEO级别的外国人，其净资产也往往不超过500万美元。在今天，上海丈母娘已经很少把女儿嫁外国人了。再往后连续发展20年的话，届时，中国将发展到无法想象的地步。发达国家在中国的形象，会渐渐沦落到来自其他发展中国家的人的集体印象。“外国人终将没落”，本地居民和外国人的实力在不断拉近。外国人丧失光环，无论购买力还是净资产，都不占优势。而外资企业，也是处于一个整体的溃败期，外企远远不再是最优雇主。

但是，现在碧云完全罔顾现实，继续规划定位为“外籍人士国际社区”。偏偏还出奇地贵，结果就是碧云完全炒不起来。因为太贵，无增长，没有人气，所以碧云的房价也完全无法增长。碧云的前途是什么呢？答案是本地化。当N年以后，本地人、外地人发现这个地块位置不错，离环线也近，于是，华人又会重新涌入，把这个地区重新华人化。

香港楼市崩盘始末

香港房价最低谷，也是跌到 1995 年的价格。

2001 年，当我们刚踏入这行时，听得最多的是“楼市泡沫”。几乎所有的舆论媒体，都喋喋不休地向我们展示“日本房地产泡沫”“中国香港房地产泡沫”“日本房地产是怎么崩盘的”“中国香港房地产大跌七成”……

香港的房地产，从 1960 年开始起飞。如果从“起步价”开始计算，则一共大概升了 200 倍。将它平摊到 56 年的时间中，平均每年涨约 10%。但是，毫无疑问的一件事，一般认为 1991—1997 年这六年中，楼市升得特别厉害，大概升了四倍，或每年 25%。然而事情的真正高潮，发生在 1995 年，仅仅最后的 18 个月，楼价就升了 50%。

1995 年，英国人大肆抛售在香港的资产，并形成一个向下缺口。而这些资产谁在接手呢？华人大亨接了一部分，更多的是有很多“红筹”在接。随着 1997 年临近，市场开始狂热。甚至可以说：“香港楼市之后的跌幅，都是 1995—1997 年两年内涨出来的。”

三个 70%

70% × 70% × 70% = 34.3%。香港楼市从顶峰下跌到最低处，大约剩下三成。按照我个人粗浅的看法，大致可以划为三波。每一波都是七折，跌去30%。三个 30%，“CEO 30%” + “暴涨 30%” + “真跌 30%”，楼市中的第一个 −30%，是 CEO 盘 −30%。我们知道，所有的楼盘，并非同步涨跌。楼盘之中，本身有笋盘，有洼地，也有 CEO 盘和严重高估的陷阱。

香港的第一个 −30%，是 CEO 盘跌 30%。市场并非完美和谐，尤其是大势急升的时候，会有一些区域、一些板块“炒风”特别炽盛。这些板块和楼盘，或许是开发商特别擅长炒作、搞话题，或许是目标人群特别无理性，或许是外来人口的刚需。

我们综观香港 1997 年房价下跌，发现跌得最狠的是“伪豪宅”，具体的定义是：新晋社区想要开发成高档住宅区，但又未完工，所以尚未被市场接受的原有烂泥地郊区。譬如，当时九龙塘、石硖尾、东涌，乃至深水湾都跌幅十分严重。这些区域以新盘为主，人口填入，本身的凝聚力不强。而到了 1998—1999 年下跌第一年，一方面，开发商集体“劈价抢跑道”，一手盘最多的地方又是受害重灾区；另外一方面，“学区房”跌幅也十分严重。

第二个 −30%，是抹去了“去年的涨幅”。我们知道，56 年平均下来，香港算大牛市了，年均涨幅不过 10%。而 1996—1997 年最后一年，受“红筹托市”的感染，仅仅一年就涨了约 50%。其中，普通的楼盘仅涨了约 30%，还有 30% 是特别的“明星爆炒盘”额外涨上去的，也就是部分盘涨了 60% ~ 70%。楼市下跌的第二个 −30%，是把这一段涨幅抹去。

我们看图 5–5。

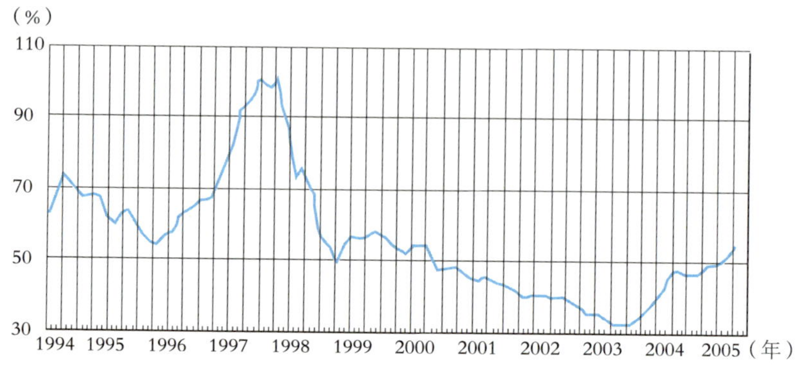

图 5–5 香港楼市的走势

可以看出,1995 年的这一个价格，形成了一个明显的“底部”，或者称为“箱体”。也就是 1995 年的价格，原本是经过充分换手，市场充分接纳，是“夯实”的。所以，1995—1997 年是“急升”，但是 1997—1999 年是“急跌”。急跌的时候，怎么升上去就怎么跌下来，图形几乎是完全对称的。可是到了 1995 年、1999 年的价格平台，就跌不下去了，获得了喘息的机会。因为这个价位是有“支撑位”的，是经过充分换手，市场比较容易接受的，所以在这个位置足足盘了两年。

从 2001 年开始，市场终于开始破位，跌掉了第三个 30%。这第三个 –30%，是“真跌”。因为 1997—2001 年，市场已经阴跌了四年。从 2001 年开始，逐渐有一些资金链崩裂，或者对前途极度悲观的人士，开始按照“亏本价”抛售手中房产，并形成了一个破位下跌走势。这个走势的最大下跌大约是 30%，持续的时间大约是两年。

分析与解读

如果你是一名房东，每天晚上都睡不好觉，一直思索三个问题：吃早饭的时候房价会不会下跌？吃午饭的时候房价会不会下跌？吃晚饭的时候房价会不会下跌？

好了，那我现在反过来问你几个问题：

问题一，你是买在传统成熟地段，还是“新兴”开发地段？你是买的二手老破旧，还是一手 CEO？

如果你的回答是“新兴”地段，好比 6 万 / 平方米的唐镇、7 万 / 平方米的张江、6 万 / 平方米的森兰，则你很有可能是“CEO 盘”的牺牲者，会比别人多跌一个 30%。而如果你回答 7 万 / 平方米买的小陆家嘴，恭喜你，你通过本关了。

问题二，你是在 2015 年 10 月之前买的，还是 2016 年 2 月之后买的？

众所周知，2015 年 10 月—2016 年 2 月是一场 +50% 的巨大涨幅。但是，套入“三个 70%”理论中去，如果你是大涨之后刚刚买入的“高位接盘”，则你会比别人多一个 −30% 的危险。如果你不是顶峰买入的，恭喜你，第二关你也过去了。

问题三，如果回撤 −30%，你能扛两年吗？

如果问题一、问题二都难不倒你，则你的风险应该说已经不大了。我们可以认为，房地产市场，最大的回撤或许不超过 30%。房东并不愿意劈价卖。最寒冷的严冬，也不过下跌 30%，持续的时间约两年。此后就逐步回升，而且回升的速度还不慢。跌下来用了六年，升上去也只用了六年。

1997—2003 年，香港楼市最低潮时，大概产生了 106000 名“负资产”人群，按照香港 240 万套房产来算，占总人口的 5%。这些人是怎样产生的呢？在房地产市场，要形成“负资产”其实殊为不易。首先你要在市场最狂热的时候冲进去，而且要买那种“严重高估”的盘，一般情况下是一手 CEO；其次首付要足够低，香港允许“二按”，首付 5%，贷款可贷 95%。那么，你反过来想一想，什么样的人，会在“最狂热的时候，用最小的首付买入一手 CEO

盘”呢？一般只有两种答案：

重度投机者；

菜鸟。

买楼这种事，当然是要买得多了才能攒经验值。在我们看来，认赌服输。看错了走势，只能怨你自己“学艺不精”。但是后来事实的走向，远远超乎人们的想象，“负资产者受到了普遍的同情”。那么当时在2000年的香港，“负资产者”就是绝对的政治正确。几乎所有的政治团体，都对“负资产者”表示同情，几乎每一个民意“立法会”议员，一开口就是要解决负资产问题。这些事情的合力是什么？合力就是“救市”成了绝对政治正确的事情。

救市

严格地说，香港2003—2005年那一段时间，根本就没有供地。土地供给量为零，人为地制造了一段大冰河期。长期以来，香港每年的新建房都在45000套左右。可是近年来香港供应逐渐衰弱，2013年和2014年两年间都徘徊在15000套的水准，这样，香港年轻人才是真的“买不起楼”“买不到楼”。供应为什么会下降？是因为各大开发商手中“土地储备”在下降。土地储备下降，是因为之前有一段非常漫长的“冰河期”。

我们可以复盘一下香港1997年“楼崩”之后发生的事：

当房价下跌时，房东阶层才作为一个“政治庞然大物”浮出水面；

房东迅速获得了“政治正确”权。

很多人或许还体会不到“政治正确”这个词有多凶猛。如果你了解当年这段历史的话，香港房东们的要求，基本是“100%回到九七巅峰原价”。只有100%回到原价，才能消灭负资产，才能让有产阶级满意。这是一个非常没有道理的要求。因为 1997 年的房价，根本就是“急升”的。这是非常虚的，根本没有经过充分的换手和市场承认。所以，一定要“救市”，“救市”的目标，不是要恢复合理价，而是要恢复“最高价”。

表 5–17

	1991	1995	1997	2003	2016
价格（万元）	25	60	100	35	160
持有到今	7.7%	4.8%	2.5%	12.4%	

按照官方的数字，香港房价在 2012 年正式回到 1997 年的高点。到了 2016 年，价格大约是 160 万元（见表 5–17）。按照这个价格，你几乎可以说“房地产投资永不败”，哪怕将香港经济扭曲再扭曲，因为有一个巨大的可怕的“房东阶层”。

格调

所有的生物，都在竭尽所能地以最高的效率活下去。

我们必须清楚地意识到，生存资源，对任何人都是非常紧迫的。月薪8000～10000元的小白领，刚刚能够维持温饱。年薪50万～60万元的高收入金领，在房价面前也被虐得不轻。哪怕年赚500万～600万元的钻石领，他们也面临M2增长和社会阶层洗牌的威胁。“竞争，紧迫，钱不够用”导致的结果是什么呢？结果是每一个人，都必须非常高效地打他们手中的牌。

上流社会，有上流社会的花钱模式、手法、三观。

中产阶级，有中产阶级的花钱模式、手法、三观。

底层社会，有底层社会的花钱模式、手法、三观。

好比说，弄堂里的老奶奶会把每一个收集到的废弃玻璃瓶都堆积起来，直到把家里塞得满满当当，拥积不堪。是她们的“品位”差吗？不是的。这是她们的“生存技巧”。因为对于老奶奶来说，她们几乎没有其他的收入来源。收集废旧玻璃瓶是她们唯一的收入来源，是一种生存策略，是物资和收入极度稀缺下的生存技巧。

而同样的年龄，对于上流社会的贵妇，就绝对不会如此处理。贵妇会“断离舍”，把房间收拾得干净宽敞有品位。社会阶层决定品位。假如你让一个贵妇破产，彻底没钱，不到十年，要不去死，要不她也会收集玻璃瓶的。

社会阶层之判断

社会上大致 90% 的人，是严格按照“上流、中产、底层”的行为模式，来指导自己的人生的。我们往往可以通过观察一个人的“格调、品位”，来判断他的社会阶级。

上流就该有上流的生活，省事省力。

中产就该有中产的生活，追求性价比。

底层就该有底层的生活，省钱第一。

但是，还有 9% 的人群，不采取如此规则，而是尽量使得自己的阶层看起来“不同”，主要是伪装得更高一阶。我们必须清楚地画出重点：伪装阶层，本身是不经济的！大家可以想一想，人类社会的游戏规则，其实和动物世界的生存竞争没什么两样。

人在特殊的场景时刻，会刻意地伪装，使用远超于平时生活水准的配置。女白领全身武装，去参加富二代的约会；有的司机，家里穷得揭不开锅了，每天同一身西装，浆得笔挺，准时上班；有一些小老板，生意没做多少，却一定要买辆豪车。这些都是强行拔高社会阶层的例子。

我们需要重点指出的是，“拔高”是非效率的。你本身是中产阶级，非要模仿上流社会的生活，会对你的生活造成非常大的支出负担。总而言之，“伪装”是一种无效率的行为。全社会 90% 的人，依照效率最大化“本阶层”的生活方式活着，仅少数人，在伪装地活着。

《史记·高祖本纪》中有一段说吕公有一天摆宴，别人都送1000元的礼金。刘邦双手空空地跑了过来，大喊一声“礼金一万”，门卫们不敢怠慢，把他当VIP贵宾迎了进来，坐上首席，大摇大摆地骗吃骗喝。吕公知道这件事情之后，反应也十分奇特，他不是生气发火，而是非得把自己期望奇高的女儿“吕雉”嫁给刘邦不可，就是后来的吕皇后。这段故事的解释，其实是“豪杰气”。当诈骗犯也是需要人杰的，一分钱没带，敢大喝“礼金一万”面不改色。这样的人，到了乱世，自然会脱颖而出，和老实巴交的农民不一样。

同样的道理，两个月薪3000元的女孩：

一个省吃俭用，和家乡来的农民工男友，尽快结婚。住出租屋。

一个放手一搏，买包、买化妆品、戴美瞳，争取嫁一个月薪30000元的正式员工。或许失败。

同样两个月薪30000元的女白领：

一个“女汉子”存余额宝，做理财，找个程序员男朋友，按部就班过一生。

一个用YSL、Chanel的“狐狸精”，争取嫁给月薪30万元更高阶层的钻石领。或许失败。

以正合，以奇胜。这两种人生态度、生活方式，哪一种更好更先进？还真不好说。

男权社会的着装

在整个男权社会中，我们要知道最重要的一条游戏规则：竞争。

在古龙小说《大旗英雄传》中，云峥上岛第一次见到“日后”。当时，岛上有几十个妇女，或立或坐，姿势不一，也并没有众星拱月的架势，可云峥第一眼就认出了“日后”。别以为这是小说家戏言，如果真的搞一个“公司秋游”活动，整个公司40～50个人一起出行。然后找一个陌生的农民来辨认，在40～50个人中，哪一个是公司领导，哪一个是公司正职No.1，他也不用花费多少时间，十几秒就可以辨认出来，而且正确率99%。真正的游戏规则，40～50个人去秋游，看似杂乱无章的“走位”，但其实中国人官本位无所不在，潜规则人人都懂。最简单的一条，“不要抢了领导的风头”。

领导所在之处，众人是以“众星拱月”的姿态环绕着领导的。不一定是严格的半球形，但每一个人的“侧身”、视线、脚步行进的角度，都是紧紧跟随着领导的。任何人都不会遮挡了领导的正面。而外界的注意力，全部都得“贡献”给领导，下属不可以抢风头。按照美国现代政治的说法，“注意力”才是最稀缺宝贵的资源，远远比金钱、知识甚至时间更宝贵。

好了，知道男权世界“稀缺、竞争、抢夺、撕咬”的基本规则之后，再去看人们的着装，就不难理解了。服装的最基本功能是“保暖”。在满足了保暖需求之后，其实你怎么穿都是可以的。基层男性员工，是故意选择丑的衣服穿。这是男性竞争者在整个社团中，传递着一个清晰无比的信号：

“我无意参与老大的竞争，无意争当头领，我只想当一个兵，请放过我吧。”

韩装为什么好看？因为韩剧里面都是“欧巴”。而且韩剧的欧巴，90%都是大公司的继承人，连续剧的男主角。

以英法为代表，西方上流社会着装的游戏规则是：

女士可以争奇斗艳，戴最古怪花哨的帽子；

男性只有西装。

女性可以换1000套不同的衣服，而男性只有西装。为什么？因为“议会政治”已经发展到如此地步，以至于在议院“吸引眼球”被认为是不正当的。恶意竞争会打破恐怖均衡，倒不如大家都只穿西装。男性和女性的游戏规则是极为不同的。这个世界，本质上是由“男性竞争”夺取资源和胜利，然后由“女性分配”。因此，反映到“服装”上，女性争奇斗艳，穿着鲜丽。女性越吸引眼球越好。女装的销售市场，至少是男装的 10 倍。这是合理的。

而对于男性服饰，它从属于“办公室政治”的一部分。和男性整体竞争、争取生存优势、烘托老大、判断忠诚等因素均有关。男性服装，并不是越吸引眼球、越美丽越好，相反，男性服装，在绝大多数情况下应该是越低调越好。我们说全社会有 90% 的人，依循他的社会阶层而生活，有多大碗吃多少饭。有 9% 的人，会故意伪装成比真实阶层高一阶。但有细心读者问，那还有 1% 的人呢？还有 1% 的人，自然是伪装得“比真实阶层低一点”。例如，某 A8、A9 泛滥的房地产投资行业。在真正的经济学素养中，真正的经济学是没有“格调”这个词的。经济学家眼中，只有“消费者偏好”。任何一个人的选择，都是最精明的选择，都是“本阶层”最有利的选择，不需要你来教导别人如何生活得“更有品位”。意大利歌剧绝对不比东北二人转更高雅，西餐、松茸绝对不比麻辣烫更有格调。每个人都在自己的能力范围之内，竭尽所能地生活着。

图书在版编目（CIP）数据

中产阶级如何保护自己的财富 / yevon_ou著. — 北京：中国友谊出版公司, 2017.3（2020.12重印）

ISBN 978-7-5057-4004-4

Ⅰ. ①中… Ⅱ. ①y… Ⅲ. ①房地产投资—研究 Ⅳ. ①F293.353

中国版本图书馆CIP数据核字（2017）第054982号

书名	中产阶级如何保护自己的财富
作者	yevon_ou
出版	中国友谊出版公司
发行	中国友谊出版公司
经销	新华书店
印刷	天津旭丰源印刷有限公司
规格	700毫米×980毫米 16开 20.25印张 260千字
版次	2017年4月第1版
印次	2020年12月第12次印刷
书号	ISBN 978-7-5057-4004-4
定价	48.00元
地址	北京市朝阳区西坝河南里17号楼
邮编	100028
电话	（010）64668676

如发现图书质量问题，可联系调换。质量投诉电话：010-82069336